基于灰色关联分析法的企业
社会责任评价及推进机制研究

袁 蕴 著

中国农业出版社

北 京

前　言

自改革开放以来，我国的经济发展达到了前所未有的速度与高度。社会对企业履行社会责任的关注度日益增加，企业与社会、环境的和谐发展也成为时代的必然要求；企业作为社会经济发展的微观主体，理应承担起相应的时代责任。根据中国上市公司协会 2021 年统计数据，共有 1 408 家上市公司披露了独立的社会责任报告或环境、社会和治理（Environmental，Social，Governance，ESG）报告，另有 4 660 家上市公司在年报中披露了履行社会责任、加强环境保护、助力乡村振兴的相关信息。

对企业社会责任进行评价，可衡量企业是否真正承担社会责任，也是社会责任研究领域的关键。因此，将社会责任评价与推进机制作为研究课题，具有相当的理论和现实意义。本书试图研究如何建立一套具有适应性和可比性的社会责任评价体系；如何预测未来企业社会责任的改善程度；企业在履行社会责任中受到哪些因素阻碍；促使企业履行社会责任的驱动力是什么；如何构建企业社会责任的推进机制，为企业提升社会责任探索一条切实可行的有效途径。

本书的主要贡献有以下三方面：

（1）运用灰色关联分析法对企业社会责任要素进行评价。采用灰色关联分析法选取调研企业，对社会责任内容进行层次性分析，对社会责任各项指标进行关联度和权重排序，以此建立社会责任评价模型。

（2）将灰色预测理论应用到企业社会责任趋势分析中。以中国企业300 强企业社会责任指数为研究对象，选取近五年的数据进行整理，构建GM（1，1）灰色决策模型，经过残差检验、关联度分析以及后验差检验，利用该模型可对未来五年企业社会责任指数变动预算进行预测。

（3）结合企业社会责任驱动力提出社会责任推进机制。在实证分析企业社会责任影响因素的基础上，提出适合我国企业内外部驱动力结合的社会责任推进机制，以促进企业更好地履行相应的社会责任。包括内部以管理者为主的道德推进机制、企业内部责任管理推进机制、以政府为核心的外部压力推进机制以及行业协会引导与监督的外部推进机制。

本书是国家社会科学基金一般项目"基于灰色关联分析法的企业社会责任评价及推进机制研究（12BGL050）"的最终成果。本书的出版还得到了西南民族大学"中央高校基本科研业务费专项资金"（项目编号：2019SYB48）和 2020 年成都市哲学社会科学规划项目（项目编号：YN2320200595）资助。同时特别感谢中国农业出版社孙鸣凤老师及其他编辑的帮助和支持，衷心感谢他们为此付出的劳动！

在本书写作过程中，本着科学严谨的态度，笔者查阅了大量的国内外文献资料，实地走访了大量企业，并与多位专家进行了交流沟通，但由于水平和条件所限，书中难免存在值得商榷和不到之处，恳请各位读者批评指正！

袁 蕴

2022 年 11 月

目 录

第1章

导　论

1.1　研究背景与意义

1.1.1　研究背景与目的

自改革开放以来，我国的经济发展达到了前所未有的速度与高度。根据国家市场监督管理总局发布的最新数据来看，截至 2021 年底，全国登记在册的市场主体达到 1.54 亿户，个体工商户已达 1.03 亿户。国家统计局第四次经济普查数据显示，全国共有法人单位 2 178.9 万个，小微企业 1 807 万个①。其中，中小企业创造了超过 60％的 GDP，提供了超过 80％的城市就业。但是较长时间的粗放型经济发展模式，也产生了相应的负面效应。部分企业为了追求利润，不顾生态环境可承载的限度，造成了生态环境的破坏；或者不守商业信用，生产与销售假冒伪劣的商品；或者想方设法偷税漏税等。从"三聚氰胺"到"长生生物"再到"康美药业"以及"瑞幸咖啡"事件，这都是企业社会责任缺失的表现。由现实中发生的一系列企业道德缺失的事件来看，企业是否履行社会责任以及履行的程度，影响着和谐可持续发展社会的实现速度。

在这样的现实背景下，国内民众对企业履行社会责任的关注度日益提高，要求企业积极履行社会责任的呼声越来越高。进入 21 世纪后，企业社会责任有了快速发展，特别是近年来在规则制定、信息披露等方面。据润灵环球责任评级（RKS，Ranking CSR Rating）统计，2017 年沪深两市共有 795 家 A 股上市公司披露了其年度企业社会责任报告（含可持续发展报告），这一数字 2016 年为 747 家，同比增长约 6.4％②。根据中国社会科学院主导发布的《中国企业社会责任研究报告（2017）》（蓝皮书）显示，中国企业 300 强社会责任发展指数为 37.4 分，同比提高 2.3 分，但整体仍处于起步阶段，有超过 70％的企业得分低于 60 分，处于"旁观者"阶段的企业数量占比约 44％，表明我

---

① 数据来源：国家统计局第四次经济普查数据（http：//www.stats.gov.cn）。
② 引自人民网财经栏目，2017 年 6 月 7 日版（http：//m.people.cn/n4/2017/0607/c139 - 9103830.html）。

国企业社会责任的发展依然任重而道远（黄群慧等，2017）。2021 年，中国上市公司协会最新统计数据显示，共有 1 408 家上市公司披露了独立的社会责任报告或 ESG① 报告，另有 4 660 家上市公司在年报中披露了履行社会责任、加强环境保护、助力乡村振兴的相关信息。关于企业社会责任问题，我国出台了多项规章制度以及相关政策。2004 年中国共产党第十六届中央委员会第四次全体会议审议通过了《中共中央关于加强党的执政能力建设的决定》，提出了"构建社会主义和谐社会"，其中重点强调可持续发展；2006 年修订的《公司法》在法律层面确立了企业社会责任问题；2007 年 12 月国务院国有资产监督管理委员会发布《关于中央企业履行社会责任的指导意见》，文件中第一次系统性、纲领性要求我国中央企业积极履行社会责任；2014 年 10 月党的十八届四中全会通过并发布了《中共中央关于全面依法治国若干重大问题的决定》，提出加强企业社会责任立法。这表明从政府角度为推进企业社会责任创造了良好的政策环境。除法律法规对企业社会责任作出规范外，各地区、各行业的规章和标准也相继出台，对企业履行社会责任给出了具体指导。国家标准化管理委员会于 2015 年发布的《社会责任指南》《社会责任报告编写指南》和《社会责任绩效分类指引》三项国家标准是中国社会责任领域的一大里程碑，意味着我国在国家层面就如何推进社会责任工作已经形成共识，社会责任从起步进入深入阶段。中国社会科学院企业社会责任研究中心主任钟宏武在 2021 年成渝地区双城经济圈企业社会责任论坛上指出，"履行社会责任与共同富裕之间有高度关联"。他表示，除了公益捐助之外，企业做好主业，使产品和服务以更高的性价比提供给消费者，降低社会运行成本，就是最大的履行社会责任、实现共同富裕。

现实的状况与政策的保障都积极地推动着企业社会责任深入发展，但如何对企业社会责任进行科学有效评价，迄今尚没有统一的标准。这既是理论界研究的难点问题，也是实务界探讨的热点问题。因此，研究企业社会责任履行情况，重点是构建科学的、具有可操作性的企业社会责任评价模型，探讨企业社会责任的影响因素并建立相适应的企业社会责任推进机制，切实有效促进企业提升社会责任。这是目前企业社会责任研究的重点内容，也是本书研究的主要目的。

1.1.2 研究的意义

对企业社会责任进行评价是衡量企业是否承担社会责任以及社会责任研究领域的关键。将社会责任评价与推进机制作为研究课题，具有重要的理论和现

---

① ESG 是集合 Environmental（环境）、Social（社会）和 Governance（公司治理）评价体系的缩写，可多层次衡量企业是否具备可持续发展能力。

实意义。

1.1.2.1　理论意义

（1）构建基于灰色关联分析法的企业社会责任评价理论模型。采用灰色关联分析法对社会责任内容进行层次性分析，对社会责任各项指标进行关联度和权重排序，以此建立社会责任评价模型。该评价模型不仅是衡量企业承担社会责任的客观依据，更为社会责任趋势研究与比较研究奠定坚实基础。

（2）探索在社会责任评价基础上结合驱动因素来建立企业社会责任推进机制。在研究企业社会责任内外部驱动力的基础上，建立以管理者道德驱动为根本、企业内部责任管理为保障、政府规制为核心、行业协会为监督引导"四位一体"的全方位企业社会责任推进机制，促进企业长效可持续发展。

1.1.2.2　实践意义

（1）提供了全方位评价企业社会责任现状的有效依据。通过问卷调查与实地访谈对目前企业的社会责任与评价方式的认知、企业社会责任履行情况进行全面总结，对各项具体社会责任进行系统对比分析，为社会责任评价模型的构建提供了科学依据，并为不同企业进行社会责任比较提供了一种思路、方法和途径。

（2）指出了影响企业社会责任表现的诸多因素。通过将企业的调查问卷与上市公司年报及社会责任报告相关数据相结合的方式，研究企业社会责任的影响因素，厘清了企业履行社会责任的阻碍，对促进企业提升社会责任、推进社会责任更有效履行有现实指导意义。

1.2　研究的主要内容与主要观点

1.2.1　研究的主要内容

（1）企业社会责任及其评价概念与理论基础，厘清了企业社会责任的各个概念，并对其内涵和外延进行界定。对企业社会责任的理论基础、社会责任评价的理论基础进行阐释，并解释了对企业社会责任进行评价的必要性。

（2）企业社会责任评价研究综述及实践探索，包括对不同视角下企业社会责任评价研究的评述、评价指标体系研究现状的评述、评价方法的评述，同时对国内外社会责任评价的实践探索进行了梳理。

（3）企业社会责任评价及履行现状总体特征分析，通过调查问卷与实地访谈，对企业社会责任履行现状、评价现状进行统计分析，并对我国企业社会责任缺失的原因做了初步分析。

（4）基于灰色关联分析法的企业社会责任评价研究，在梳理灰色系统理论后，构建了企业社会责任的 GM（1，1）模型，并预测了未来企业社会责任的发展趋势。在此基础上推算出不同社会责任指标的权重排序，进一步构建基于灰色关联分析法的企业社会责任评价模型，并将该模型在上市公司中进行应用检验。

（5）企业社会责任的影响因素研究。前文在对企业社会责任现状进行分析的基础上对企业社会责任缺失的原因做了初步分析，分析数据主要基于问卷调查。本章试图通过上市公司有关大样本数据进一步研究企业社会责任表现的影响因素，通过实证检验方法分析企业社会责任表现主要受到哪些因素制约。

（6）企业社会责任的驱动机制与价值分析，从内外两方面探讨了企业社会责任的驱动机制，具体包括内部管理者的道德驱动，内部管理的利益驱动，以及包括利益相关者、政治环境、社会压力和文化环境等的外部驱动。在此基础上对企业履行社会责任的价值做了相应分析，主要有企业社会责任与企业成长性和公共价值影响。

（7）我国企业社会责任的推进机制研究，包括基于内部管理者的道德推进机制、内部管理推进机制，基于外部政府规制和行业协会监督的压力推进机制。

1.2.2　研究的主要观点

（1）以中国企业 300 强的企业社会责任指数为研究对象，选取 2013—2017 年的数据进行整理，构建 GM（1，1）灰色决策模型，对 2018—2022 年企业社会责任指数变动预算进行预测。预测结果表明，2018—2022 年，随着全国社会、经济的发展，企业社会责任指数有了明显的增加，年平均增长率达到 4.17%，可见企业社会责任表现存在明显改善。

（2）本研究运用灰色关联分析法构建企业社会责任评价模型，以利益相关者对应的各项社会责任为具体指标对象，对企业各项社会责任的层次内涵进行关联度排序，确定各指标的权重，得出企业对社区的责任＞企业对生产和环境的责任＞法律责任＞企业对员工的责任＞经济责任＞企业对消费者以及商业伙伴的责任的排序。

（3）通过对上市公司社会责任表现影响因素的实证分析发现企业规模和企业社会责任之间存在正相关关系。盈利能力与企业的社会责任指数呈现出一定正相关关系，但显著性较差，这可能是因为利润高的企业出于种种原因不一定愿意承担更多的社会责任。是否为重污染行业与企业社会责任表现并不显著，说明在社会责任日益受到全社会关注的趋势下，无论是重污染行业企业还是一般行业企业都将社会责任表现作为提升自身社会声誉、社会形象的主要手段，都乐意于进行社会责任表现。区域因素与社会责任信息披露指数之间存在显著正相关关系，表明经济发达地区的企业更愿意披露社会责任信息，而且更愿意于履行社会责任。

（4）从管理者道德驱动为根本、企业内部管理为保障，企业外部政府规制为核心以及行业协会为监督引导等方面全方位构建企业社会责任的推进机制。从道德驱动机制来看，有效推进我国企业社会责任的践行，需要从培育企业管理人员的良心、社会责任感、正义感以及诚信意识等着手努力；从企业内部管理推进机制分析，可以通过社会责任理念建设、企业社会责任管理体制、企业社会责任报告机制等推进企业更为积极有效地履行社会责任；外部带来的压力主要来源于政府、社会、协会、消费者等，对企业履行社会责任的理念以及相关人员对企业发展决策、战略具有较强的影响力，因此应充分发挥政府规制作用、行业协会的监督引导作用，推进企业社会责任的自我实现。

1.3　研究基本思路

本书运用灰色系统理论对企业社会责任进行分析研究，在对社会责任指标体系进行设计后，运用问卷调研的相关数据将灰色关联分析法落实到相关指标当中，赋予相应权重并进行关联度分析，以此构建企业社会责任评价模型，并研究企业社会责任的 2018—2022 年发展趋势。再通过上市公司相关数据对模型进行实证检验，对我国企业社会责任表现进行影响因素分析。在此基础上进一步分析企业社会责任的驱动机制，并以此来构建企业社会责任推进机制。研究路线见图 1-1。

1.4　研究主要创新点与不足

1.4.1　研究主要创新点

本书主要创新点体现在以下几个方面。

（1）将灰色预测理论应用到企业社会责任趋势分析中。以中国企业 300 强的企业社会责任指数为研究对象，选取 2013—2017 年的数据进行整理，构建 GM（1,1）灰色决策模型，经过残差检验、关联度分析以及后验差检验，可见模型具有较好的预测精度，故利用该模型可对 2018—2022 年企业社会责任指数变动预算进行预测。预测结果表明，2018—2022 年，随着全国社会、经济的发展，企业社会责任指数有了明显的增加，年平均增长率达到 4.17%，可见企业社会责任表现存在明显改善。

（2）运用灰色关联分析法对企业社会责任要素进行评价。采用灰色关联分析法选取调研企业，对社会责任内容进行层次性分析，对社会责任各项指标进行关联度和权重排序，以此建立社会责任评价模型。最后得到 20 个要素对社

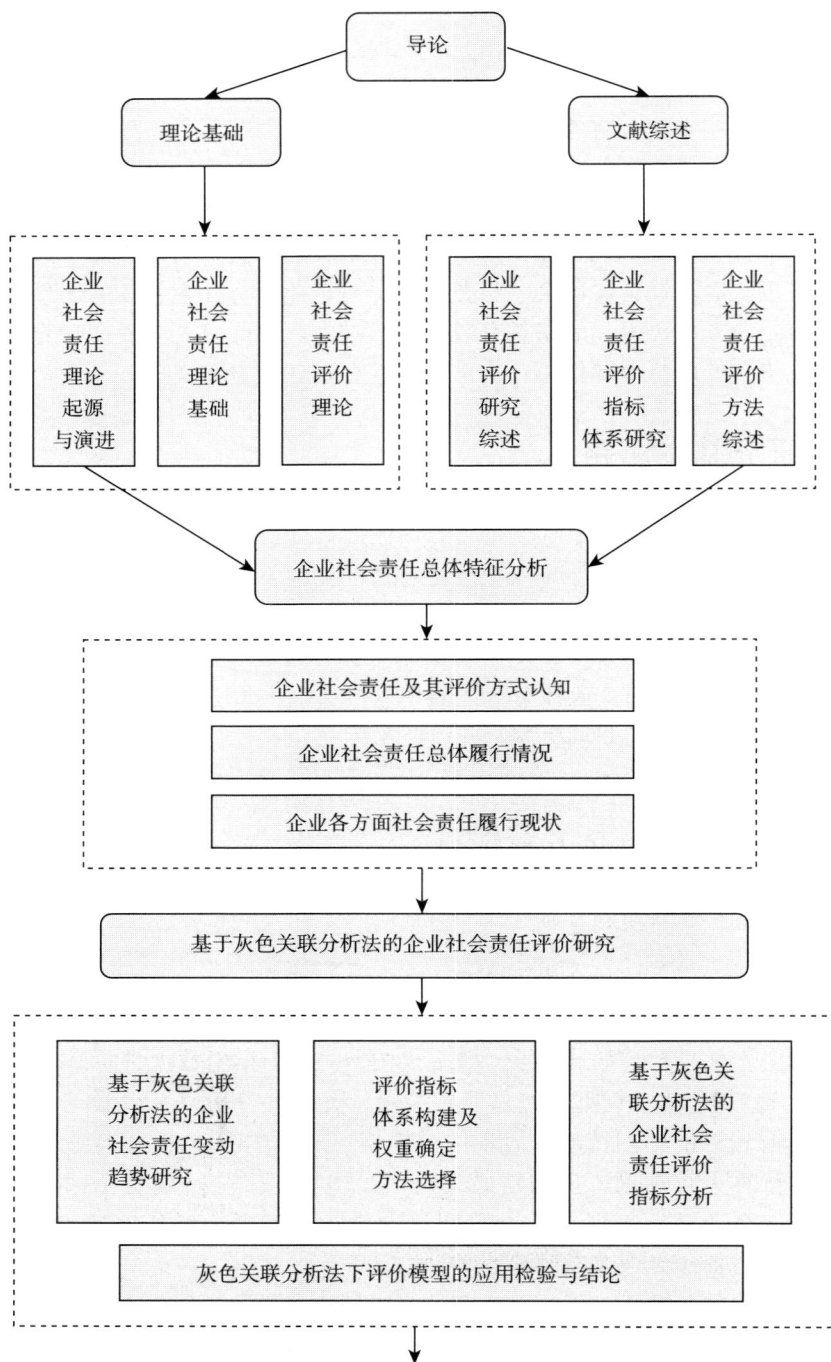

导论

理论基础

文献综述

企业社会责任理论起源与演进

企业社会责任理论基础

企业社会责任评价理论

企业社会责任评价研究综述

企业社会责任评价指标体系研究

企业社会责任评价方法综述

企业社会责任总体特征分析

企业社会责任及其评价方式认知

企业社会责任总体履行情况

企业各方面社会责任履行现状

基于灰色关联分析法的企业社会责任评价研究

基于灰色关联分析法的企业社会责任变动趋势研究

评价指标体系构建及权重确定方法选择

基于灰色关联分析法的企业社会责任评价指标分析

灰色关联分析法下评价模型的应用检验与结论

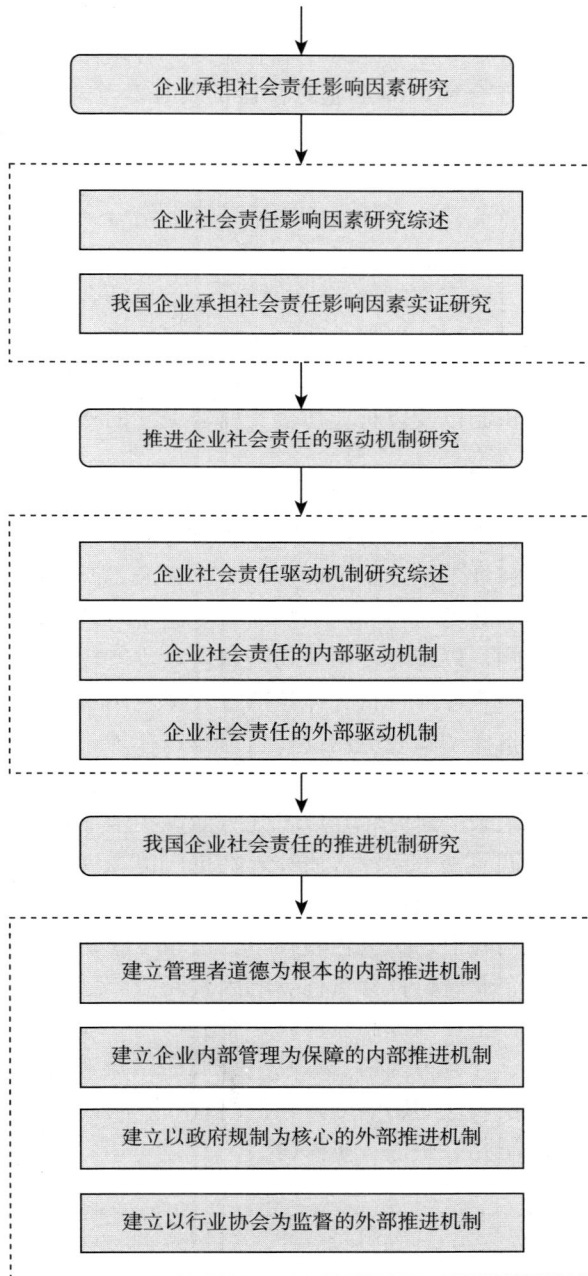

图 1-1　研究路线图

会责任的灰色关联度排序结果，得到公益责任＞环境责任＞社区责任＞节约能源＞扶贫责任＞合同签订＞合规经营＞偿债能力＞依法纳税＞安全责任＞再教育＞工资保障＞缴纳社保＞创新能力＞盈利能力＞合理保障＞公平竞争＞消费满意＞售后服务＞遵守合约，即企业对社区的责任＞企业对生产和环境的责任＞法律责任＞企业对员工的责任＞经济责任＞企业对消费者以及商业伙伴的责任。

（3）在实证分析企业社会责任影响因素基础上结合企业社会责任驱动力提出社会责任推进机制。在实证分析企业社会责任影响因素基础上，将企业自身、各利益相关群体、政府部门等要求相结合，提出适合我国企业内外部驱动力结合的社会责任推进机制，以促进我国企业更好地履行相应的社会责任。包括内部以管理者为主的道德推进机制、企业内部管理推进机制；以政府规制为核心的外部压力推进机制以及以行业协会为监督引导的外部推进机制。

1.4.2　研究不足与展望

由于研究能力、资料收集等方面的限制，研究尚存在一些不足之处，主要有：①调研数据覆盖程度不足。本书的数据主要来源于两个渠道，实地调研数据和上市公司筛选样本数据。得到的数据质量受调研对象选择准确度、配合度和采访人员能力的影响，以及非上市公司资料获取难度较大等方面的限制，数据获取难度大。②社会责任评价指标体系的进一步应用检验。以灰色关联分析法构建的社会责任评价模型实践应用性，目前只选择了三家上市公司进行对比分析检验，相对较少。

基于以上不足，未来的研究将在以下几方面进一步加强与完善：①在问卷设计、数据量、实地调研等方面深入研究，在更广范围内掌握我国企业社会责任现状，增强企业特别是非上市公司第一手数据资料的翔实性。②在企业社会责任评价模型的应用检验上，扩大检验样本，进一步验证灰色关联模型在不同行业间的适应性。③企业履行社会责任影响因素涵盖广泛，包括微观层面的管理者个体的思想观念、企业内部利益诉求、企业责任管理制度建设，宏观层面的法律、经济、政策、社会等因素。本书结合调研结果和上市公司可得数据，实证研究企业社会责任表现的影响因素，但仍有一些因素未纳入本书的研究范畴，有待于在以后的研究中做进一步探讨。

第2章

企业社会责任及其评价概念与理论基础

2.1 企业社会责任概念的探究

企业社会责任起源于 19 世纪的西方社会，发展于 20 世纪的美国。在发展的初期阶段，企业在市场经济条件下最主要的责任是追求最大的商业利润。企业社会责任理论在 20 世纪末进入快速发展阶段，企业能否主动承担社会责任成为影响企业长久发展的重要因素。同时，随着经济全球化发展，各种国际组织也参与到企业社会责任理论和实践的研究中，以不同的视角进行探究，不断推进着企业社会责任向前发展。目前，企业社会责任已经被认定为国家塑造成功企业的一个重要衡量标准。作为一种行为承诺，企业社会责任实质上反映的是企业与社会之间的问题。关于这一概念的研究一直在进行，只有明确内容、正确理解，才能做出科学评价，而企业社会责任的正确界定会直接影响到评价方法的运用和评价指标体系的构建。

2.1.1 企业社会责任概念的界定

企业社会责任的出现可以追溯到早期社会[①]，理念的形成经历了一个发展过程。19 世纪初发生了巨大改变，"消极的社会责任观"[②] 开始出现；时间的车轮到了 20 世纪 30 年代，这一课题开始被学术界所关注，许多学者加入论战当中，一时兴起了众多相关理论，直至 50 年代才渐渐平息；而 20 世纪 60 年代又迎来了一个新的高峰，不同学派的争论点集中在企业决策方面，并且一直持续了 20 年；20 世纪 80 年代末引起的大辩论至今仍未平息，其关注点在于

---

① 这种泛社会责任观虽然对商人的行为规则提出了要求，但这种要求具有一般和笼统的性质，未能就相应的制度体系作出说明，不具有明确的针对性。

② 在这种消极的企业社会责任观的影响下，企业认为它与其利益相关者之间是一种赤裸裸的市场竞争关系。至于众多利益相关者的非经济性的利益要求，企业是不需要过多考虑的；即使加以考虑，那也是出自企业主的怜悯之心。

立法方面。

2.1.1.1　企业社会责任含义的不同观点

1924 年英国学者谢尔顿（Sheldon）在其著作《管理哲学》中正式提出社会责任的概念，指出企业需要承担一部分社会责任，并且创造性地将社会责任与道德因素联系起来（徐光华、陈良华、王兰芳，2007）。但这并没有引起人们的关注。时间到了 20 世纪 50 年代，鲍恩在自己的著作中对社会责任进行了重新定义，认为这是商人应尽的义务。在他的研究中将社会目标与价值引入其中，因为这是制定策略和采取行为的方向。这篇论文一经发表便引发轩然大波，对于社会责任的辩论就此全面展开。1953 年，美国学者霍华德·博文著有《企业家的社会责任》一书，该书在企业社会责任研究领域具有非凡的地位，同时也标志着企业社会责任运动的兴起。美国学者基思·戴维斯把企业社会责任定义为企业家决策和行为的动机，其将企业自身的利益放在首位，直接考虑到企业未来的经济发展与直接影响力。1970 年，诺贝尔经济学奖获得者、著名经济学家米尔顿·弗里德曼提出"企业社会责任"，给予企业社会责任全新的定义。约瑟夫·麦奎尔认为，企业社会责任不应当只是经济义务和法律义务，还应该包括社会上的其他责任，如保护环境的责任、公益的责任等。弗里德曼在之前的观点上进行了创新，将企业社会责任与企业的利益联系到一起，认为两者之间是相互影响、相互作用的，只有有效地处理和运用才能和谐共处。美国管理学教授阿奇·卡罗尔在前人观点的基础上，对企业社会责任进行了更清晰的诠释，指出企业社会责任是社会希望企业履行的义务，社会不仅要求企业实现在经济上的使命，而且期望其遵守法律法规、重视伦理道德并履行公益。但也有学者提出不同的观点，斯蒂芬·罗宾斯认为企业应该承担的义务和应该承担的社会责任是完全不同的两个方面，企业承担的义务可以只包括经济责任和法律责任，但企业承担的社会责任则应该包括经济责任、法律责任以及道德责任。

企业社会责任的理论从提出开始就在不断发展，其本质发生了巨大改变，内涵也呈现出不同的历史特征。不同的历史时代有着不同的特色，而人们的期望值也在发生变化，不同时期看待事物的角度不同，对于企业的要求也有所差别。人类世界本身在不断发展，知识背景发生改变，对事物的理解也有所不同，企业社会责任也不可能一成不变。随着经济的发展，许多社会问题凸显出来，人们的关注点也发生变化，不再只满足于企业本身的责任，而是更加关注于安全、生态等问题。人们希望企业承担起相应责任，并在立法上给予明确，此时的企业社会责任又发生了改变，相对于以往时期更加宽泛（刘俊海，1997）。归纳起来比较有代表性的观点主要有这样几种。

（1）外延式（Extensional Approach）的界定。企业社会责任是企业所表现、所遵守的行为规则与其应该履行的义务，目前的界定已经将其具体化，通过这种方式可以更直观地评价企业社会责任行为。在这里不需要确定事物的内涵所在，却能够直接应用于实践当中，即例证说明法。美国某机构在 1971 年 6 月发表的一篇题为《商业公司的社会责任》（Social Responsibility of Business Corporations）的报告中，列举了多项企业应实施的社会责任行为，总共包含 10 个领域共 58 种，从经济到教育，从培训到公民权，从城市建设到环境保护，从资源再生到医疗服务，从文化到政府全被包含其中。该报告将各领域的问题罗列在一起，进而再重新分类，以行为的自愿性为分界点共形成两个类别。第一种类别的行为出于自愿，相关主体在其中发挥主动作用，在全过程内为主导方。第二种类别的行为出于非自愿，有可能来自法律的规定或政府的政策，存在一定的强制性，相关主体在其中作为被动方存在。

金文莉（2012）从利益相关者这一理论的角度出发，认为企业的社会责任大体上可以分为高级社会责任和综合性社会责任两种。企业的高级社会责任主要是指企业最基本的社会责任，主要内容有努力为公司盈利，为股东和员工争取更多利益，同时服从政府领导等。综合性社会责任是在履行高级责任的同时开展慈善事业。刘俊海（1999）对企业社会责任进行了界定，他是从公司法的角度进行分析的。在他的文章《企业社会责任》中，他认为企业应该将盈利放在主要位置，并将其作为重要的经营目标。企业应该积极地为企业的利益相关者盈利，比如公司雇员或者其他人。企业的竞争者等相关组织必须要对这些利益相关者负责。另外，必须要注意到企业在经营过程中的一些捐款、资助等慈善行为。

刘长喜（2009）认为企业社会责任是一种企业针对企业股东以及其他与企业存在利益关系的相关者的一种综合性、长期性的社会契约责任，包括伦理责任、法律责任、经济责任和慈善责任这四种社会契约责任。

（2）企业社会责任在"企业责任"概念属性之下。James J. Brummer（1991）对企业责任进行了进一步划分，主要分为社会、道德、法律、经济四大责任，通过这种方式将经济责任与社会责任区分开来。经济责任关注于企业经济方面的发展，更关注于股东利益，企业需要向股东负责，争取给他们带来更大的利益。社会责任更强调公众利益和为社会做出的贡献，体现出企业维护公益的愿望。企业社会责任的履行并不完全是强制性的，一部分要靠企业自身的自觉，这与法律责任有着本质区别，同时也不同于道德责任。陈玉清和马丽丽（2005）选取了 2003 年 907 家上市公司进行社会责任实证研究，将企业社会责任大体上分为对政府、员工、投资者和社会这四个方面的贡献。Strier 认为社会责任的形成更多取决于期望值，它有可能来自企业本身，也有可能与社会公众密切相关，而这种期望刚好与道德观点相一致，因此呈现出社会性，但这并非是所有状况。Cooper 则力图从两个方面对企业社会责任与企业道德责任做出区分，企业履行社会责任并不总是与道德相一致，并非所有行为都属于其职责，怠忽社会责任的不良后果不一定就是不可接受且应加以避免的。同时他也明确了道德责任的范畴，道德责任可以严重影响人类福利，而社会责任则不具备这样的特点，因此二者存在明显差别。

（3）企业社会责任等同于企业责任。企业责任包括许多方面，如果将其汇总就成了企业社会责任，这是该观点的核心所在，也得到了许多学者的支持，如 Davis（1975）等。阿尔奇·卡罗尔是该观点的最大支持者，这位美国教授对此一直持肯定态度，他对企业社会责任给出了明确定义，认为是经济责任、法律责任、伦理责任（ethical）和慈善责任（philanthropic）（自主决定其履行与否的责任）之和（Archie，1998）。企业所需要承担的经济责任不容置疑，这是营利性组织不可推卸之处。企业在社会中获取利润就需要承担相应的经济责任，但经济功能与社会功能并不对立，二者之间本应相互匹配，具备互补性，因此可同被纳入社会责任当中。企业在生产经营过程中会同许多利益相关者建立联系，需要承担相应的经济责任。法律责任则来源于法律规定，是强制要求履行的责任，其中包含道德的内容。伦理责任同样是应尽的义务，虽然并非由法律规定强制执行，但却由正义价值观维护，是企业需要遵照的行为准则，同时也是道德精神的反映。慈善责任不受法律与伦理的约束，主体自主性更强，可以自由选择是否履行，但往往与公民的愿望相一致，企业出于道德考虑也会参与其中。卢代富（2001）对传统股东利益最大化的社会责任概念进行了修正。他指出，企业的社会责任不仅体现在企业最大限度地为股东赚钱上，同时也要照顾到公司其他的利益相关者。另外，他还认为企业所承担的社会责任应该不包括经济责任，因为这会使企业过于重视经济利益的实现，而忽略了去履行其他的社会责任。

由此可见，企业社会责任在不同国家、同一国家的不同历史时期有着不同的内涵和外延。内涵界定方式的优点在于能够更加直观地反映企业社会责任的构成要素；缺点在于具体义务定义较为模糊笼统。对比界定方式的优点在于企业社会责任的实践率有所提升，操作性加强；缺点在于对企业社会责任的定义并未统一，随着社会经济的发展而不断变化。但是，从企业社会责任理论的演进史可以发现其演绎轨迹的明显趋势：对于其定义的内涵在学术界已发生变化，原有的单一性被打破，开始关注于它的演化与发散，而利益相关者理论就是一个很好的实践。正是由于学者们不断地创新理论，才为人们思考企业社会责任理论提供了一个新的视野。

2.1.1.2 企业社会责任的构建层次性

企业的社会责任构建层次分为广义和狭义。广义的企业社会责任涵盖较广泛，包括企业对股东所保证的经济责任、法律条文明确规定的法律责任、企业主动承担的道德伦理责任、社会所大力倡导的慈善责任。美国经济发展委员会（Committee for Economic Development）在 1971 年用"三层同心圆"来揭示标准企业应该履行的责任：同心圆最内层是企业最基本的责任，即其经济职能，要对自己的股东、员工负责，同时也是企业将来发展的驱动力；中圈责任是企业应该配合社会的发展而自觉履行的义务；最外圈的责任则是企业应积极地为地球的环境保护奉献一份力量，最基础的是要完全杜绝以破坏环境为基础的追求利益行为。1983 年阿尔奇·B. 卡罗尔（Archie B. Carroll）提出"金字塔"理论，该理论将企业社会责任分为四层：最下面一层是经济责任，也就是自身的盈利能力，表现为对股东负责，这是作为市场经济主体的所有企业最基础的追求；第三层是法律责任，企业在追求经济的同时必须承担法律责任；第二层是伦理责任，即在合法的前提下，企业尽可能地合情合理地履行伦理责任；最后塔尖的是企业慈善、公益责任。徐尚昆等（2007）采用大样本调查的方式提出了中国企业社会责任的九个方面：第一大责任是企业承担的经济责任；第二大责任是企业应该主动承担的法律责任；第三大责任是企业在环境方面采取的保护措施；第四大责任是企业的客户导向；第五大责任是企业的形象，是否以人为本；第六大责任是企业是否将一定收入用于公益事业；第七大责任是企业是否解决了社会上的就业问题；第八大责任是企业是否拥有商业道德，具有诚信；第九大责任是企业的发展是否以促进社会稳定与进步为前提。就业、商业道德、社会稳定与进步是中国特有的维度，但股东和平等两个社会责任维度在中国没有得到良好的体现。李立清（2006）的研究采用定性与定量研究相结合的方式，主要分为五大层次：第一层次是劳工权益，保证企业员工基本的权益；第二层次是人权保障，保护所有参与者的基本权益；第三层面是社会责任管理，企业的管理应该以此为基点；第四层次是商业道德，要遵守基本的诚信原则；第五层次是社会公益行为，对社会慈善事业的奉献。

陈炳富、周祖城（2000）认为社会责任有广义与狭义之分，广义的企业社会责任是企业的综合责任概念，包括企业应承担的伦理责任、法律责任和经济责任；从狭义上来说，企业应承担的社会责任仅仅指道德责任。石广生（2006）认为，企业考虑自身利益是无可厚非的，但同时企业也要积极承担社会责任，在努力实现经济利益的同时，兼顾好社会效益，同时做好环境保护等相关工作。同时，这些必要的条件作为企业生存的根本，企业应该加以重视，并且能够在合理合法的条件下充分地利用起来。

2.1.1.3　研究范围的界定

企业社会责任的定义发生着变化，人们的理解也与以往不同，利润最大化仅是其中一方面，企业对于利益相关者所负的责任并不仅限于此。对企业社会责任的研究首先要界定利益相关者，其所包含的范围极为广泛，这就导致了研究面临难题，很难做到全面规划。鉴于以上种种，目前对于社会责任的定义尚未统一，学术界众说纷纭，仍需进一步明确。本书虽然涉及社会责任，但主要集中于评价体系的构建、社会责任影响因素及推进机制研究，故不对企业社会责任做其他定义，仅对本书的研究范围做出界定。

根据利益相关者理论，本书认为从利益相关者理论的视野界定企业社会责任操作性较强，故以此为出发点确定概念，即企业在追逐股东利润最大化进程中，从法律、伦理、慈善等维度主动维护利益相关者的合法权益，这既包括企业员工与社会民众的合法利益，也包括政府部门与供应商的合法利益，当然更包括企业股东的合法利益等。这一定义具有三个重要特征。第一，强调对象性。企业社会责任对象众多，不仅是股东，同时还包括企业员工、社会民众、政府部门以及供应商等。以往学术界在争论企业社会责任时，往往是由于对象不明晰造成的。对于企业来说，它们拥有着大量的利益相关者群体，但我们并不能要求企业对所有的利益相关者负责，这并不切合实际，所以我们应该对企业利益相关者具体化、区分化。第二，强调目的性。对于企业这一营利性组织来说，其开展活动最为重要的目的还是获得利润，但是，企业履行社会责任不单单是为了股东的利润，同时也要向其他利益相关者负责。第三，突出积极主动性。企业在履行社会责任过程中，需要根据事先制定的战略性规划，积极主动地采取行动来维护利益相关者的合法权益，而不能是被动地应付，否则，利益相关者给企业发展带来的挑战将会超过机遇。

2.1.2　企业社会责任评价的概念探究

2.1.2.1　企业社会责任评价的概念

目前国内外对于企业社会责任评价的概念，并没有一个准确的界定标准，存在着很多观点与争议。沈洪涛等（2008）曾在论著中对这一问题发表过自己的看法，认为真正理想的评价方法在理论上具有可行性，在方法上具有客观性，同时又能达到内部与外部协调，满足有效性要求。企业社会责任评价可以是对某一个特定企业社会责任总体行为进行评价，也可以是对企业社会责任的各个具体责任项目进行重要性评价。

企业社会责任评价是通过一定的方法和程序，按照一定的标准，以企业社会责任具体表现为评价对象，对企业各个方面的社会责任进行度量打分，最后得到一定时期的企业社会责任水平。在评价过程中，需要对企业社会责任做出公平公正合理的评判，这样才能确定企业是否按照要求履行了企业社会责任的基本要求。同时，合理的评价标准与评价方法要求能在不同企业之间进行比较，确保评价的有效性与适应性。

2.1.2.2　企业社会责任评价需要区分的几个概念

（1）企业社会责任评价与企业社会责任绩效评价。刘淑华（2015）将企业社会责任评价与企业社会责任绩效评价等同对待，将其定义为运用科学规范的方法和指标体系，对企业社会责任履行情况的主要业绩指标进行定量和定性分析，依据分析结果对该企业的社会责任履行情况进行考核与评价，从而加强社会责任管理、提高企业竞争力、促进企业乃至整个社会持续发展，并通过这一手段实现社会目标。

近年来，企业绩效评价已成为学术界的一大研究热点。Andy Neely 等（2000）提出的绩效棱柱业绩评价方法[①]成为当时最突出的观点，该模型创新之处在于既强调了利益相关主体价值的取向，又测量了利益相关主体对组织所做的贡献，这对社会责任评价方法做出很大的贡献。温素彬、黄浩岚（2009）研究发现，如果单单从资金提供者的角度进行绩效评价是片面的，很大程度上会导致决策错误，因而利用以利益相关者理论基础的绩效三棱镜方法进行绩效评价会更加全面可靠。

企业社会责任一个主要的表现形式就是企业社会责任绩效，企业社会责任评价的框架中必然包含社会责任绩效评价，但是如果在衡量社会责任绩效时该指标容易被财务绩效指标所替代，则无法真正达到全面评价社会责任的目标。

（2）企业社会责任评价与企业社会责任信息披露水平评价。朱松（2011）采用了指数法衡量企业社会责任履行与信息披露情况；吉利、张正勇和毛洪涛（2013）采用问卷调查法构建了企业社会责任信息质量特征体系，进而对企业社会责任信息进行评价。

对于责任信息披露问题要重视起来，将其与社会责任相联系，但这并不等同于相关文献。信息披露水平能够反映一定时期的特征，即对完整性、可靠性以及相关性进行的评价，评价的对象一般是社会责任年度报告等，从中都可以获取一定信息。对社会责任信息披露状况的评价可以反映社会责任报告质量的高低，但并不能认为信息披露水平高的企业就一定好，同时应考虑其他影响评价的客观因素。

2.2　企业社会责任理论的起源与演进

企业社会责任理论最初产生于 20 世纪 50 年代，之后在全世界范围内被大

---

① 绩效棱柱模型为克兰菲尔德学院教授 Andy Neely 与安达信咨询公司于 2000 年联合开发的三维绩效框架模型，用棱柱的五个方面分别代表组织绩效存在内在因果关系的五个关键要素：利益相关者的满意、利益相关者的贡献、组织战略、业务流程和组织能力。

众熟知，产生广泛影响。在此，本节拟对企业社会责任理论的演进历程进行考察。鉴于企业社会责任理论主要是在美国学术界形成的，因此查阅了大量该国相关文献，对学者们的研究成果进行总结，同时也关注了它们在中国的应用情况，并对现实历程进行分析。

2.2.1　企业社会责任理论的发端

企业社会责任的提出者为奥利弗·谢尔顿，在 20 世纪 20 年代仅仅是初级概念形成阶段，那时将企业等同于公共事业，认为企业进行公益就是在履行社会责任（Owen，1927）。20 世纪 50 年代，Howard R. Bowen 在其著作《商业人士的社会责任》一书中，首次提出了企业应该承担社会责任的观点。

Bowen（1953）对商业体的社会地位进行定位，认为随着数量的增加其决定性也会增强，从而对权力与决策产生巨大影响，商业体的相关行为将从多个角度对公民生活产生影响。由此，他提出在企业社会理论发端过程中十分重要的问题，即社会对于企业行为往往存在一定期望，问题在于这些期望包括什么。正是在回答这一问题的过程中，他强调，企业社会责任主要是指"商业人士负有的对社会的义务在于执行的政策、制定的决策、采取的行动应该和社会价值、目标相一致"。

《财富》也早早对这一问题进行了关注，为 Bowen 的研究工作提供了有力支撑。《财富》杂志在调查中认为：企业社会责任将会对商业人士的行为及其后果产生重要影响，而这种后果不仅限于经济效益维度。这次调查结果显示，93.5％受调查对象的观点与 Bowen 提出的社会责任理论具有契合性。Bowen 关于社会责任理论的论述，为现代社会责任理论的研究奠定了基调。正是由于 Bowen 对社会责任理论的开创性研究使其成为"企业社会责任之父"。他的理论具有一定代表性，在某一时期成为主流思想，同时也是那一时期的研究热点。Heald 曾对企业社会理论早期研究进行回顾，认为 Bowen 的理论无论是在理论界，还是企业界，都与当时的主导思想相契合（Heald，1970）。

2.2.2　企业社会责任理论的延伸与发展

随着时代发展，理论不断更新，越来越多的内容被加入其中，形成了百家争鸣的状态。20 世纪 60 年代后的理论研究方向逐渐发生转变，这一定义被严格界定，实现理论研究的科学化与规范化，成为整个学术界的重心。这一时期 Davis 的研究成果影响较大、引人关注。

Davis 对社会责任有着自己的看法，认为商业人士在履行社会责任时会考虑其他利益的获得，他们的决策不仅仅只关注自己的经济和技术利益，其他利益也有可能是行动的推进力量。通过对这一概念的审视，人们可以发现

Davis 的定义是比较模糊的。对此，Davis 也表示这一概念必须在实际的管理背景之下理解。Davis 在研究中提出一个有趣的论断：商业决策履行社会责任，将会在长时间内带来经济效益，而这种经济效益正是企业长期履行社会责任的补偿。Davis 的这一论断在当时得到了广泛认同，并因对社会责任与商业影响力关系的透视而在学术界享有盛誉。他认为，企业发展将会在很大程度上影响社会发展，因此，企业必须要承担社会责任。Davis 针对这一社会责任定律，进行了深入论证，指出社会责任与影响力之间应该相互匹配，如果本身影响力较大却不愿意承担相应的社会责任，那么逃避的行为将会带来负面后果，最终会引发影响力的消退（Davis，1960）。

这一时期有更多的学者投入到社会责任研究当中，涌现出许多成果，Frederick、McGuire 都是当时在社会上有名的理论研究者。其中，McGuire 的研究在企业社会责任理论演进历程中占有很大比重。他强调，按照社会责任含义，企业必须要承担相关社会责任，社会责任与经济和法律义务具有同等地位，是后者的延续与发展（McGuire，1963），这一研究实现了社会责任从概念向经济和法律义务方面的延伸与扩展。虽然 McGuire 在研究中并未对具体的延伸责任进行阐述，但他对企业应当承担的政治责任、社会义务等进行了详细论述，这为商业伦理道德与企业公民理论的产生奠定了基础。

Davis 在后续研究中仍十分关注企业社会责任的概念，但是，他与 Blomstrom 在《商业及其环境》中对社会责任又做了进一步解释。他认为人们一旦站在社会的角度看待自己的决策和行为，那么后者的性质就发生了变化，如果认为自己有义务考虑社会影响，那么这一切就成了社会责任。对于商业人士同样如此，当他们以社会责任的角度去进行商业行为时，那么就隶属于社会责任范畴，而行为后果将不仅限于经济与技术利益（Davis et al.，1966）。Davis 继续对社会责任进行研究，他提出了"商业人士对社会亏欠了什么"这一重要问题，但是并未对这一问题进行有效解答。他在 1967 年认为企业社会理论能够引导个人超越私有契约，并对社会责任的实质进行描述。当一方的行为对另一方产生影响时，那么对伦理后果的关注就是社会责任。社会责任的进步不仅是制度的完善，也是对社会系统关注的结果。承担社会责任的同时也影响到了整个社会系统（Davis，1967）。

2.2.3　企业社会责任理论的衍生与实证

企业社会责任理论的发展经历了一个过程，20 世纪 60 年代主要是基础理论研究，70 年代之后的企业社会责任理论则是尝试着走向实证化，而这与当时美国学术界行为主义学派占据主流的大环境紧密相关，由此在概念上呈现出衍化性。比如，Heald（1967）认为"对商业人士来说，社会责任必须最终在实际执行的政策中探求"。

美国经济发展委员会于 1972 年发表的《商业企业的社会责任》在社会责任理论的发展史上意义重大。他们认为在社会对商业的期望中比以往增加了涉及多个领域的社会责任，要求商业更为广泛地为人类价值服务，而商业的未来发展则由企业管理能否满足民众期望所决定。这份报告的起草者也引人关注，起草者是由商业人士和研究人员共同组成的，由此反映出包括商业人士在内的整个社会意愿以及美国经济发展委员会对 20 世纪 60、70 年代社会运动的响应等。

在企业社会理论研究实证化过程中，卡罗尔从四个维度对企业社会责任进行定义，具有重要价值。他认为商业社会责任是在特定时间点的社会期望，包含着诸多内容，经济与法律等都属于其中（Carroll，1979）。企业活动是一种经济活动，履行相应责任不可避免；继而则是法律责任与伦理责任，其中伦理责任"在法律要求之上"；最后是自由决定的慈善责任。责任经历了一个发展过程，由经济到法律，由伦理到慈善，因而将其排列开来，各自又具有特征。首先为经济责任，企业发展与经济活动息息相关，所以企业首先必须要承担经济责任。其次为法律责任，任何企业都要依法办事，严格按照法律的规定履行责任，这也是底线所在。伦理责任更强调的是道德义务，虽然并非强制执行但有着无形的约束力。慈善责任具有可选择性，但同样也属于社会义务。该学者在 1983 年又对该理论进行了调整，四维度包含了更多内容。

实证研究在 20 世纪 80 年代兴起，逐渐展开社会责任与绩效相关性的研究。Cochran 和 Wood 对此抱有较大兴趣，他们对企业履行社会责任能否更好营利进行研究，希望为企业社会责任运动提供支持。两位学者在对前人理论研究的基础上，将企业社会声誉作为评价企业社会责任履行情况的主要标准，继而依托 Moskowitz 声誉指标体系来开展研究。当然，Cochran 和 Wood 后来也承认这一指标体系弊端较多，需要采用新的指标体系进行研究（Cochran et al.，1984）。Aupperle、Carro 和 Hatfield 在 1985 年又对企业履行社会责任与营利的关系进行实证，他们采用 Carroll 对企业社会责任的四维度定义对部分企业的经营主管人员进行访谈，着重通过企业对三个非经济成分责任的重视程度来评价该企业对社会责任的关注度。之后又将各种模型引入到社会责任研究当中，探索其必要性的相应表现，这一时期许多新三维模型涌现出来。

进入 21 世纪，企业社会责任理论在演化的过程中，渐渐呈现两大趋势。第一，基础理论研究的区域化发展，即发端于美国的企业社会责任理论开始与各国的实际状况相结合，逐步形成与本国国情相结合的社会责任理论；第二，实证研究持续进行，基础理论研究除去与各国特色相结合之外，另一个方向就是在时代发展中的理论演进问题，学者们构建了多种模型与方法，寻求社会责任与效率之间的关系。

2.2.4　企业社会责任理论的中国化进程

企业社会责任一词是个舶来词，自改革开放时期传入我国之后，逐渐被理论界和实践界广泛关注和认可。对于企业社会责任的理论研究，我国学术界刚开始是十分有限的，这与我国经济发展水平有关，即商业主体更需要的是发展经济，履行经济责任，而在法律、道德等方面的责任与义务尚未引发人们重视。之后，随着我国经济的快速发展，与之相关的企业社会责任问题，尤其是生态环境问题以及社会公平正义问题引发人们广泛关注，在一定程度上也督促着企业主动承担社会责任与义务。2007 年是我国企业社会责任研究的分水岭，各部门出台的相关政策法规都明确规定企业应该主动承担社会责任、社会义务，同时，各类学者也纷纷展开研究、实践，并取得了许多重大突破。多种理论被运用到实践中进行检验，涉及范围广泛，从理论研究到实践探索，从定义的界定到内涵的外延，将责任与绩效挂钩，并且应用于不同所有制企业当中。他们立足于中国，对各种理论进行验证，在学术界形成了一定共识，具体涉及以下几个层面。

第一，法律层面，也是企业履行社会责任最为基本的层面。该层面对企业的要求具有强制性意味，对此，企业需要严格依照法律法规办事，比如需要按时纳税、不得偷税漏税等。法律层面即企业履行社会责任的法律维度的基础性最强。

第二，标准层面。所谓标准层面是介于最高层面与法律层面之间的一个层级。这一层级与法律层级的区别在于并没有那么高的强制性，只是依照社会风俗习惯而需要从事的行为，但是，如果企业不予以遵从这一层面的行为，那么将会引发社会的广泛关注，直至丧失广大消费者等利益相关者的支持，从而在市场竞争中处于不利地位。所以，标准层面上，企业承担的责任也可以理解为狭义社会责任。

第三，最高层面。在履行社会责任时，企业往往从战略角度出发，为追求效益最大化而履行社会责任。当然，如果社会上大部分企业都纷纷效仿的话，那么这项战略性的措施就会转化为标准层面的要求，从而成为广大企业都需要履行的新兴标准。有时候，企业还会出于道义因素的考虑，决定履行特定的社会责任，这一举措在短期内并不会带来相应的经济效益，但因为这是企业价值判断之后才进行的选择，将会直接影响到企业声誉以及社会整体发展。

2.3　企业社会责任理论基础

2.3.1　从股东至上到利益相关者理论

2.3.1.1　股东至上理论的含义

20 世纪 80 年代中期之前，在市场经济发展中，人们一直将股东主权至上以及私人财产神圣不可侵犯作为主要标准。其中，股东对企业拥有所有权，企业控制权应由股东单方面拥有。在"股东至上"理论中，代表人物为弗里德曼（Friedman），强调企业仅有一个社会责任，实现企业盈利以及股东利润最大化是企业经营发展的主要目标。这一思想无不充斥着这样一个主题：企业应为股东的利益而经营。运用企业资产的经营活动应以维护和增进股东利益为目的，管理者对这一目标的任何偏离实质上都是以所有权人的资产追求非所有权人利益的不公行为；管理者必须服从股东的监管，以确保企业的资产真正用于股东的福利之上，不得改变为股东谋利这一目标。在这一理论指引下，企业社会责任被排斥在外。

2.3.1.2　利益相关者理论的兴起

通用电气时任总经理 Owen D. Young（1929）指出，除了股东之外，企业员工、消费者以及其他企业利益相关者在企业管理中均拥有一种利益，作为企业经理，有义务、有责任来维护他们的利益。该论述可以看作企业应对利益相关者承担社会责任的较早论述，也为后来企业社会责任理论的系统发展奠定了重要前提。按照利益相关者理论观点，企业利益相关者均为推动企业发展投入了专用性投资，起到了分散企业经营风险的效果，或者为推动企业更好经营发展贡献了自己的力量，因而都拥有企业。虽然在公司治理安排中不至于将股东利益的实现方式放在最后一位来考虑，但是"股东至上"理论显然不能满足利益相关者的要求，不能为利益相关者理论所接受。

利益相关者实际上是一个团体，与组织之间存在紧密联系。这一定义虽然没有指出利益相关者的构成群体，但也与单纯的股东有所区别。企业不仅需要向股东负责，同时也要涉及其他利益群体，它们彼此之间的关系都具有一定影响力，与企业生存紧密相连。随着学者们的研究理论逐渐清晰，《战略管理：一种利益相关者方法》的出版在 20 世纪 80 年代的理论界掀起很大的波澜。其中弗里曼明确了利益相关者定义，他认为组织目标实现过程中有可能受某些个人或群体的影响，而前者同样会对后者产生影响，那么后者可被称为利益相关者（1984）。所以，企业必须要将利益相关者的期待放在重要位置，并通过不同形式来满足企业利益相关者的实际需要，而后者的影响使管理方式发生改变（Brenner et al.，1991）。这一定义打破了以往只关注股东利益而忽视其他利益相关者的局面，该理论中开始重视其他利益相关者的参与，企业开始注重追求整体利益。

福利经济学家指出，企业并不应该代表某一社会集团，而应代表所有社会集团，比如企业股权以及业主的合法权益。面对各个利益集团的合理需求，比如企业员工要求提升员工福利待遇水平、消费者要求提升产品质量的要求以及企业股东在资本增值方面的需求等，都应该有效做好协调与抉择。为了达到各利益集团的实际需要，企业必须将提升收益水平放在首要的位置上。不过，从企业收益角度，仅仅将其看作是实现社会目标的一种工具，而不是目标自身。由此要求企业认真履行相应社会责任。

2.3.1.3 利益相关者与社会责任的全面结合

企业社会责任和利益者相关理论全面结合的趋势出现在 20 世纪 90 年代 (Jawahar et al.，2001)，这期间出现了若干篇讨论两者结合问题的重要文献，如 Carroll（1991）、Brenner 和 Cochran（1991）、Clarkson（1995）、Donaldson 和 Preston（1995）、Wood 和 Jones（1995）、Harrison 和 Freeman（1999）以及 Ruf 等人（2001）。从某种层面上，上述两种理论存在诸多相似共通的地方。按照国外学者最新理论研究成果，无论从含义上，还是从实证分析上，上述理论均表现出全面结合的特点。Pinkston 和 Carroll（1993）也提出利益相关者是"对公司有一种或多种利害关系的人，他们或影响公司决策或受公司决策影响"。唐纳森（Donaldson，2002）曾表示："利益相关者理论家对居于现代经济和管理理论中心的传统观点提出了挑战"。该理论明确提出了利益相关者本身具有一定特征，可以此作为分类和打分的依据。利益相关者作为一个整体，由不同部分构成，因而利益诉求有所差别，其利益要求的实现方式和实现程度也各不相同（姜志华，2014）。

按照对于企业的重要性，约瑟夫·韦斯（2005）对利益相关者进行区分，其中一级参与者直接关系企业生存，如所有者、董事会等；二级参与者最具有一定相关性，但不决定企业生存，这些组织和个人的利益受企业影响，如消费者、法院等，甚至包括竞争对手。

（1）利益相关者理论为研究企业社会责任提供了一种框架。利益相关者理论强调企业利益相关者均具有参与企业投资决策的正当权益。企业管理者应该对企业全部利益相关者具有受托责任；企业发展目标应最大限度地满足企业全部利益相关者的利益而不是仅仅满足企业股东的利益。利益相关者理论的提出，是对于"股东至上"理论的一个有力冲击，也有助于企业社会责任理论的认可与推广。按照企业社会责任理论，强调企业应该逐渐改变将提升股东收益作为唯一经营目标的狭隘观点，相应地，企业可以从更高的层面上，分析企业发展与企业全部利益相关者乃至整个社会的联系，鼓励企业积极承担社会责任。

国外学者在对企业社会责任问题进行研究时，在社会责任分析中加入了利益相关者的元素。其中，Carroll 在分析中指出，我们可以将企业利益相关者理论与企业社会责任理论有机联系起来。在利益相关者理论的前提下，能够为企业更好地履行社会责任进行指导。在每一利益相关群体中，均能够明确社会责任范围。现在，当需要对企业社会责任的理论研究进一步深化时，我们可以以利益相关者理论为前提，明确企业需要承担社会责任的范畴。

（2）利益相关者理论的提出，为明确企业经济绩效与社会责任的关系提供了新方式。目前，在企业社会责任问题研究上，即便部分群体依然持有否定或者怀疑态度，不过已经有越来越多的专家学者开始认可企业社会责任观点。同样，企业承担社会责任的支持者也需要找出更多证据来说服其他不认可社会责任的群体，提升社会责任观点的影响力，从而帮助更多的企业认识到，企业积极承担社会责任，除了有助于整个社会发展之外，对企业自身发展也将会产生积极影响，进而提升企业积极承担社会责任的意识。不过，目前的相关研究很难能够达到这一效果。部分学者在对企业社会责任进行研究时，大多从模糊层面的社会责任入手，分析企业经济绩效以及社会责任间的彼此联系，很明显这一方式很难能够得到统一性结果。社会责任理论经过几十年的研究发展，人们在这一方面依然没有形成共识。比如，宋献中、龚晓明（2006），沈洪涛、杨熠（2008），温素斌（2008），张旭（2008），朱松（2011）等学者的研究结果表明企业社会责任与财务绩效呈正态相关，且互为因果、相互促进；而 Moore（2001）、Gary 和 Kohers（2002）、Mcwilliams 和 Siegel（2002）、Pasaribu（2003）、Seifert 等（2004）、Vandenelde 等（2005）、Brammer 等（2006）、陈玉清（2005）、李正（2006）、石军伟（2009）等学者却得出了两者不相关或负相关的结论。

比如，Hillman 和 Keim 在他们的分析中，运用事件研究方法，通过大样本回归分析，明确得出了二者之间存在明显的正相关关系的结论。Geoff Moore 在分析中，以超市行业中的不同企业作为分析对象，得到企业同期经济绩效与企业社会绩效之间存在负相关，而前期经济绩效与社会责任则表现出正相关关系；此外，Geoff Moore 在分析中还强调，企业规模与企业社会绩效间存在正相关。不过，该作者在分析中并没有指出，企业承担相应社会责任之后，将会整体提升企业目前以及将来一段时间内的经济绩效水平。Bruce Seifert 在研究分析中指出，无论企业慈善行为采取何种形式来表示，也无论企业经济绩效采用何种方式来衡量，企业能够得到的现金资源量和企业以现金方式进行的捐赠均呈现出正相关。但是，在分析中，该作者并没有得到企业经济绩效与企业慈善行为之间存在明显联系。所以，在这一影响下，企业很难提升承担社会责任的积极性。

上述分析中，如果将利益相关者理论引入到社会责任研究中来，便能够得到不同的结果。Bernadette 与 Raf 在分析中指出，在研究分析企业社会绩效与企业经济绩效的关系时，引入利益相关者理论，能够为深入研究它们之间的关系提供框架基础。如果企业管理人员能够满足企业不同利益相关者的实际需求，将会极大提升股东经济绩效水平。也就是说，企业社会绩效变动情况与企业销售额之间为正相关。由此表明企业提升社会绩效水平，有助于企业增加销售利润，有助于推动企业的长期可持续发展。

（3）利益相关者理论为衡量企业承担社会责任提供了可操作方法。在某些基本概念层面，企业社会责任存在比较模糊的情况，同时受到企业承担社会责任对象范围界定不明确等因素的影响。如果我们仅从社会责任自身层面来予以分析，那么很难找到一个比较客观的衡量社会责任的方式。相应地，当我们以利益相关者作为出发点，便能够得到不同的情形。企业社会责任表明是对利益相关者的责任，不同利益相关者在社会责任需求方面有着很大差异，需要不同的社会责任信息。以利益相关者为导向开展社会责任信息披露时，能够为我们更好地做好社会责任信息披露工作提供科学合理的方式。

2.3.2　利润最大化到可持续发展理论

2.3.2.1　利润最大化思想

利润最大化是经济学上的最大化假设具体运用于营利性个体经济时所做出的一种人性概括。在现实社会中，一切从事经济活动的人，都是追求私利的经济人，企业也不例外。在他们看来，追求盈利最大化是企业经营发展的唯一目标。当企业实现盈利最大化目标时，就能达到全社会利益的普遍增进。哈耶克（Hayek）在分析中强调：企业盈利和企业承担社会责任之间不存在冲突，最大限度地为股东赚钱，就能极大地增进社会福利。埃巴（2001）的观点更为明确：长期来看，作为企业管理者，当且仅当将股东权益放在首位时，才能够真正确保实现每个人收益最大化。这种思想不考虑企业行为的消极后果和社会利益，也不必负担社会责任；如果说企业负有社会责任，那就是尽一切可能实现利润最大化。企业倘若不追求股东利益最大化，就会产生灾难性的道德风险。无疑，在这一理论基础下，就利润目的之外企业是否对社会负有其他责任这一问题是被否定了的。

这种利益至上的理论受到多方面的批评，按照社会学理论，这一观点不负责任，也违背了商业道德原则。

2.3.2.2　企业可持续发展理论的形成

数千年来，克什米尔地区流传着这样一句谚语："地球不是祖先遗留给我们的，而是我们向子孙后代借用的。"从这句千年古语中流露出了要推进可持续发展的观念。但是，随着社会和经济的快速发展，人们往往只追逐利润的快速增长，逐渐忽略了对生态资源可持续性的保护，直到环境问题开始严重起来，可持续性观念才又重新引起了人们的关注。20 世纪 80 年代开始，人们在对全球环境与发展问题进行激烈讨论的基础上提出一种全新的概念形式，即人类在面对全球性的环境污染和广泛的生态破坏时，不得不对如何克服经济、环境、社会三者之间的关系失衡所做出的理性抉择。

1987 年 Barbier 在分析中，从经济与环境可持续发展层面进行了深入研究分析，并引发了国际社会的普遍关注。同年，在挪威前首相格罗·哈莱姆·布伦特兰夫人（Ms. Gro Harlem Br）领导下，世界环境与发展委员会颁布了题为《我们共同的未来》的研究报告。在这一报告中，全面深入地介绍了目前人类社会在社会发展、经济交流以及环境保护等方面面临的问题，并首次提出了要实现社会可持续发展的概念。报告中还指出：之前，我们的重心主要集中在经济建设，而忽略了环境保护工作；目前，环境生态压力对经济发展的影响与冲击也日益严重；所以，未来一段时间内，我们应致力于加强构建一条经济与环境协调发展的可持续发展道路。在报告中，对于"可持续发展"理念做出了最为全面、最为系统的界定，并体现了可持续发展理念的核心：既满足当代人的需要，又不对后代人满足其需要的能力构成危害的发展①。

20 世纪 90 年代以来，可持续发展理论逐渐得到了国际社会的广泛认可，并开始纳入国际社会议程范畴中来。其中，1992 年召开的联合国环境和发展大会，便将可持续发展理论作为全人类在 21 世纪的共同发展战略。这也是人类历史上第一次将可持续发展战略纳入全球统一行动中来。而随后召开的 1994 年世界人口与发展会议、1995 年哥本哈根世界首脑会议，都将其作为重要议题，并提出了可持续发展战略构想。在现代经济学领域，可持续发展理论已取代了单纯以 GDP 为考核评价指标的增长理论。

2.3.2.3　可持续发展与企业社会责任的全面结合

20 世纪 70 年代以来，随着可持续发展理论越来越多地得到人们的认可，将可持续发展理论与企业社会责任相结合，已经成为社会发展的共识。企业积极承担社会责任，是推动企业实现可持续发展的重要方式。企业责任除了实现盈利最大化之外，还需要社会各界的大力支持。从某种层面上讲，为了实现企业可持续发展，必须要积极承担社会责任。

（1）可持续发展与企业社会责任内涵上的一致性。企业社会责任体现出企业可持续发展的内在需要，在企业社会责任的内容中也体现了可持续发展的内涵。1991 年 1 月召开的达沃斯世界经济论坛中，安南提出了要建立"全球协议"，该协议于 2000 年 7 月正式实施。在"全球协议"中，强调企业应该遵守社会责任，其中就涉及了推动社会可持续发展的要求。从社会责任中，能够很好地体现出企业为了提升利益相关者生活质量水平而做出的一种庄严承诺。此外，欧盟对于社会责任是这样规定的："公司在自愿的基础上把社会和环境整

---

① 也有学者将其译为"在不牺牲子孙后代需要的情况下，满足我们这代人的需要"。

合到它们的经营运作以及它们与其利益相关者的互动中"①。

我们可以通过图 2-1（邵文华，2006）进一步认识企业社会责任与可持续发展内涵之间的联系性。

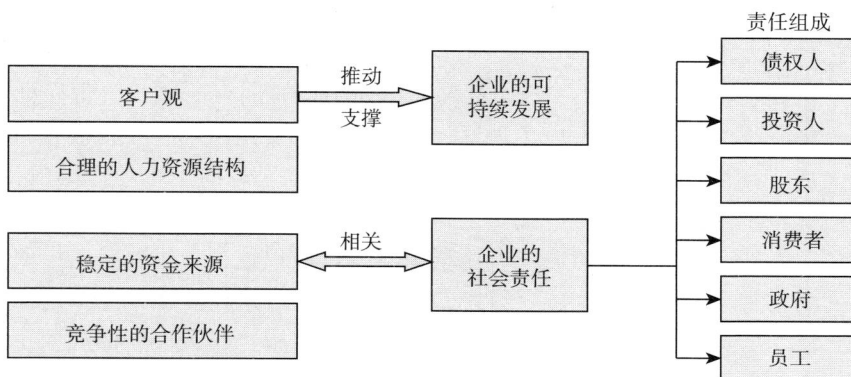

图 2-1　企业可持续发展与社会责任的内容相关体系

（2）企业社会责任对企业可持续发展的战略性影响。在企业可持续发展进程中，企业勇于承担社会责任是其中最为重要的推动力，不仅不会造成企业发展的精力分散，而且能够有效提升企业知名度与影响力。《中华医学信息导报》曾组织了一场主题为"化社会责任为企业可持续发展的动力"的大讨论。经过讨论，参与者最终达成一致意见：我们倡导的社会责任，不仅仅是出于被尊敬，社会责任实践更能够提升企业的长期盈利水平，为企业实现可持续发展提供动力。

从国内外学者对企业可持续发展战略的分析中，我们能够得出，战略问题是目前企业在可持续发展中面临的主要问题，具体表现在战略思想缺失、战略优势缺乏力量等方面。为了有效解决这些问题，可以从以下几个方面予以分析。

①企业社会责任为企业带来机遇，增强企业竞争力。企业积极履行社会责任，将会提升企业"责任竞争力"②，而不是按照传统经济学理论认为的那样，履行社会责任将会增加企业经营负担。企业积极履行社会责任，能够在无形中提升企业销量，提升消费者对于企业产品的忠诚度，为企业带来更大的收益。

---

① 中国企业联合会，2004. 共享和谐：解读 SA800 社会责任体系 [M]. 北京：企业管理出版社.

② 殷格非在 2005 年 12 月 19 日的"中日企业社会责任研讨会"首次就"责任竞争力"的内涵进行了阐述，他认为"责任竞争力即企业运用自身的专业优势解决社会、环境、员工等一系列问题，使得企业在履行社会责任的同时，经济效益也得以同步提升，责任竞争力得到增强。"刘藏岩（2005）也认为："企业履行社会责任虽然是非功利性的，但能转化为企业的竞争力，有利于企业跨越国际壁垒，提升企业社会形象和长期盈利能力。"

因此，企业积极履行社会责任的同时，也为企业发展带来了全新的发展机遇。有关研究显示：如果企业越注重社会责任提升，就越有助于扩大企业产品及服务的市场占有率，从而为实现企业可持续发展奠定重要的基础。其中，我国知名企业海尔公司、华为公司等，正是由于积极承担社会责任，才有效带动了企业的跨越式发展。参考美国 New－Balance 企业的报道，其在我国的合约工厂通过承担社会责任实施了 SA8000 标准，即便工作时间有所减少，但企业生产效率却得到很大提升。之所以出现这样的结果，主要是由于企业积极履行社会责任之后，在消费者心目中树立了良好的企业形象，有助于企业产品的销售，市场占有率不断扩大。同样，如果消费者在购买产品之前，了解到产品是"血汗工厂"生产，消费者自然便会产生抵触感。之所以这样，主要是由于目前市场消费者的社会意识不断增强，特别是对欧美消费者来讲，他们购买产品或服务时，除了考虑商品或服务能否满足自身实际的需求，还关心产品如何生产出来。企业积极履行社会责任，有助于企业在消费者心目中树立良好的形象，提升消费者对企业经营以及企业产品的认可。这便是企业发展中的一项重要无形资产，能够为企业发展带来源源不断的收益。

②企业履行社会责任能促进企业创新，实现经济增长方式的转变。就目前而言，企业在经营管理中依然为了实现最大化收益而采取多种方式。也就是说，当企业生产能够获得较大收益时，它们将不会考虑企业的可持续发展，而以牺牲社会的整体利益来实现企业盈利。不过，企业社会责任具有一种强制力①，这种强制力引导企业在经营管理中，除了追求短期盈利之外，还要加强对产品、设计、管理等方面的创新性发展，转变企业经济增长方式，实现企业可持续发展。

③企业认真履行社会责任，促使企业、政府以及社会等不同主体之间构成良性互动，能够为企业可持续发展营造一种有效的发展环境。在目前市场发展环境下，企业经营环境已经从之前单一的单向循环环境逐渐转变为诸多利益相关者在内的多元环境。企业为了实现自身长期发展，必须要正确处理好企业经营以及企业利益相关者之间的关系。只有在有效处理好这些关系的基础上，才能够推动企业与政府层面关系的改善，从而为企业营造一种良好的发展环境，提升企业发展的品牌价值。石友蓉（2002）在分析中指出："企业承担社会责任是企业可持续发展战略的客观要求，企业社会责任与企业可持续发展战略之间存在良性互动的关系"。《WTO 经济导刊》从 2005 年 4 月开始陆续刊登了

---

① 虽然企业的社会责任没有完全法制化，很多情况是依靠道德体系、信用制度来约束企业，但仍然具有一定的强制力。这种强制力可以限制企业在可持续发展的框架里活动，虽然可能会使得某些企业产生抵触情绪，但其最终结果有助于企业可持续战略的顺利实施。

国内外企业社会责任与可持续发展的案例，案例均不同程度地证实了企业社会责任与企业可持续发展之间的相互联系。大量实践证明，企业可持续发展与企业社会责任之间的关系是相辅相成的，如果企业尚未实现可持续发展，企业社会责任也就无法承担；企业如果没有积极承担社会责任，也就很难得到消费者的认可，影响企业可持续发展。由此可见，可持续发展、利益相关者治理、公司的社会责任之间具有密切的联系，也就是不同因素间存在内在的必然逻辑和现实联系，即可持续发展是企业发展的生命力，是企业发展的必然前提；企业社会责任以及企业可持续发展从本质上并没有太大的差异，二者均是在强调企业内外因素之间的冲突与协调，从而有助于维护各利益主体的合法权益（刘大洪，2006）。

2.3.3　"经济—道德"关系学说

2.3.3.1　经济伦理学理论

从字面上来理解，经济伦理学就是经济学与伦理学的交叉，是社会经济发展到一定阶段之后，人们对过分追求经济效益而带来的不良影响反思之后形成的，这些不良社会影响包括经济发展后的公平与效率关系之争、生态环境问题、社会腐化问题等。考虑到企业作为社会经济发展中最为重要的实体，企业必须要积极承担社会责任，而这就产生了经济伦理学中的"经济—道德"关系学说。

沃尔顿（Walton，1997）对此发表看法，认为这一理论是有益的补充，可以用于判断人类行为举止是非，其中包含了多种因素。这一理论的核心在于人性化，更强调以人为本，使原有的社会责任变得更为丰富，对企业承担社会责任有积极的促进作用。企业伦理为企业在法规之外建立的一套道德行为准则机制，对于企业起到了规范作用，使得企业的经营活动不但不能超越法规，同时还要遵守道德规范的约束。各利益相关者之间关系复杂，企业决策必须要充分考虑，不断加以关注，因此企业伦理一度被视为企业社会责任的同义词。单凌云（2014）提出了自己对经济伦理这一概念的看法，他认为这就是一组行为规范，用于经营活动当中，既要考虑主体之间的关系，又要遵守一定的伦理道德，而这一切是可持续发展的前提。理论中所强调的内容实际上就是利用道德规范对经济行为进行约束，这丰富了企业社会责任动因的理论基础。

2.3.3.2　经济人与道德人的融合

在研究企业社会责任与道德责任过程中，对经济人与道德人的关系进行了阐述，这为企业履行社会责任提供了重要指导。

（1）经济人与道德人相融合可能性分析。

①考量经济行为动机。一方面，经济活动的动机是利益，即以实现个人物

质利益作为主要动力。因此，人们在确定从事何种行为时，首先考虑的就是如何获利，如何有利于自己的生存与发展，这就使得每一个处于经济活动中的人都拥有经济人特征，他们决定是否采取、何时采取以及采取何种行动，都是从一己之利的角度进行考虑的。另一方面，每一个经济人又是生活在社会关系中的人，并非纯粹抽象化的人格主体，因此，人们在从事经济活动时就必须具备与社会主流价值观念相符合的品质，这包括道德素养、文化水平、社会同情心等品质，这些品质会对其经济行为产生影响，驱使其适度追逐个人利益，而非不顾一切甚至是不计后果地实现自身利益最大化。

因此，从某种程度上来说，处于市场经济中的每个人都是经济人与道德人相统一的人，都是具有功利色彩与超功利性意识、他律与自律并存的个体。而这样的经济人在从事相关行为时，既要认识到自己的行为需要有益于他人、有益于社会，又必须考虑自己在这一过程中能否获取经济利益。因此，他虽然仍是一个经济人，但是在其经济行为动机中已经具有将个人利益与遵守社会道德价值观念相统一的自觉性。

②基于人们实现个人动机的方式进行考量。一方面，人们往往是立足于自身利益最大化，为了谋取利益，在实现个人动机时，具有采取一切手段甚至是违法犯罪行为的可能性，比如：经济交易活动中漠视社会信用，不顾他人的财产安全而一意孤行，置社会道德伦理观念于不顾，只为了谋取个人利益，甚至还有一部分人整日沉浸于贪欲与物欲之中。另一方面，市场经济还需要遵循"看不见的手"的调节，这只手的调节对于市场经济的发展发挥着基础性作用。在这只手中，竞争是重要途径。竞争的开展需要各种游戏规则的建立，这些规则体现着社会道德观念，维护着社会经济秩序，体现着道德价值观念与谋取个人利益相并存的自觉性。市场经济发展到现在，实际上还有"另外一只手"进行调节，即政府的宏观调控。相对于市场的自动调节，政府的宏观调控或者通过法律法规进行强制性的调控，或者通过建立道德规范、弘扬道德价值等非经济手段进行调节，由此对市场经济中的个体产生重要影响。

因此，从微观经济维度进行分析，实现市场主体经济人功能，仍需要道德规范的约束，这既是市场竞争的必然需求，又是政府宏观调控的题中应有之义，使得经济人在市场经济活动中除了为谋利而采取行动之外，还需要遵循社会道德规范，考虑自己的工作需要、价值实现以及工作成就感等伦理性要素。

③基于人们从事经济活动结果的状况，经济人与道德人实际上也是具有统一潜质的。一方面，经济人在市场经济活动中为了实现自身利益最大化，往往需要将自己的盈利结果用于所谓的"财富包装"上，向外界炫耀自己在生产上取得的成绩、在生活上的富有，给人以经济实力强大的感觉，从而获取外界对自己经济实力的信任，这往往表现为生活中出手大方、挥霍无度等。实际上，

这是取得他人信任或者开展经营管理活动的必要手段。在此，经济人的特质是占据主要地位的，道德人的色彩则处于从属地位，即经济人的特征完全掩盖了道德人的品性。另一方面，处于社会关系中的经济人，又充当着多重的社会角色。经济人不能终日唯利是图，不能一直充当着市场机制与资本的化身。因此，他们在处理经济收益时，往往会以社会复合型的角色出场，从而彰显自己的伦理性特质。现实生活中往往有些人既是经济人，又是道德人，如企业慈善家，他们在关注自身企业发展的同时也关注社会公益活动；此外，人们在各种爱心工程中常常见到经济人的身影。

（2）经济人与道德人相融合的必然性分析。

①经济人与道德人相融合的基础。人们从理论上对经济人与道德人进行划分，实际上，经济人与道德人只是同一个体中的不同层面而已，他们是相互统一、共构个体的完整人格。然而，实际生活中并不存在完全纯粹的经济人，也不存在完全纯粹的道德人。如果将经济人潜质推向极致，那么将会变成动物；如果将道德人潜质推向极致，那么将会变成神；因为动物世界中并不存在道德需求，理想国度才没有功利性需求。但只要是一个人，就不可能被严格区分为经济人或道德人，而是二者的统一体。对于某一个体来说，经济人与道德人所居主次地位不尽一致，在个体的人格个性中也存在主次、内外以及表里之分，但是，只要二者共同处于一个具体人格之中，那么经济人与道德人的融合就具有价值相通的途径。正因这个途径的客观存在，人们才能在社会经济生活中做到义利双收。

从现实基础来看，经济人与道德人相融合的基础是物质实践活动。一方面，物质生产实践活动是自然关系与社会关系的有机统一。自然关系主要是指人们通过改造自然界，使得自然界变成为"我"而存在；社会关系则是人们在社会经济活动中形成的交往关系与合作关系，而这种关系从本质上来说就是物质利益关系。正所谓物质决定意识、利益滋生观念，道德观念就是在物质生产活动中用于调节、规范人们行为的思想关系，利益连接经济与道德。物质经济关系赋予人们从事经济活动以道德性，这种道德观念普遍存在于经济活动之中，并对人们的经济行为进行指导。另一方面，人们从事经济活动在目的上往往是双重性的，既有客观性，又有主观性，既是对象化的，又是善的。相对应，人们的社会实践活动，既是个人本身水平的展示，又是个人客观存在的重要方式。因此，人们的对象化活动拥有着主体与客体两种尺度，前者是外部自然界本性与客观规律的具体展现，后者则是人存在的价值与意义的彰显，这两种尺度是相互渗透、交互融通的。人们在认识世界与改造世界的过程中，遵循客观规律更多是为了实现自身尺度向现实性的转化。当然，现实生活中并不存在那种纯粹"毫不利己专门利人"的理想人，而那些极端利己、甚至损害他人合法权利与公共利益的人，则会成为害群之马，最终被社会抛弃。因此，人们在经济行为中既强调利己，又强调互利与利他，仍然是合理且现实的。

总之，人们在物质生产实践活动中所追求的目标，既包括存在，又包括价值，既是实然追求，又是应然所得，是真、善、美的统一，只有如此才能促进经济人与道德人的融合。

②经济人与道德人相融合的理论支撑。从人性的角度进行考虑，经济人与道德人实际上只是人性中欲与理的表现，二者只有相统一方能构成一个完整的人性，而一个个拥有完整人性的个体又组成了人类社会。人类社会与动物世界、理想的国度相比，重要区别就在于人与人之间的认同与相互依靠，人们只有作为类的客观存在，才能战胜自然、创造文明，继而形成现代社会。因此，从本质上来说，人们追求所谓的义，只是社会性的利己行为，并非只有追求经济利益才是利己的，这两种利己只是存在公私之分而已，而这恰好从本质上为经济人与道德人相融合提供支撑。

在人类社会发展进程中，人们最终选择了市场经济体制，也就是说人们最终选择了同类间相互依靠、利己利人的本质。市场主体中经济人的客观存在，只是向我们说明了人们追逐自我利益，也就是从事经济活动、采取经济行为的深层动机，也就构成市场主体的利己性特征。但是，强调利己的市场主体在经济活动中仍需要遵守等价交换、诚实守信等利己性原则，这种利己性是市场经济体制得以维持、发展的重要条件，而经济人想要在市场经济中谋取私利，就必须满足他人或者公共利益的需求，必须承认他人与自己共同拥有平等的权利。实际上，市场经济中强调的个人利益至上，仍是拥有道德基础与道德价值的。

③经济人与道德人相融合的外在约束。如果缺乏对市场经济中经济人的外在约束，那么这个经济人很有可能会走向极端利己主义甚至是作恶的道路。与私利物欲相比，道德规范有时候显得非常苍白无力，因此，社会对经济人进行约束，不仅需要道德秩序的建构，还需要借助于外在约束性力量，通过制度与法规的约束来规范经济人的行为。这也就意味着，制度对经济的约束必然存在，同时也是后者的保障，所有市场行为都需要按照规则进行，只有如此才能够规范经济行为，降低交易成本，维护市场运行。与道德规范相比，市场规范并不具备其崇高性与自律性，而是具有明显的工具性色彩。但是，道德与法律并非完全背道而驰，二者在调节市场主体行为过程中，实际上是相通的，尤其是在占据社会统治地位的道德与法律之间。

经济人在市场经济中，如果其行为触犯了法律，那么必将受到惩罚与制裁，这种惩罚既是外部约束机制效力的彰显，更是市场运行机制的客观需求，当然，触犯法律的经济人往往还会受到社会舆论的惩罚。严格来说，这种制裁与惩罚是一种校正性力量，有助于经济人在今后的经济活动中接受、认同并践行法律法规，逐渐将这种外在约束转化为自己的内在价值规范，开启个人的"道德良知"之门。因此，这时的法律法规是主体求利的一种工具，也是社会良知、个人义务与责任等对功利性的超越。

当然，只有经过长期的实践与熏陶，这种市场法规才能够逐步转化为道德主体的内在价值规范。如果某一天，当市场法规已经达到完善程度且被人们内化为道德规范之时，人们实际上已经不再存在经济人需要守法、道德人需要重德的区别了，遵守法律与道德规范将会成为人们的自觉性行为，个人行为受到的自律性的道德约束与他律性的法律约束也就实现了融合。在此，需要指出的是，关键就在于如何完善市场经济体制中的法律法规，既能够保障市场经济有序运行，且不形成对市场秩序的过分干扰，又能够使得人们在遵守法律过程中满足个人需求。

2.3.3.3 "经济—道德"关系学说对企业履行社会责任的要求

经济伦理学中关于"经济—道德"关系学说，要求企业履行社会责任应遵循以下几点要求。

①企业在从事经济活动过程中，需要坚持以人为本理念，这要求企业从人自身的角度来看待人与世界，让劳动真正回归人本身；需要大力发扬为人民服务的精神，企业在经营的过程中应该将产品质量安全放在第一位；同时也需要充分调动员工的工作积极性、为员工个人发展提供条件、关心企业员工的真正需要、在企业内部营造良好的道德环境，从而形成以道德促进经济发展的合力。

②企业在从事经济活动过程中，需要在竞争中坚持理性原则，以理性竞争实现经济合作，处理好公平与效率之间的关系。

③企业在从事经济活动过程中，需要抓好企业自身财务状况，从而把握规律、坚守经营责任意识、强化政策法规建设、加强经营者之间的合作、完善经济自由意志等，实现崇高价值追求与合理经济目标的有机统一。

④企业在从事经济活动过程中，需要遵守诚实守诺的信誉，包括顾客至上、设计制造道德产品、遵守服务承诺、建构企业内部信誉等，以形成良好的企业品质。

实际上，企业社会责任理论在演进中呈现出衍化与发散态势，与其说是实证研究的需要，毋宁说是由该学说涉及学科、理论的多样性所决定的。除了利益相关者理论、经济伦理学中的"经济—道德"关系学说之外，社会契约理论也为企业社会责任理论提供了丰富养料，比如，对个人自由平等的强调、社会公平正义的基本价值取向、权利与义务的契约式分配以及普遍认同的规则等。

2.3.4 社会契约理论

17 世纪，社会契约责任成为当时具有较大影响力的一种学说。随着社会经济的发展，社会契约理论也随之出现。按照社会契约理论观点，强调社会以及企业之间以一种社会契约的形式存在，也就是企业和社会不同利益集团之间存在一系列自然同意并能够彼此受益的社会契约。积极履行利益集团的合同义务，便是企业的责任。

社会经济发展的不同阶段，使得在不同发展阶段下企业的社会契约也呈现出不同的特点。具体来讲，可以将社会契约具体分为内部社会契约以及外部社会契约两个方面。在 20 世纪 50 年代之前，企业社会契约责任大体上局限于通过合理的价格提供产品及劳务。但之后企业的社会契约发生了改变，出现了"社会利益"的概念，即企业在追求利益的同时，也要从社会整体发展层面分析企业自身运营对社会发展的影响，以及社会对企业行为的期望与要求，要对各种社会问题高度重视。

2.3.4.1 契约理论与企业社会责任的结合

霍布斯的贡献在于社会契约理论，《利维坦》是这方面的代表作。将社会契约理论运用于企业理论研究则开始于科斯，其在《企业的性质》（1937）中将交易作为基本的分析对象，认为企业是为了节约交易费用而存在的。自 20 世纪 80 年代初以来，社会契约理论得到广泛运用，所产生的影响至今仍存在。

当企业与社会之间形成契约后，也就意味着需要承担一定责任，契约形式使得彼此之间的联系更为紧密，社会责任的履行演变为义务。企业所承担的社会责任中有一部分为主动性的，另一部分为被动性的，而契约则增强了被动履行社会责任的可能（乔治等，2002）。也有学者认为社会契约作为依据形式存在，以此明确企业承担的社会责任。契约在企业经营中并不少见，而社会契约更多地涉及伦理问题（帕特里夏等，2005）。约瑟夫（2005）认为契约概念在经营过程中始终发挥作用，与管理方法密切相关。帕尔默（Palmer，2001）等也同样认为社会契约理论支撑了企业社会责任的概念。

可以从另一角度看待企业利益相关者，他们与企业之间的关系可以由契约解释。除此之外，还存在着隐性契约关系，如企业与政府之间、与消费者之间、与社区之间都存在着这一类关系，甚至与一些非利益相关者也存在着未来或潜在的契约关系，如自然环境等。契约双方的义务与责任都可以明确作出规定，在一定程度上起到了规范作用，同时也界定了企业社会责任的范围。企业本身具有经济功能和社会功能，是二者形成的共同体，因此企业与社会之间并非完全割裂，和谐统一是可行的（黎友焕，2010）。企业与社会之间本身存在着社会契约，这是在某种特定条件下的基本约定（陈宏辉等，2013）。企业行为实际上是遵守契约的行为，契约关系的主体并不单一，作为利益相关者彼此独立又相互影响，他们的关系可以向任何一种方向发展（单凌云，2014）。企业与契约主体之间形成关系，需要承担相应的社会责任，这将对二者间的交往起到正面作用，从这一角度来看，社会责任的担当将会为企业带来更多利益，既可以促进社会经济发展，又可提高自身利润，因此企业更愿意参与其中。社会契约思维的建立可以帮助企业清晰认识社会义务的实质所在，也为企业社会责任理论奠定基础。

2. 3. 4. 2　契约理论与利益相关者的结合

人们在现代社会从事一切经济活动，都是为了实现特定的经济利益目标，其中，企业行为必然会对利益相关者产生影响，它们之间有着千丝万缕的联系，以集合体的形式呈现于社会当中，进而构成了契约关系。契约关系主要反映的是企业与利益之间的经济关系，这种关系通过财务的形式集中体现，故又称为财务契约。财务契约奠定了利益相关者理论，同时也将财务理论与利益相关者理论相连接。维系企业与各个利益相关者之间的财务契约包括以下类别。

（1）企业与股东关系的契约。对于企业来说，出资者向企业注入资金由此获得对企业净资产的最终所有权以及从事相应经济活动的收益权。对于企业来说，出资人必须依照出资规定等履行其应当承担的义务，而企业则是利用出资人提供的资金置办资产，并借入债务，从而形成企业法人财产。企业在法人财产基础上开展经营相关的管理活动，从而获取利润。对于获取的利润，企业需要依照预先的协议规定向出资者支付报酬，该报酬的分配依照出资额比例进行划分，因此，出资比例大小不同，出资人对企业承担的义务与享受的权利也存在差异。

（2）企业与员工关系的契约。企业为员工提供工作并支付一定报酬，而员工在企业工作并收取一定报酬，二者之间通过劳动合同建立关系。对此，员工以自己的劳动为依据获取报酬，企业则是以收入方式向员工支付工资、津贴，以利润等方式支付员工为企业的贡献，从而实现员工与企业之间在劳动成果上的有效分配。对于企业来说，员工分配的多少往往会引发所有者权益的变动，而企业与员工的分配关系还直接关系着出资者的利益，因此，能否有效处理企业员工与出资者之间的利益关系，对于企业能否有效发展十分关键，这也是现代企业财务治理工作中的关键一环。

（3）维系企业与债权人关系的契约。除了出资人之外，债权人是企业获得资金来源的重要一方。企业可以通过借款合同的方式向债权人借入资金，继而依照合同按时归还借入本金与相应利息。对于企业和债权人来说，他们之间的关系就是债务与债权的关系。

（4）维系企业与供应商关系的契约。企业与供应商之间的关系是通过协商或者谈判而达成特定产品的"采购—供应"协议，继而依照该协议而形成的。在现代企业中，二者的关系从交易到合作，再到战略性联盟，其中，能否处理好企业与供应商之间的战略性合作关系，对于实现双方的互利共赢具有重要价值。

（5）维系企业与政府关系的契约。对于企业来说，政府往往具有多重关系。政府是社会经济活动的管理者，因此企业需要依照法律规定缴纳税款；对于国有企业来说，政府又是投资者，因此又以企业股东的身份来参与利润分成等。

2.4　企业社会责任评价理论基础

2.4.1　委托代理理论

2.4.1.1　委托代理问题的发端与委托代理关系的建立

第二次工业革命之后，社会经济发展速度不断加快，社会分工更加精细，导致企业朝着规模大型化、股份分散化的方向迅速发展，由此而成为法定代表人独立、多元且比较分散的投资主体，此时，企业逐渐成为以自由转化股权为基础、法定代表人只需承担有限责任的公司制。当公司制成为企业主要制度时，企业投资的主体不断增加、成分日益复杂、经营管理难度加大，进而对企业管理能力提出了更高的要求，随之而来的则是企业的实际所有者开始与经营管理工作相分离，他们更倾向于雇佣那些经营管理能力较强、经过专业性训练的人员开展经营管理工作，由此形成"所有权与资产控制权相分离"的现代企业制度。但是，现代企业制度下的企业管理工作非常烦琐、内容庞大且专业性较强，由此，企业所有者欲实时掌握企业的经营管理状况变得十分困难，对代理人经营管理工作的监督成本也变得越来越高，委托代理就成为人们必须考虑的重要问题，这一现实需求大大推进了委托代理理论的研究力度与深度。

随着经济发展的推动，美国著名经济学家伯利和米恩思于 20 世纪 30 年代共同提出了委托代理理论。在这一理论中企业所有者将自己的经营权转让，但是保留所有权，进而实现所有权与经营权分离，这在一定程度上与企业规模的不断扩大有关。在此基础上罗斯又丰富了这一理论，他在 1973 年提出了委托代理概念，认为只要事实上存在涉及利益划分决策权的转移就形成了代理关系。

2.4.1.2　委托代理理论的概况

委托代理理论从属于制度经济学契约理论，主要关注于行为主体依照契约，指定另一行为主体代其决策并参与行动，同时给予相应报酬。授权人与代理人之间是委托人和被授权人之间的关系。

委托代理关系的发端与社会经济活动的专业化紧密联系。社会经济活动存在专业化时，往往会出现委托代理关系，在此，代理人以自身在信息资源上拥有的相对优势而代理授权人从事行动。与传统微观经济学相比，这一理论更强调委托代理关系，这种关系可以发生于不同主体之间，因此在考察过程中往往比传统微观经济学取得更多成效。

委托代理理论是契约理论的深入推进与重要发展，这一理论是经济学家在20世纪60、70年代深入研究企业内部非对称信息现象时建立的。因此，委托代理理论更加强调处于利益冲突等情况时委托人如何获取最大利益，他们可以利用契约来约束代理人，通过多种方法达到目的。

委托代理关系的产生有其存在的现实基础，随着社会的发展企业规模不断扩大，企业所有者需要通过这种方式获取最大利益，这也是该理论所强调的重点。一方面，生产力的快速发展导致社会分工不断精细化，权力所有者因种种原因无法继续行使权利，转让对于他们来说是最好的选择。另一方面，社会分工的精细化使得社会朝着专业化的方向继续发展，因此造就一大批拥有雄厚专业知识、过硬经营管理技能的代理人，他们具备替委托人代理行使权利、为委托人谋取利益的能力与精力，由此，委托代理关系应运而生，不得不说这是时代的产物。但在这一关系中双方主体效用函数不一致，委托人着眼于个人利益的最大化，代理人则关注于自身收益最大化，二者之间的冲突难以避免，损害各方利益的现象也时有发生。面对这种情况要建立起有效约束机制，将危害降到最低。尽管存在诸多问题，但委托代理关系仍普遍存在。

2.4.1.3 委托代理理论与企业社会责任评价

委托代理关系的存在有其社会必然性，与生产力发展密切相关，时代的变迁与社会的发展为其创造条件。究其原因一方面与分工细化有关，这将导致权力所有者无法保证利益最大化，转移是最佳的选择；另一方面是优秀代理人的出现，他们有能力做到利益最大化，因此成为被委托对象，完成权力转移。

鉴于企业社会责任状况的公正评价是众多利益相关者的共同诉求，因此产生了社会责任评价的第三方，为企业履行社会责任做出值得信服的评价。代理人在接受权力时也形成了委托关系，与所有者和其他利益群体建立联系，后者皆是经营者的委托责任报告对象。企业需要向各利益相关者提供社会责任履行状况。

2.4.2 信息不对称理论

2.4.2.1 信息不对称理论的发端

信息不对称理论兴起于20世纪70年代，主要是解决当信息不对称时，存在信息差别的双方如何达成均衡性的社会契约。理想状态下的均衡合同需要满足参与约束、激励相容条件，因此，信息不对称理论研究中的均衡问题就转化成为激励机制的建立与健全问题。

1970 年，乔治·阿克洛夫一篇名为《柠檬市场》的研究成果发表在哈佛大学的经济学期刊上，引入信息经济学中"柠檬市场"模型。这一模型认为信息是有价值的信息，因此强调市场的开放性并不能解决一切问题。迈克尔·斯彭塞在研究中则是对信号传递理论进行详细阐释，他认为特定市场状况下，买卖双方都可以从市场发出的信号中对产品质量进行评价。此外，他还认为，拥有较多信息量的一方可以通过传递可靠信息获取利益。

从 20 世纪 80 年代开始，部分经济学家在研究中将信息不对称理论与金融研究相结合，从而充分挖掘了信息不对称理论的经济学价值，使得经济学家强化了对金融市场行为、中介职能等问题的认知，进一步推进了经济学的研究工作。实现信息不对称理论与金融市场研究相统一，Stiglitz、Weiss 于 1981 年发表的《不完全信息市场中的信贷配给》十分经典，该文从贷款利率与担保要求等着手探讨了非对称信息市场的特征，论述了非对称信息对信贷活动带来的影响，继而以此为基础阐释了逆向选择与道德风险理论。

所谓逆向选择就是指契约建立之前，交易一方相对于另一方来说拥有更多信息，因此，在信息资源方面具有优势的一方，就很有可能以这些信息为依据采取利己甚至是损害另一方利益的行为，由此导致市场效率与经济效率受到影响。所谓道德风险则是指在委托代理关系中，代理人会因为一味追求自身利益最大化，往往给委托人的利益带来危害，但并不承担其行为可能带来的风险，因此而出现道德风险问题。引发道德风险问题的具体因素包括：代理人的隐蔽性行动、代理人与委托人之间的信息差异等。

企业与金融机构构成金融市场中的交易双方，其中，企业以资金使用者的身份出现，他们通过金融机构获取资金，然后对某一项目进行投资，往往能够掌控涉及自己投资项目的诸多信息。但是，作为资金的提供者，金融机构并不直接监测资金投入项目，他们往往只能通过企业或者其他十分有限的渠道获取项目的相关信息。由此，关于该项目的实施，企业与金融机构相比在信息占有方面占据优势地位，当然，双方对此都是清楚的。基于自己在信息资源上的不利地位，金融机构往往无法对企业偿还资金等信息进行准确判断，更不能在众多企业中比较它们的信用质量。对此，为了消除信息资源占有较少带来的不利影响，金融机构只能依靠自己掌握的关于企业之前的信用质量来设定贷款条件，导致一些高出平均信用质量的企业在市场竞争中处于不利地位，直至推出信贷市场，即出现逆向选择。假如企业从金融机构中获得贷款后，从自身利益出发改变了之前在契约中的承诺，转向进行高风险投资甚至是恶意逃避债务，最终导致贷款不能正常归还，即出现道德风险问题。

由于上述出现的问题，金融机构为保证自身利益，采用惜贷的方式来规避风险。其中，小微企业在融资上表现较为明显，这是由于小微企业在机构设置、财务制度、对外公布信息等方面存在诸多不足，导致金融机构无法及时掌握其投资项目的诸多信息，从而出现金融机构掌控信息与小微企业之间存在严重的不对称现象。正是这种信息不对称带来的诸多不良影响，引发学术界强化对其的研究工作。

2.4.2.2　信息不对称理论的内容

美国学者阿克洛夫、斯彭斯、斯蒂格利茨第一次提出信息不对称理论。他们认为：每个市场经济中的成员都是独立个体，不同个体所掌握的信息是不一致的，因此，相对于信息资源较为贫乏的一方来说，掌握较为充足信息资源的一方往往能在市场经济活动中处于有利地位，从而能够在交易活动中获取更多利益。或者说，市场经济活动中的交易一方在交易前并不能获得充足的信息资源，从而处于信息劣势地位，为了获取相关信息资源，其就必须付出更高代价，由此，双方在市场经济活动中就不再平等。实际上，信息不对称在市场经济活动中是普遍存在的。信息不对称理论的产生，着重强调了信息资源在市场经济活动中的重要作用，认为信息在市场经济运行过程中的作用不可估量，对市场经济体制的弊端进行了揭露，呼吁政府加强对市场经济活动的监管力度。

通过对当前国内外学术界信息不对称理论的研究，可以认为信息不对称的滋生要素包括主观与客观两个维度。从主观层面来看，作为独立个体的市场交易主体，他们每个人都拥有自己的信息渠道，因而在信息接受与处理能力方面存在差异；从客观层面来看，社会经济的快速发展，使得社会分工不断精细化，社会生活中的专业化程度不断提高，人们更加注重对自身所在行业的研究力度，反而对自己不涉及的领域则很少了解，这种隔行如隔山的状况，进一步加剧了信息不对称的程度。美国著名学者香农对信息进行了持续而又深入的研究工作，认为信息主要用于消除那些随机性、不确定性很强的东西。但是，在实际生活中，每一个组织与个人都有自己的信息获取渠道，社会各个组织、成员对信息资源的拥有情况也不尽相同，所以任意两个主体之间都不可能在信息资源上处于对称地位。

当前，信息不对称现象普遍存在于社会经济活动的各个领域与各个行业，尤其是市场经济条件下，出于利益最大化的立场，信息持有者在处理信息过程中往往会进行一定程度的抉择，由此导致信息不能以直线形式传递，而这也是信息不对称加剧的因素之一。对于信息不对称的形式，可以依照不同标准进行划分。

根据市场主体状况，可以把信息不对称形式划分为三种。第一，卖方与卖方之间，因对市场经济活动中信息资源掌握程度的差异而出现的信息不对称现象。当双方都是卖方时，相互之间并不知道对方购买商品的定价与质量，由此让消费者在选择过程中进行衡量，对此，消费者往往是选择那些物美价廉的商品，而这就是卖方之间的竞争表现。第二，卖方与买方之间，双方对交易商品信息掌握状况的不均衡。在市场经济交易活动中，卖方往往比买方掌握更多的信息，因为他们为获取最大利益，必须对自己销售产品的性能与特点进行充分把握，与之相反，买方就难以在第一时间对交易商品进行准确判断。比如，在劳动力市场交易中，劳动者在出卖自己的劳动力时，他们往往比雇主更加了解自己的劳动能力状况；但是在保险、信用市场交易活动中，购买保险服务等买方，相对于保险公司来说更加了解自己的实际状况。第三，买方与买方之间，双方作为市场经济活动中的独立个体，他们在经济、心理以及知识结构等方面都存在诸多差异，由此带来信息不对称。比如，在拍卖活动中，一个拍卖品最终只有一个获得者，因此，众多竞拍者就需要强化对该拍卖品的了解，并根据自己的经济状况来进行竞拍，信息的不对称性非常明显。

根据时间状况，可以把信息不对称形式划分为两种。第一，事前信息的不对称，即在市场交易活动之前，因对信息进行隐藏等而导致的信息不对称现象。比如，当买卖双方在交易商品时，买方对卖方销售商品的质量以及实际价格并不了解，而卖方对买方的实际需求状况也是不甚清楚，这就导致双方都处于信息不对称状态。第二，事后信息的不对称，即市场经济活动结束之后、契约正式签订后所产生的信息不对称，这种信息不对称现象又被称为隐藏性行为。比如，在劳动力交易市场中，雇主与劳动者签订用工合同之后，对于雇主来说，他们是无法充分了解劳动者的工作状态的，而劳动者则可以向雇主隐瞒自己的身体状况，在这一条件下，雇主就是处于信息不对称劣势状态的。

2.4.2.3 信息不对称理论的影响

信息不对称往往会给社会经济活动带来诸多不利影响，如果依照信息不对称的时间维度进行划分，又可以出现如下几种情况。

（1）事前信息不对称——逆向选择。美国著名学者阿克洛夫认为：假如市场交易活动中的一方利用自己的相对信息资源优势谋取利益，那么将会导致处于信息劣势的一方顺利进行交易活动的难度增大，进而导致市场交易价格发生扭曲，使得市场价格调节供求关系的作用大大降低，影响了市场效率的提高。

依照常规市场供求关系规律，商品价格的下跌往往会增加商品在社会上的需求量，而商品价格的上升则会提高利润值，进而引发社会增加该商品的供应量。但是，在信息不对称情况下，商品价格下跌，往往会导致消费者出于担心产品质量降低的考虑，而不愿意增加对商品的购买量，甚至会放弃购买这一商品；商品价格的上升，会给消费者增加辨别产品质量好坏的难度，并不愿意购买那些价格昂贵的商品，导致这一商品的销售量变低，当然，生产者也不会做出增加商品供给量的选择。

同时，信息不对称还会导致生产者在相同价格的情况下，并不愿意生产成本更高的优质商品，由此导致市场上充斥着大量的劣质商品。比如，在人力资源选择中，企业往往希望选择那些能力较强且对企业拥有较高忠诚度的精英，但实际中，这些精英由于自身能力较强、选择机会较多，常常会为了个人的职业发展需求而不断跳槽，在实现自我价值的过程中降低了对企业的职业忠诚度。由此，企业在进行人力资源选择时往往会面临这一困境：是选择"白骨精"类的社会精英，还是培养"菜鸟"式的忠诚员工？

（2）事后信息不对称——道德风险。市场交易活动中信息不对称现象的存在，往往会导致拥有信息资源优势的一方为实现自身利益最大化，而做出损害另一方的行为，并且这种行为往往是不符合社会道德，甚至是违反法律规定的。在信息传递过程中，拥有信息资源优势的一方常常为了实现自身利益最大化，垄断或者隐藏信息，导致另一方获取信息的成本与风险大大增加。假如获取这一信息的成本与风险高出收益状况的话，那么信息接收者很有可能会在权衡利弊之后，采取非常规手段，导致一些不必要伤害的出现。

道德风险的出现往往是个人考量利弊得失之后，为了实现自身利益最大化而做出损人利己行为的结果。市场交易道德风险的存在往往会导致交易风险与交易成本大大增加，信息资源处于优势的一方一般是道德风险的制造者，而处于劣势的一方则需要承担这一道德风险。相对于制度与技术上的风险可以通过修改与完善来加以控制，道德风险实际上涉及人们自我心理的博弈，最终将会导致社会信用体系遭到破坏甚至崩塌。

2.4.3　信号传递理论

企业主动承担社会责任会给社会民众传递一个信号，这家企业是一个好企业，是一个富有责任感的企业。从而该企业将会被认可，因为企业主动承担社会责任的行为符合了利益相关者心目中的准则和期望。企业的社会责任评价结果是企业向外界发送的信号，当市场获取这些信号后，社会各界便得知该企业履行社会责任的情况，从而对企业进行相应的判断与决策。当较低的评价结果被市场所知晓时，市场中各利益相关者的决策反馈到企业，企业则会调整原有的责任行为，形成新的评价结果，然后再次向市场发送信号，如此循环往复，直至企业的社会责任行为信号得到最优传递。

当然，这些理论之间的区分并不是绝对的，而是相互交叉、融合的。由于篇幅所限，在此就不再一一介绍了。

2.5 企业社会责任评价的必要性研究

2.5.1 企业社会责任评价的现实基础

从企业自身发展的现实角度来看，强化对企业社会责任的评价，一定程度上会督促企业积极、自觉地履行自身义务，并能从以下层面给企业发展带来积极的影响。

（1）评价社会责任对企业声誉的影响。注重对企业履行社会责任状况的评价，实现评价工作的科学化、正规化等，有助于企业改善自身在社会上的形象，进而提高其市场竞争力。

消费者、供销商、政府机关以及企业员工等，都是企业的利益相关者，由此，企业需要在履行经济与法律责任的基础上，承担相应伦理性义务，以改善、维持企业与利益相关者之间的关系。企业履行社会责任，这是与其在社会上获得资金支持、提高声誉，面向社会公众开展经济活动紧密相关的。因此，企业必须积极倾听社会上关于维护、改善福利的相关建议，需要强化自身在履行社会责任方面的努力。诚然，企业从本质上来说是为了追逐利润而存在的商业主体，实现利润最大化是其第一责任，但是，企业还是应当在赚取利润的同时，为推进社会进步、创造美好生活做出努力。并且，从社会层面来说，企业积极承担其伦理责任，社会就会认可、接纳该企业，进而为其树立良好的社会形象。

企业形象是包括广大消费者在内的社会对企业外在形象综合考量的结果，与企业的社会竞争力紧密相关。实际上，企业的价值目标与道德信念等，都会对社会发展产生重要影响，一个拥有良好外在形象的企业，将对社会发展发挥十分重要的作用，对形成良好的社会风气有一定积极的影响。

（2）评价社会责任对企业盈利能力的影响。对于企业来说，不仅有着自己的内部经营环境，还包括一个涉及股东、消费者、政府部门以及社区组织等多维主体的外部经营环境，其中，企业能否积极承担社会责任，直接关系到其外部经营环境的和谐状况。假如企业能够在生态环境建设、提高民众生活质量、促进社会福利保障等方面积极承担相应责任，有助于消除来自政府机关、社会组织、广大消费者等对企业的各种指责，进而保障企业能够维持正常生产经营活动，使得企业在生产经营活动中能够更加自主、灵活。

当然，企业积极履行社会责任，有时候还能够获得一定的相关奖励，比如提供低息贷款以及减免部分税收等，这主要体现在通过投资绿色食品以及节能领域等来履行社会责任。再比如，当社会上面临着企业亏损严重、劳工再就业困难等问题时，如果有实力雄厚的企业积极履行社会责任，通过企业兼并与资产重组，为政府分忧、为社会解决困难，则能够得到政府部门的支持以及广大社会民众的有效认可，这对于企业的下一步发展具有重要价值。

换一个角度来说，企业本身就是社会的一个重要成员，无论企业处于城市或者农村，都需要与自身周围的组织、个人发生联系，而企业周围的学校、医院以及治安组织机构等，都为企业提供着各种服务，这还不包括一些社会组织为企业员工家属创造就业条件等间接性服务。因此，企业实际上是处于一个大"社区"之中，如果企业能够为自己营造一个和谐的"邻里关系"，那么受益的不仅仅只是社会，还包括企业。因此，企业积极主动地承担相应责任与义务，对于扩大企业生存空间、提高营利水平等具有重要价值。

（3）评价社会责任对企业交易成本的影响。企业在市场交易中都是存在一定交易成本的，因此，如果企业能够通过内部经营管理工作的开展，在产品研发、生产与销售、服务与宣传等维度不断降低交易成本，那么将会取得相对于竞争对手的成本优势。

在市场交易活动中，坚持诚实守信、公平竞争原则是十分重要的，这既是企业降低自身交易成本、提高竞争优势的重要举措，又是企业履行社会责任的重要内容。在资本主义市场经济发展的初期，市场竞争的激烈性导致部分竞争者采取欺诈、蒙骗等不当手段来攫取利润。但是，随着社会经济的不断发展，人们已经形成共识：在市场交易活动中，坚持诚实守信原则、遵守行业交易的基本准则，有助于降低企业的交易成本。实际上，相互信任对于企业获取稳定可靠的预期收入至关重要。

在一个完整的市场交易活动中，假如交易双方未能相互信任，那么将不得不花费大量的时间、金钱等去鉴别对方提供信息的真实性，去揣摩对方是否与自己是真诚合作的，然后通过"漫天要价"与"就地还钱"的方式来讨价还价，以形成协议。签订正式协议之后，交易双方还需要防止对方出现不履行合约行为，防止出现道德风险等问题。如此种种必将导致双方都浪费大量的资源，并且这些资源的使用并不能够创造社会价值，反而还会增加双方的交易成本。对此，假如交易双方一开始就相互信任，那必将大大降低双方的交易成本，有助于双方在交易过程中实现共赢，而这也就使得交易双方取得了成本优势。

（4）有助于企业良好价值观的形成与践行，促进企业不断进步与发展。对企业来说，欲实现进步与发展必须有着正确价值观加以指导。企业价值观从根本上为企业与员工指明着前进道路与具体操作。

如果一个企业拥有明确的价值观，将会指引、鼓励企业员工更好地开展工作，使他们在工作中充分发挥积极主动性，将企业视为自己的家，从而自觉地为促进企业进步付诸努力。实际上，企业价值观不仅是企业员工共同拥有的信念，同时也是判断是非的重要标准，更是调节企业员工行为与企业内外关系的重要依据，直接关系到企业的生存与发展。因此，企业价值观只要形成，将会令企业员工铭记在心，实现与员工思想的有机统一，指导着企业员工的一言一行，最终转化为企业的精神规范与伦理价值观念。

实际上，企业积极承担社会责任与义务，就是企业逐渐形成上层倡导、广大员工积极认同，且始终如一地处理企业与社会民众、供应商以及政府等利益相关者关系的行为规范。正是在企业价值观的指引下，企业既作为一个商业主体，在履行经济责任过程中，向社会民众源源不断输送相应的物质产品；还以一个精神文化群体的身份，在社会上形成强大的辐射力，将企业各个员工的努力凝聚起来，引导其自觉调整个人行为，为促进企业进步与发展集聚力量，继而在社会上形成一个遵守良好价值规范的辐射中心，为构建和谐社会贡献力量。

2.5.2　企业社会责任评价的绩效维度

从企业自身发展的绩效维度来看，强化对企业社会责任的评价，同样有利于督促企业更加积极、自觉地履行自身义务，进而促进企业的进步与发展。

（1）履行对股东社会责任与企业绩效。股东不仅是企业发展资金的投入者，也是发展资金的所有者，因此，企业必须对股东承担相应的社会责任。在实际生活中，相对于股东来说，企业内部的经营管理人员在信息资源上往往占据优势，并且企业经营者与所有者目标效用函数存在差异，导致经营者往往在缺乏激励与约束条件下为实现自身利益最大化而实施不当行为，由此增加股东的代理成本，给股东利益带来诸多不良影响。

企业经营管理者对股东社会责任的缺失，将直接导致企业代理成本的上升以及经营管理效益的下滑，进而对股东的回报产生消极影响。对此，公司董事会往往会通过撤职或者罢免等手段来换掉不称职的代理者，或者在无法控制经营管理者的状态下，直接从公司撤资，这些都必将给企业的内部经营管理工作带来影响，进而对企业的经营效益甚至是生存发展产生影响。但是，假如企业经营管理者能够积极承担对股东的社会责任，通过资产的保值与增值来维护、扩大股东利益，那么企业将会从股东那里获得更多的资金，从而促进企业健康持续发展。

（2）履行对员工责任与企业绩效。任何一个企业的生存与发展都离不开企业员工的共同努力，因此，企业对员工社会责任的践履情况将直接关系到企业绩效状况。假如企业单纯为实现自身利益最大化而努力，只把员工看作是企业扩大利润的工具，未能积极履行对员工的社会责任，难以满足企业员工在物质、精神等多个方面的需求，那么企业员工将会缺乏工作的成就感，仅仅是被动性地应付工作任务，更谈不上所谓的积极主动、开拓创新了，最终不再具备对组织的忠诚度，由此，企业将会丧失前进发展的动力支撑，甚至企业自身的生存都受到威胁，更不要妄谈企业未来的持续发展了。

而假如企业能够积极主动地履行对员工的社会责任，在经营管理工作中切实践行"以人为本"理念，真正做到尊重并相信企业员工，为企业员工努力创造公平的就业机会，改善其工作环境，并合理公平地提高员工的社会福利水平，那么企业员工将会形成对企业发展目标的认同感，由此而增强努力工作、奋力向前的历史使命感与对企业的忠诚度，使得企业的凝聚力与抗压能力不断增强。

实际上，在当前社会竞争日益激烈的环境下，企业员工流动性，尤其是优秀人才的频繁流动一直是企业进步与发展的困扰。企业如果能够积极履行对员工的社会责任，使其形成对企业的认同感，那么企业不仅能够留住原有的优秀人才，还能够吸引优秀人才的流入，从而降低企业在人才管理、招聘以及培训等方面的费用，继而将工作重心放在提高社会劳动生产率与企业形象上，引导广大员工为推进企业发展、实现个人价值这一共同目标而奋斗，以不断增强企业的实力。

（3）履行对供应商责任与企业绩效。企业与供应商之间的合作是一种合作互利的过程，假如企业能够坚持诚信为本理念，切实遵守签订的合约，积极主动地承担对供应商的社会责任，二者之间将会形成一种良性关系，双方之间的合作必然会延续下去，反过来又会对企业产生正面影响，提高绩效，获取更多经济价值。

二者之间一旦确立良性关系，将会缩短新产品的研发、上市周期，利于产品的发行。良好合作伙伴关系的建立，使得企业能够摆脱原先通过昂贵且风险极大的垂直集成，充分利用供应商在市场竞争中的优势，继而把本不属于自身专长的零配件设计与生产等任务进行外包，从而集中力量打造自我的核心竞争优势，降低生产成本。如此，便能够充分发挥企业、供应商之间的优势，形成合力，在新产品的研发与上市中，实现周期的缩短与企业竞争能力的提高。但假如企业与供应商交往时，不能坚守诚信为本理念，不能恪守契约，将自己与供应商的关系看成竞争关系，不仅不利于供应商实力的有效提升，还会给企业自身发展带来诸多消极影响。

企业积极主动承担对供应商的社会责任，对于企业生产效益的提高具有重要价值。企业与供应商之间建立良好的合作伙伴关系，有助于生产成本的降低。在双方满意度高的情况下，生产的产品质量相对有所提升。良好合作伙伴关系的建立，将会使得供应商充分参与到新产品的设计、研发与制造生产过程之中，由此，制造商不再只是单纯的接受供应商的产品，而是实现对新产品设计与制造过程的充分了解，有助于生产成本的降低。

（4）履行对政府责任与企业绩效。政府部门也是企业重要的利益相关者，一方面政府是国有企业等企业的主要股东，以所有者的身份参与企业的利润分红；另一方面政府又是社会秩序的管理者，企业需要向政府缴纳税款。因此，企业需要积极履行对政府的社会责任，切实遵守法律法规，按时缴税纳税，为国家发展奉献自己的力量，从而获得政府与相关组织的支持与帮助。

对于企业来说，有些问题并非依靠其自身就可以解决，但是，如果获得政府的支持便可以得到有效保障，因此，企业获取政府的支持也有助于企业经济效益的提高。同时，政府可以通过产业政策的制定来培育某一行业；政府以商品与劳务购买者的身份出现时，其购买行为直接关系到部分企业的生存与发展；政府还可以通过发放补贴的形式，对工商业发展施加影响。反之，如果企业不遵守相关法律法规，不能自觉履行义务，那么不仅不能获取政府的支持，还会受到惩罚，严重影响自身在社会上的形象。因此，企业必须重视对政府社会责任的履行状况，以提高绩效。

2.6 本章小结

本章首先理清了企业社会责任内涵的界定，对企业社会责任评价概念进行分析。对企业社会责任理论基础分四个方面进行了解释，从股东至上到重视所有利益相关者的历史演进、从企业追求利润最大化到重视可持续发展的现实要求，企业社会责任理论基础经历了一系列的发展，再从"经济—道德"学说和社会契约理论进一步阐释了企业社会责任的存在基础与发展必然性。在此理论基础上梳理了企业社会责任评价的理论基础，委托代理理论解释了企业社会责任评价的制度安排，信息不对称理论消除了企业社会责任的逆向选择问题，信号传递理论则解释了通过评价企业履行社会责任，提升企业自身声誉，降低交易成本，实现企业与利益相关者的共赢。

第3章

企业社会责任评价研究
综述及实践探索

国外关于企业社会责任问题的研究由来已久，已经渐渐形成一套比较完善的理论，而我国在这方面的研究起步较晚，一定程度上与我国的政治经济环境有关。改革开放之后，随着国外各种社会思潮的涌入，经济学界开始关注企业社会责任这一重要领域。其中，CNKI 数据库最早收录的以"企业社会责任"为题名的文章是吴克烈发表在《企业经济》杂志 1989 年第 8 期上的《企业社会责任初探》，该论文题目中"初探"一词正表明了我国理论界对"企业社会责任"的研究状况。之后，学术界无论是从深度还是广度上，都大大地强化了对社会责任理论的研究，这既与国外理论研究在中国迅速传播紧密相关，也是我国社会主义市场经济迅速发展的必然要求。

3.1 企业社会责任评价研究综述

刘淑华（2015）采用定性与定量分析相结合的方法对企业履行社会责任的情况进行了评定，依据评定结果，对企业履行社会责任的情况进行了考核和评价，从而达到加强社会责任管理、提高企业竞争力、促进企业乃至整个社会实现财富最大化以及促进社会可持续发展、实现和谐社会的目标。姜万军、杨东宁、周长辉（2006）认为指标选取主要考虑突出重点，以点带面，使所选指标具有代表性和可操作性。彭净的研究也提出应采用定性与定量分析的方法，评定指标的选择要兼顾主次、轻重，不但要顾及全面，也要能够突出重点，同时要具有科学性、系统性、时效性、突出性、可比性等标准。王红英在研究中认为指标选择应具有代表性、可获得性、相对完整性和可比性四大原则。黎友焕等提出企业责任评价指标体系中的全面性、科学性、可测性、可比性、周期性以及系统性六大原则。

目前已有的研究主要偏向于企业社会责任评价方面，缺乏后续如何推动企业更好地承担社会责任。在评价研究方面，学者们开始不断尝试，以不同的视角看待问题。他们站在利益相关者的角度探究企业社会责任并对其进行层次划分，进而构建出评价模型。国外理论相对已经成熟，评价体系在其中发挥重要作用。但国内外发展存在差异，外部环境不同，普遍推行国际标准有一定难度。帅萍、周祖城（2008）认为由于各国环境的差异，我国企业并不能完全照搬国外的社会责任评价标准，其标准也不能真正完全客观地描述我国企业承担社会责任的情况。研究重点主要集中在单纯评价之后找到促进我国企业主动履行社会责任的长效机制从而提升企业核心竞争力，实现其可持续发展，这正是本书的研究视角和研究任务。

纵观已有的研究成果，早期主要从社会问题的视角出发，逐渐侧重于从企业利益相关者角度来进行研究。但是这两方面都是定性研究居多，随着企业社会责任评价体系的不断发展和数理工具的不断创新，定量研究逐渐成为现阶段的重点。因此，本书将从企业社会责任标准、利益相关者视角、社会责任内容等方面①进行文献的总结与回顾，分析目前研究现状与不足，并试图找到切实有效的方法来评价企业社会责任以及促进企业主动履行社会责任的长效机制。

3.1.1 以利益相关者视角为基础的评价研究

利益相关者在研究中承担不同的角色，既是理论基础，也是重要内容，同时又是相关切入点。因此，以利益相关者视角为基础的评价研究，是企业社会责任评价研究的主要内容。

3.1.1.1 以利益相关者视角为基础的评价研究进程

西方理论界从 20 世纪 80 年代开始关注和研究利益相关者视角下的评价模型。经过学者们的不断努力，许多模型被应用于实践当中，包括外部利益相关者评价模型和 RDAP 模式（何艳桃等，2008）。前者由美国学者提出，在 1982 年产生了较大影响；后者出现于 1995 年，加拿大学者在这方面做出巨大贡献。

外部利益相关者②评价模型提出基于企业管理的需要，企业自身社会绩效的确定由该企业利益相关者进行评定，需要更关注于其社会敏感性（Jeffery，1982）。但刘平、郭红玲（2009）指出了该评价模型的缺陷在于：该指标主观意愿较强，所选择的利益相关者群体主要是企业的外部利益相关者和次要利益相关者。权重相同的指标无法体现出不同利益相关者对企业的不同影响程度；关于企业社会敏感性评价的七个维度概念模糊，难以准确界定。

克拉克森则对此提出自己的看法，他认为企业只与利益相关者存在联系，

---

① 当然，本报告的划分也并非绝对，很多学者在研究中往往使用多种方法综合进行，在此，本书主要是从相对意义的角度进行的划分，以供参考。

② 企业外部利益相关者主要有：政府、购买者和供应者、贷款人、社会公众等。

无须承担社会问题，因为后者是政府和一些特定机构所要做的事情。这就意味着企业社会责任只是针对利益相关者，不需要关注于社会中其他方面。而对于这种责任的确定本身存在难度，同时社会敏感性也相对模糊，与社会问题之间将会呈现混杂不清的状态。鉴于以上情况，评价模式将会发生改变，企业利益相关者管理框架在其中发挥重要作用，需要建立不同的评价模式（陈维政等，2002）。克拉克森以企业利益相关者管理框架为基础建立了评价模式，即 RDAP 模式（Clarkson，1995）。他将其应用于实践当中，反复论证可行性，并在此过程中不断总结，获取了关于利益相关者的典型问题。他的研究围绕着利益相关者进行，并将他们分类调查，将所收集到的数据反过来应用于模型当中，进而获得评价结果。模型的建立借鉴了许多前人的成果，如社会绩效测量模型最早出现于 1985 年（Wartick et al.，1985），在此基础上提出了自己的模型建设，并延续了前者的战略，即对抗型、防御型、适应型和预见型，所对应的社会责任定位或战略分别为：否认责任、承认责任但消极对抗、承认并接受责任、预见将要担负的责任。

以上两位学者对于企业社会责任的评价模式给我们开辟了新的视角和研究角度，但不可否认的是其也存在着一定的缺陷。首先，两位学者都谈到了社会责任和社会敏感两个概念，但是这两个概念是比较模糊和难以区分的；其次，评价企业社会绩效的数据来源主要是企业内部和企业问卷调查，存在一定的主观性，资料的真实性也存在疑问；最后，各利益相关者之间也会存在差异，他们与企业之间的密切程度不同，直接对重要性产生影响，因此所获取的权重也会有所差别，如何准确确定是首先要解决的问题。

在汲取前人研究成果的基础上，Bernadette M. Ruf（1998）、Harry J. Van Buren（2005）等学者均认为不同利益相关者的关注度是差异化的，不同利益相关者的重要程度也是有所差异的。Bernadette M. Ru 通过给不同利益相关者和不同指标赋予不同权重的方式，来加以区分其重要性；而 Harry J. Van Buren 认为在评价企业的社会责任时，重点从特殊的利益相关者来研究更具有价值。

我国基于利益相关者视角的企业社会责任评价是从近些年才开始的，虽然起步较晚，但是研究成果也具有一定的代表性。

贾生华等（2003）在"基于利益相关者理论的企业绩效评价"一文中涉及了企业社会责任的财务评价问题，是较早从利益相关者角度进行社会责任评价的成果。紧接着，马英华（2008）、叶陈刚和曹波（2008）、洪旭和杨锡怀（2011）、王风华（2011）等学者在对企业社会责任和多元化评价主体进行论证的基础上，评价企业各种社会责任行为对不同利益相关者产生的影响。由于多种因素发挥作用，所以影响程度也有所不同，可以通过上述研究结果确立企业社会责任评价体系。同时，学者们还针对不同的利益相关者需求层面进行了社会责任评价研究。在员工方面，赵涛等（2008）依据我国国情借鉴 SA8000 标准建立了一套评价体系，主要关注点在于员工利益方面，该体系用于其保障评价当中。设计从两方面入手，一方面为劳工权益，评价其所受到的保障；另一方面从人权进行评价，获取最终的保障程度。而张兰霞（2013）以现有研究成果为基础，通过访谈及问卷调查的方法做了更加全面的研究，并在劳动关系层面上构建了我国的社会责任评价体系。在消费者方面，金立印（2006）创建了一组量表体系，以消费者为中心进行评测。

此外，贾兴平、刘益、廖勇海等（2016）研究表明利益相关者与企业之间相互促进、相互影响，利益相关者给予企业的压力能够让企业加快提升自己，增大对资源以及合法性的需求，并促进企业积极承担社会责任；同理，企业的行为也会督促利益相关者的价值提升。因此利益相关者角度不仅能客观评价企业社会责任，还能衡量包含企业价值在内三者之间的关系。

从利益相关者角度进行社会责任评价最突出的优点是评价对象清晰，它能回答"企业应为谁承担责任"的问题，在此基础上所做出的评价更具有实用性。这种评价主要针对利益相关者，全部与企业存在既定关系，因而维度清晰，可以直接确定各自的社会责任，得出准确评价结果。

3.1.1.2　以利益相关者视角进行评价的具体维度

（1）先将利益相关者进行层次划分再以此评价社会责任。谭杰、杨立社（2010）对利益相关者进行研究，认为全部与企业发展密切相关。由于各利益相关者与企业利益之间的相关性存在差别，所以可将其进一步分为内部及外部两类。而外部利益相关者又与企业之间形成不同联系，进而再次被细分为直接与间接两类。研究者共区分为八个维度，它们与企业之间形成既定联系，后者相应履行不同社会责任。丁薇（2014）同样对利益相关者进行研究，根据相关性的差别分为内部与外部两类，通过这种方式对每一个相关者进行限定，他们可以从企业获取信息来源，并从中来进行社会责任的判断，加入了责任管理这个评价维度。

（2）直接按利益相关者类别进行社会责任评价。张玲丽（2008）、杜剑（2011）、刘淑华（2011）、赵天燕和张雪（2012）、刘彩华和朱丽珍（2013）等均以利益相关者为基础，企业应承担对各利益相关者的各项社会责任，并以此为前提对企业进行评价。评价体系中包含着多个利益相关者的评价指标，如环境资源、竞争者、股东等。在此基础上，不少学者对利益相关者范畴做了进一步扩展，包含在社会责任评价指标中。如刘淑华（2011）与赵天燕、张雪（2012）的看法相一致，认为评价指标应该包括更多内容，利益相关者对应的社会责任必不可少，除此之外还应包含社会公益事业的责任。黄益方、孙永波

（2015）以零售企业为研究视角，认为社会责任评价以具体的利益相关者为维度，可将其对消费者、环境、社区和公众等的责任细化为 21 个具体指标。实际上，以利益相关者视角为基础，学者们对于评价的具体维度并不存在较大差异，主要涉及消费者、股东、环境、员工等多维度责任，各方的差异性就在于以何种方式对这些指标进行组合。从上面的表述中，不难发现从特定的利益相关者群体特别是消费者的角度确定企业的社会责任评价指标成为企业社会责任评价研究的新视点。在市场经济条件下，消费者的货币选票对企业的生存和发展具有决定性作用，以消费者的需求作为指标评价企业社会责任，对激发企业承担社会责任的积极性和主动性可能比其他任何角度的评价体系具有更大的促进作用。

3.1.2　以社会责任内容为基础的评价研究

随着时代变迁人们对事物的看法发生改变，社会进步导致企业社会责任的内涵和外延不断发展。对于企业社会责任的准确认定，也是理论界一直争论不休的问题。如何界定社会责任所包含的内容开始成为议论的焦点，因此众多学者从社会责任内容出发对社会责任进行评价。

3.1.2.1　以划分企业社会责任内容为评价基础

何玉润、王茂林等（2011）对企业社会责任有自己的看法，他们认为需要分层次去认识这一问题，在内涵中体现出差别所在。鉴于以上这种情况，构建分层次评价系统更加可行。姜万军等（2006）基于我国民营企业的特殊性，将我国民营企业社会责任的评价体系划分为经济关系指标、社会关系指标、自然关系指标等来构建评价模型。田虹（2009）认为企业社会责任战略的制定需要立足自身，充分利用内部资源，将特定的外部环境引入其中，量身打造出适合的评价系统，这样才能真正担负起社会责任，满足利益相关者需求。通过这种方式又可以反过来促进企业发展。张霞等（2007）按照强制性和自愿性来对企业社会责任内容进行分类，并建议根据企业所处的行业和经营业务的不同，立足自身建立评价指标体系，通过这种方式担负社会责任往往更符合自身特点，与现实情况相契合。

徐泓、朱秀霞（2012）对企业责任进行研究，认为其内涵可以进一步划分为四个部分，在此基础上构建的评价指标体系更符合实际状况。依据上市公司 2008 年和 2009 年的年报数据，证明该评价指标体系的科学性、可操作性；并根据实证研究的结果将构建的指标体系分为基本指标和修正指标。阳秋林、代金云（2012）从"两型社会"建设的视角，对企业社会责任评价指标进行研究。在对企业社会责任范畴进行界定的基础上分别从责任管理、环境、资源、经济、社会入手，最终获得企业社会责任指标评价体系。

3.1.2.2　以社会责任内容为基础进行评价研究的具体维度

（1）不同行业社会责任评价的侧重点不同。不少学者针对食品行业、房地产业、采掘业、建筑业、钢铁行业等不同行业特性，对企业社会责任评价体系进行了更为细致的研究，通常将定性评价与定量评价相结合，如因子分析法、模糊层次分析法、灰色分析法等。其中赵红（2012）以煤炭行业为研究对象，充分考虑行业特性与行业内部人员对社会责任的评价，构建了能反映煤炭行业对承担社会责任态度的七大指标，并就七大指标的关系进行了探索型研究。田金玉（2012）针对供电企业构建社会责任评价指标，凸显供电企业特有的行业特色，提出经济责任要增加电网能力、运营效率、供电绩效，环境责任应涉及清洁能源、推进节能、推进减排等指标。

（2）企业性质不同社会责任评价的层级不同。我国国有企业占的比重较大，影响到社会的方方面面，在我国市场体系中具有特殊地位。吴照云等（2008）根据其特殊性，将国有企业社会责任划分为经济责任和非经济责任。闫俊伍（2011）的研究主要针对国有企业进行，立足于自身特点，建立相应的评价体系，使其能够满足国有企业需要，更适用于其生存的社会责任。姜万军等（2006）基于我国民营企业的特殊性，将我国民营企业社会责任的评价体系划分为经济关系指标、社会关系指标、自然关系指标等来构建评价模型。

（3）从不同视角划分不同的企业社会责任。赵清文（2013）研究了公共危机管理视域下的企业社会责任及其评价问题。企业所需要承担的责任主要为经济责任，除此之外社会责任也是重要内容，它们需要遵守法律和道德，承担慈善责任，真正发挥其社会功能。企业的社会责任包括多方面内容，它们应具备担当意识，真正承担社会责任，这些行为反过来也会对自身发展有利，同时也影响到公共危机管理，在整个过程中发挥作用，直接对后果产生效应。参与公共危机管理是企业的责任，在此过程中要以诚信的态度去对待，同时在慈善事业中也要充分发挥作用。有研究者将平衡积分卡的方法引入企业社会责任评价体系和评价维度：企业社会责任战略评价指标、企业顾客维度评价指标、企业财务维度评价指标、企业内部运营维度评价指标、企业员工学习与成长维度评价指标以及企业其他利益相关者关键评价指标。也不乏立足于内部控制视角的评价研究，对国有企业社会责任评价体系进行研究，将评价指标划分为以下等级：混乱级（初始级），具有社会责任意识模糊、无管理以及履行具有随机性等特征；简单级（可重复级），具有存在社会责任意识、初步社会责任管理、社会责任关键控制点履行突出、履行的非连续性等特征；规范级（已定义级），具有社会责任意识较强、建立规范的社会责任制度、具有基本社会责任评价系统等特征；精细级（已管理级），在社会责任方面力度进一步加大，制度更趋完善，评价系统更为科学，具有采用量化指标进行评价等特征；优化级，具有从战略角度构建社会责任制度，评价系统流程已完全建立起来，可以有效发挥预防作用，拥有持续改进和优化社会责任评价系统流程等特征。

3.1.3　以企业社会责任"三重底线"为基础的评价研究

"三重底线"理论提出于 20 世纪 90 年代末，提出者认为企业行为要满足一定的底线，其中包括多方面内容，经济固然是重要的一项，但社会与环境底线同样不容忽视，追求经济的同时也要关注这两方面，使三者达到平衡。企业所要担负的责任主要为经济责任，提高利润与各利益相关者密切相关；企业的发展必然会对环境产生影响，它们必然要承担相应责任，把环境保护落实到位；社会责任则是针对其他利益相关者而言，企业应该具备承担意识，真正行动起来。企业社会责任包括不同内容，实践中需要全面落实，在不同领域中有所作为（王昶等，2012）。自该理论创建以来各国学者以此为基础进行社会责任评价研究，形成了较为丰富的成果。

3.1.3.1　"三重底线"与企业可持续发展策略

学者们普遍认为企业坚守经济底线和环境底线、社会底线，这对于企业的可持续发展具有重要影响。如：Justus von Geibler、Michael Kuhndt、李弗兰（2003）认为，要维持其市场地位，中小企业就必须提高它们的效率。然而，它们往往因为缺少时间、金钱和信息而难以对自己的活动、制定的目标以及因此不断提高的产品和服务在经济上做出正确估价。现有的复杂的国际环境管理方案，对于中小企业常常不适用。对中小企业而言，提升其社会环境保护意识至关重要，可以通过这种方式给予指导，让企业掌握正确的方法，进而应用于实践当中，并且给予适当奖励，发挥激励效应，促使企业主动承担责任。彭海珍、任荣明（2003）经过研究认为，"三重底线"对于企业具有一定吸引力，导致这一现象的原因在于成功的业绩转换。虽然最初仅作为理念而存在，但最终则会成为提高利润的能力，其所带来的业绩并不局限在经济方面，在环境与社会方面同样可以发挥重要作用，企业所承担的责任反过来又可推动企业发展。闫高杰（2009）认为，企业承担一定的社会责任，但该社会责任并未给企业带来沉重负担，反过来却可以促进经济效益的提升，二者彼此之间相辅相成，相互促进，产生正面效应。这种正相关性对企业来说具有吸引力，履行社会责任为企业获取经济利益提供声誉基础，而经济利益的提升又可以促进企业去承担社会责任，这让企业更愿意参与到环保当中，不遗余力地推动这一行为。

在不同行业中，学者们也从"三重底线"角度进行了研究并将其概念进一步扩展。李绍刚等（2014）以黑龙江乡村旅游发展存在的诸多问题，论述了坚持可持续发展"三重底线"的必要性；闫高杰（2009）认为可持续供应链管理的策略至少包括不断完善环境和社会方面的政策、法律法规，构建有效的供应链可持续性绩效评价体系。李玉静（2006）认为，"三重底线"可持续发展需要获得多项支持，技术是基础所在，职业教育是有效方法，可持续发展需要从多方面入手，针对性措施往往能获取意想不到的结果。尹倩（2012）对社会责任的履行有着自己的看法，认为其实质为一种义务，即对社会成本的支出。社会的发展使一切事物不断发生变化，全球化改变了企业的理念，社会责任的内涵与以往不同，在新时期以战略的形式出现。企业社会责任不再是负担，而是实现价值最大化的有力手段。

3.1.3.2 基于"三重底线"的企业社会责任评价研究

国际方面具有代表性的评价标准为全球报告倡议组织 GRI 于 2006 年发布的《可持续发展报告指南》第三版中，按经济、环境和社会"三重底线"设计的绩效指标。其 2013 年 4 月发布 G4 版的具体披露项同样以三重底线为基础对社会责任披露项目进行详细划分。道琼斯可持续发展指数（DJSI）也是完全按照该理论来构建企业社会责任评价体系的，并将指标分为通用指标和行业特殊性指标。

国内研究方面，基于"三重底线"理论构建社会责任评价指标的研究也不在少数。温素彬（2005）的三重绩效评价模型就来源于此，从三方面共 16 项子指标构建了企业社会责任绩效评价指标体系。白睿洁（2013）基于我国林业企业、吴炜和袁翰林（2012）基于商业银行分别以三重底线理论构建了体现行业特性的社会责任评价体系。

在上述理论基础上形成的评价指标随着社会责任管理内容而不断丰富，但其模型本身的缺陷却无法得以克服与修复。"三重底线"强调的是企业社会责任的最低标准，因此形成的评价标准只能进行有限的衡量，仅仅针对企业最低社会责任而言，确定其履行情况，却不能对企业进行区分。"三重底线"模型虽然在一定程度上具有可行性，可以帮助企业了解社会责任，指导它们的承担行为，但并没有指出相应对象，这将影响最终的评价结果，在实践应用中受到限制（肖红军等，2014）。

3.1.4 文献评述

通过以上国内外文献的综述可知，国外对于企业社会责任评价指标体系的研究相对成熟，涉及面较广；而国内的相关研究较为不足，没有一套可靠的体系可以用来衡量与评价企业社会责任，建立的评价企业指标体系较少。但国外的相关研究也存在着问题，国外的研究主要侧重于利用企业财务绩效对企业承担的社会责任进行衡量，这种方法往往不够全面，不能较为公平公正地评价企业。

国内学术界在企业社会责任的领域也做了大量的研究，虽然取得了可见的成效，但存在的问题也不容忽视。存在的问题主要在于：第一，国内学者主要是在国外研究成果的基础上进行拓展，或者直接引入国内，因此理论的创新性并不强，成效性也不够显著；第二，国内学者的相关研究也都是利用企业的财务绩效进行评价，而这种方法对于所有的企业并不公平，因为它忽视了企业应该履行的其他责任，如慈善公益责任、保护环境责任以及伦理责任等。

通过对国内外企业社会责任评价相关文献的简要回顾，不难发现目前对企业社会责任的评价主要基于利益相关者视角进行研究。从利益相关者角度更能合理地界定企业各类社会责任，能探析不同利益相关者群体的利益诉求，并且能更容易地将其进行层次分类从而在评价指标上赋予不同的分值。当然在后续的研究中还有一些问题需要进一步完善：①由于我国具有特殊的政治、经济和文化背景，企业社会责任的各个方面都需要结合我国的实际情况进行定位。不同行业、不同组织结构、不同产权结构的企业所侧重的企业社会责任依然会有不同；经济发展所导致的地区之间的差异，也同样会影响企业本身。这需要引起理论界和实务界的关注。②我国关于企业社会责任的制度建设有待进一步健全与强化，评价之后如何推动企业更好地履行其社会责任依然需要讨论。③现有的评价方式，都比较侧重于过去与结果，而没有预测社会未来的发展对其产生的影响，因此更多的跨学科的研究可能会引起更大的关注。

3.2　企业社会责任评价的实践探索

3.2.1　国外企业社会责任评价的实践探索

随着企业社会责任问题受到国际社会的广泛关注，如何进行企业社会责任评价成为一个实践难题。国外对企业社会责任评价的实践大致可以分为三个阶段。

（1）起源探索阶段。这一阶段始于 20 世纪 70 年代，主要内容是从企业如何处理社会问题和承担社会责任两方面来评价企业的社会责任（刘淑华，2015）。1976 年经济合作与发展组织（OECD）制定了《跨国公司行为准则》，由政府签署并承诺执行。这些准则虽然对国家或公司并没有强制的约束力，但要求更加保护利益相关者和股东的权利，提高透明度，并加强问责制。

（2）构建模型评价探索阶段。这一阶段自 20 世纪 80 年代到 90 年代末期。针对企业社会责任评价相继提出了各种不同的模型，其中影响最大的是美国学者索尼菲尔德（Jeffrey Sonnenfeld，1982）的外部利益相关者评价模型和加拿大学者克拉克森（Clarkson，1995）提出的 RDAP 模式。

（3）各类指数评价成熟阶段。这一阶段自 20 世纪 90 年代以来至今。随着社会各界对企业社会责任、可持续发展等理念的形成、诉求和推动，关于企业社会责任的评价方式也越来越活跃，各种排名、评级、评奖等得到广泛重视和普遍关注。基于各类指数开发了一系列的评价指标体系，部分著名评价指标如表 3-1 所示。

表 3-1　国外有关社会责任评价表

社会责任评价实践	主要指标构成
《财富》全球 500 强企业社会责任排名	公司战略、公司治理与管理、利益相关者参与、运营绩效
美国"道琼斯可持续发展指数"	公司制度、客户关系管理、供应链管理、外部股东、劳动实践、工作场所事故和职业健康与安全、报酬与福利、弹性工作安排
伦敦证交所"富时社会责任指数"	环境、利益相关者、人权、供应链中的劳工、反贿赂、气候变化

3.2.2　国内企业社会责任评价的实践探索

国内企业社会责任评价实践开始较晚，从 20 世纪 90 年代才逐渐开始，至今大致也可以分为三个阶段。

（1）政府为主导的被动评价阶段。这一阶段从 20 世纪末期开始到 2000 年。1995 年财政部公布的评价企业十大经济效益指标开启了企业社会责任评价的先河。在十大经济效益评价指标中有两项与企业履行社会责任有关：一是，社会贡献率＝企业社会贡献总额/平均资产总额；二是，社会积累率＝上缴国家财政总额/企业社会贡献总额。企业社会贡献总额是指企业为国家或社会创造或支付的价值总额，包括工资（含奖金、津贴等工资性收入）、劳保退休统筹及其他社会福利支出、利息支出净额、应交增值税、应交产品销售税金及附加、应交所得税及其他税收、净利润等①。

（2）政府积极推动阶段。随着人们对环境问题的重视和社会责任观念的引入，有关的法规也开始注重对社会责任的规范。根据我国有关法规，企业特别是上市公司对于所从事行业的污染情况及公司的治污投入，应该在公司的招股说明书和每年的相关公告中进行充分有效的披露。国务院国有资产监督管理委员会（以下简称国资委）于 2006 年 4 月发布的《中央企业综合绩效评价管理暂行办法》指出，综合绩效评价包括财务绩效评价和管理绩效评价，管理绩效中的定性评价包括企业发展战略、经营决策、发展创新、风险控制、基础管

---

① 财政部关于印发《财政部企业经济效益评价指标体系（试行）》的通知，该文件发布于 1995 年 1 月 9 日，已于 2003 年 1 月 30 日废止。

理、人力资源、行业影响、社会贡献等。为进一步推动中央企业履行社会责任，实现企业与社会环境的全面、协调、可持续发展，2007 年 12 月 29 日国资委印发了《关于中央企业履行社会责任的指导意见》。深交所在 2006 年 9 月发布《深交所上市公司社会责任指引》，上交所于 2008 年 5 月发布了《关于加强上市公司社会责任承担工作暨发布〈上海证券交易所上市公司环境信息披露指引〉的通知》，2009 年 12 月中国银行业协会发布了《中国银行业金融机构企业社会责任指引》。这一系列出台的指引提升了企业社会责任评价的可操作性。

（3）企业社会责任管理元年后评价阶段。2012 年堪称是企业社会责任管理元年，这一年国资委发布了《中央企业社会责任管理指引》，将社会责任管理作为中央企业管理提升十三项专项内容之一，企业开始进入社会责任管理新阶段。在这一阶段，国内地方政府和有关民间组织都开展了大量的社会责任评价尝试，如 2014 年山东省质量技术监督局在全国率先批准发布《企业社会责任指标体系》，从责任管理、社会影响、环境影响、经济影响等方面为企业如何履行社会责任提供了统一标准和范本。2014 年河南省质量技术监督局也发布实施《民营企业社会责任评价与管理指南》，同年 4 月杭州市《企业社会责任评价规范》地方标准发布。2013 年 3 月，中国企业责任报告评级专家委员会发布《DZCSR 30000 中国企业社会责任标准体系》，这是我国第一部基于中国国情的企业社会责任标准体系。由国家标准化管理委员会于 2015 年发布的《社会责任指南》《社会责任报告编写指南》和《社会责任绩效分类指引》三项国家标准是中国社会责任领域的一大里程碑，意味着我国在国家层面如何推进社会责任工作已经形成共识，社会责任从起步发展到实质的深入阶段。

另外还有中国社会科学院企业社会责任研究中心每年发布的《中国企业社会责任蓝皮书》以及"中国企业社会责任排名"等。诸多的公告与评价指标体系发布说明企业已进入有目标、有计划、有评估、有改进的系统性地开展社会责任实践活动的良性发展阶段。

3.3　企业社会责任评价指标体系研究综述

在研究企业社会责任评价过程中，必然要涉及评价指标的选取与评价体系的建立等问题。纵观已有的研究成果，评价指标体系主要基于两个视角进行设计，即以利益相关者视角和以企业社会责任内容层次为视角。

3.3.1　以利益相关者视角为基础的评价指标体系研究

一般来说，评价指数往往可以根据指数的个数划分为单一指数标准与综合指数标准两种形式。当前，学者们采用层次分析法，从利益相关者角度进行构建。

学者们在构建评价指标体系过程中，首先需要考虑的是一级指标如何设置问题，大部分学者直接将利益相关者设置为一级指标来构建评价体系。

陈秀娣（2011）将利益相关者划分为股东、债权人、员工、消费者、政府、社区及社会公众等六大方面，并对其进行进一步分析，确定其实际影响力，在此基础上构建评价体系。针对股东选择相应的评价指标，从而对企业社会责任进行评价。而针对债权人的评价指标又有所不同，主要与债权人本身密切相关。对于员工企业需要履行不同的责任，其程度需要采取其他评价指标完成，如工资增长率等。而针对消费者需要履行不同责任，评价指标当然也会随之调整，会加入赔偿金支出率等项目。企业需要对政府履行责任，其程度需要通过其他评价指标获得，如罚款支出比例等。企业对社区所履行的责任程度可通过吸纳就业率等指标完成。对环境的责任可引入单位能耗率等指标进行评价。

王瑞华等（2013）对企业责任进行研究，充分利用利益相关者理论构建三级指标评价体系，从而反映企业社会责任履行状况。他们首先对利益相关者进行分类，同时增加了两个一级指标。朱惟肖（2015）建立了 CSR 评价指标体系，以财务为分界点从不同角度构建，研究中同样确定了利益相关者，即指标体系中的一级指标。该体系中将一级指标分为对员工的责任，对股东的责任，对消费者的责任，对供应商的责任，对政府的责任，对债权人的责任，对环境的责任，对社区的责任。二级指标主要是指员工劳动生产率，员工人均工资增长率，员工人均年教育经费，净资产收益率，捐赠收入比率，环保支出比率，社会贡献率，现金流动负债比例等，见表 3 - 2。

表 3 - 2   企业社会责任评价体系指标的选择

一级指标	二级指标（财务指标）	二级指标（非财务指标）
对员工的责任	员工劳动生产率 员工人均工资增长率 员工人均年教育经费	员工培训情况 职工安全事故 安全健康管理情况
对股东的责任	净资产收益率 资本保值增值率 每股收益	年报信息披露情况
对消费者的责任	主营业务成本率 销售增长比例	企业信用记录 消费者满意度
对供应商的责任	应付账款周转率 现金流动负债比例	合同履约情况 市场占有份额

（续）

一级指标	二级指标（财务指标）	二级指标（非财务指标）
对债权人的责任	利息保障倍数 股东权益比率 速动比率	年报信息披露情况
对政府的责任	罚款支出比率 社会积累率 社会贡献率	违法违纪现象记录
对社区的责任	捐赠收入比率	公司参与公益活动等情况 社区建设投入
对环境的责任	环保支出比率	资源环境管理情况

学者们以利益相关者视角为基础的评价研究，将利益相关者设置为一级指标的主要部分。不过，部分学者在研究中，依据重要性程度对利益相关者进行二次划分，仍具有重要的参考价值。将利益相关者划分为社会性利益相关者和非社会性利益相关者，这两类又按重要性进一步划分为主要利益相关者和次要利益相关者。非社会性利益相关者往往包括被企业所忽视的自然环境，而企业的生产以破坏环境为代价，长此以往会影响企业的经济利益。刘彩华、朱丽珍（2013）从农业企业利益相关者角度出发从多层面探讨农业企业社会责任指标体系。他们总结了该类企业的特点，立足于自身，将国际标准引入其中，将责任分为不同层面。每个企业都需要承担经济责任，农业企业同样如此；法律和道德责任同样不可或缺，这是社会责任中的重要组成部分；生态责任往往容易被忽视，但却是体系中不可分割的成员。通过这种方式可以促进企业履行责任。同时他们对利益相关者细分，按照层次分类，进而再对各项指标进行划分。

3.3.2　以社会责任内容为基础的评价指标体系研究

以社会责任内容为基础的评价研究一般是依照卡罗尔的社会责任划分思想，将社会责任划分为经济责任、法律责任、伦理责任和慈善责任等若干层面，进而依照相关标准细化评价指标，其中，将利益相关者作为企业社会责任下属的二级指标，是很多学者的选择。

阳秋林、代金云（2012）从"两型社会"建设的视角，对企业社会责任评价指标进行研究。在"两型社会"视角下，首先对企业社会责任的范畴进行界定；然后分别从责任管理、环境、资源、经济、社会五个方面构建了企业社会责任指标评价体系；最后利用因子分析法对湖南省相关企业 2011 年社会责任的履行情况进行评价并得出结论，以及针对一些不足提出相应的建议（表3-3）。

表3-3 企业社会责任评价指标体系

一级指标	二级指标	一级指标	二级指标
责任管理	责任治理	环境责任	环境设备投资率
	责任推进		环境支出占销售收入比重
	责任沟通		"三废"排放达标率
	责任改进		销售收入三废排放比
	年职工培训费占工资福利费比重		环境责任机制
	职工年工资及福利费增长率		环保知识培训
	工伤事故率		污染物排放
	员工劳动合同		环境保护
	员工薪酬体系		销售收入综合能源消耗比
	员工教育与培训		销售收入原材料消耗比
	员工文化生活		销售收入耗水费用比
	员工健康及安全		废水回收利用率
	员工尊重及权益		废旧物资回收利用率
社会责任	社会贡献率		资源节约
	社会捐赠率		资源循环利用
	资产纳税率	资源责任	资本保值增值率
	社区活动参与	市场责任	资产负债率
	教育及文化		销售利润率
	弱势群体关怀		净资产收益率
	参与公益慈善		市场责任机制
	就业与科技		公平竞争
	产品或服务安全		尊重产权
	消费者满意		
	保护消费者信息		

指标体系中指标的选择主要依据企业社会责任内容以及利益相关者理论，从五个大的方面来说明食品类企业社会责任，包括经济责任、法规责任、食品安全责任、环境责任等。齐文浩、刘禹君（2012）以沪深股市食品类上市公司为分析对象，根据行业特性构建经济责任、法规责任、食品安全责任、环境责任和公益慈善责任五个指标，再通过层次分析法对食品类企业社会责任评价指标体系进行构建并加以实证检验。同时根据这五个主要方面设计出相关的二级指标和三级指标，更为全面地对食品类企业社会责任进行评价，同时通过T检验识别出企业在哪些方面还需要进一步加以改善的关键因素。

还有学者从人力资源管理视角，来设计国有企业社会责任评价体系。一级指标主要划分为员工关系、薪酬与绩效、培训与发展、员工满意度。二级指标主要分为劳动合同管理、工作时间、劳动安全卫生、员工薪酬管理、社会保险状况、员工绩效管理状况、员工培训管理体系、发展空间、员工职业生涯管理、员工救助与保护、企业文化、参加民主的渠道。

3.4 企业社会责任评价方法评述

用什么样的具体方法来构建模型以评价企业社会责任同样是学者们积极探索的内容之一，他们不断在方法上进行探索，使整体呈现出多样化特点，从初期的内容分析法到 BP 神经网络评价方法、声誉指数法、KLD 指数法、道琼斯可持续发展指数、Fortune 指数法、SA8000 企业社会责任标准、FT-SE4good 指数、层次分析法与模糊综合评判法相结合的方法、灰色关联法等都为更客观、准确地评价企业社会责任做了有益的尝试。

3.4.1 层次分析法

层次分析法是学术界在研究企业社会责任评价过程中使用较多的方法，因此，成果十分丰硕。

马学斌等（1995）构建了自己的评价模型，可以针对企业社会责任进行定量评价，在构建过程中将层次分析法引入其中，充分利用了线性插值原理在原有做法中大胆突破，从而创造性地获得成功。为了验证评价系统的可行性，学者们将其应用于大型电站锅炉制造企业，该企业是行业中的标杆企业，最终所获取的结果与事实相符。由此可见层次分析法的应用具有可行性，可以用于有效评价企业社会责任。李富平等（1996）进一步将层次分析法引入研究当中，综合效果测度法应运而生。他们选择了唐钢石人沟铁矿为对象，通过查阅历史文件获取该企业 1987—1994 年相关数据，利用上述方法对所获取资料进行评价，最终获得该企业社会责任履行状况。周兰、肖琼宇（2012）基于信息披露下的目标导向，采用层次分析法对不同社会责任层次进行了评值，进而构建了企业社会责任评价指标。朱永明、杨宇凤（2011）利用数据仓库建立评价指标体系，说明了在数据仓库环境下如何利用企业现有信息系统的数据进行企业社会责任评价，并利用层次分析法和 BP 神经网络相集成的方法建立评价模型，不仅解决了企业社会责任评价指标数据的可获取性问题，而且定量分析使得评价结果更为准确、客观，为企业社会责任的评价提供了一种新的思路。

层次分析法在不同行业的社会责任评价中也取得了相当的成果，如宋建波等（2009）对利益相关者进行问卷调查及访谈，了解他们对企业社会责任的期望，同样引入层次分析法建立评价体系，其目标为国内制造业上市公司。王丽萍、施婵娟、林奇英（2007）以农药企业为研究对象，首先赋予不同指标权重，在此过程中引入了层次分析法，同时给出了综合评价方法。在此过程中的比较主要从横向和纵向两方面进行，发生于不同企业间和同一企业不同时期。齐二石等（2011）同样建立评价模型，在此过程中引入了新方法，其中一部分为层次分析法，另一部分为聚类分析。他将这一模型应用于煤炭企业，用于评价其社会责任绩效，得到了安全、社会保障、可持续发展、创新和环保对煤炭企业社会责任履行起着重要作用的结论。曹希（2013）同样利用了层次分析法建立评价体系，并将其应用于供电企业当中，从而获得各指标权重，具体步骤包括建立层次结构模型、确定评价指标的因素集、构造判断矩阵、层次单排序、一致性检验、层次总排序等，最终得出指标层各元素对于目标层的权重。

3.4.2　模糊评价法

该方法与模糊数学密切相关，是在后者的基础上建立起来的，其根本特点在于定向定量的转化，充分利用模糊数学的理论进行评价。当事物受到多种因素干扰时，可以通过这种方式作出总体评价。这种方法特点鲜明，结构清晰，适用于难以量化的问题，适用范围较广，在非确定问题方面具有优势（张辉等，2008）。目前模糊评价法逐渐用于企业社会责任评价中，并与层次分析法相结合产生了一系列成果。

闫文周等（2007）采用模糊 AHP 法对建筑企业进行社会责任评价研究。他首先对 SA8000 标准进行分析，进而构建出自己的指标评价体系，在此过程中的亮点是引入了模糊 AHP 法。他将评价体系应用于建筑企业当中，对其进行充分验证。

朱永明等（2011）利用层次分析法与模糊综合评判法相结合的方法，选取了 7 个构成要素作为主准则层，并且设定了多个定量及定性指标，成为评价体系的重要组成部分。曹希（2013）、傅骏杰（2015）将多种方法引入到评价体系构建当中，并将其应用于供电企业进行验证，通过综合计算得到定量指标的隶属度和通过专家打分的方式得到定性指标的隶属度，并形成基于公用企业属性的供电企业社会责任评价体系。

3.4.3　指数评价法

（1）声誉指数法。声誉指数法主要是相关专家通过对企业社会相关责任进行评分，并根据评定结果进行排名，然后再衡量企业的社会责任履行情况。

声誉指数法的优势在于可以总结出同一个专家对不同企业的观点，在企业社会责任与企业绩效关系的研究中起着重要作用。缺点在于具有较强的主观性，且研究的样本较小，研究结果必须理性看待与应用。

（2）KLD 指数法。20 世纪 90 年代应用的方法主要是 KLD 指数法，是 KLD 公司设计的从利益相关者角度衡量企业社会责任的方法，评价内容包括社区关系、员工关系、自然环境、产品的安全与责任以及妇女少数民族问题等五个方面。我国学者陈留彬（2006）、李正（2006）等都采用了 KLD 指数法对各行业的 CSR 披露情况进行评价。

KLD 指数法的优点在于应用的样本大，所研究的范围较广，具有较高的可信度。缺点在于数据是根据企业报告的内容或者通过问卷调查得到，带有一定的主观色彩。

（3）Fortune 指数法。Fortune 指数法是通过大样本实证调查得到的评定方式，学者 Preaton 和 O'Bannon 通过这种方式在 1997 年进行了评定。

Fortune 指数法的优点是使用了大量数据样本，由熟悉和了解所在行业及相关问题的专家进行评估，并在供应、数据可用性和可验证性方面具有可比性。缺点是无法排除专家的偏好，不同专家对企业好坏有着不同的印象，从而对客观事实造成评判错误；测评内容中影响财务业绩表现的指标较多且各个指标之间存在高度相关性；测评结果体现的是企业的声望而不是企业社会责任。

（4）道琼斯可持续发展指数。道琼斯可持续发展指数主要遵循三个方面：第一，经济领域，企业要对股东负责，保证他们根本的经济收益，同时也应该包括公司治理、公司经营等方面的情况；第二，环境方面，企业在发展的过程中不得破坏环境，同时要保证资源的可持续发展；第三，社会方面，要满足员工的福利指标，要求员工从事的工作不得威胁其生命安全，同时要积极为社会慈善事业做贡献。

（5）FTSE4good 指数。FTSE4good 指数主要表现在以下五个方面：第一，将人权放在第一位，任何活动不得对任何人产生歧视、污蔑等行为；第二，保证利益相关者的基本需求，要对企业股东的经济收益负责；第三，保护环境，任何公司的发展不得以破坏环境为前提条件；第四，保证企业员工基本权益，不得随意让员工在无薪酬的情况加班，压榨员工；第五，企业经营的过程中不准许采用贿赂的手段。FTSE4good 指数根据这五个方面的内容，同时加上该标准的政策、管理和报告，通过十五项指标对企业进行考核，每项考核指标又分为核心指标和建议指标（根据具体情况再定）。

3.4.4　SA8000 企业社会责任标准

SA8000 企业社会责任标准是全球第一个可用于第三方认证的社会责任管理体系标准。

SA8000 标准，规定了企业必须承担的对社会和利益相关者的责任，主要从九个方面规定了最低要求：第一方面，不得非法雇佣童工；第二方面，不得存在歧视，对不同的员工进行差别对待；第三方面，非工作时间不得让员工加班，除非支付令员工满意的薪酬；第四方面，不得出现无理由地对员工辱骂、体罚等情况；第四方面，任何工作都要将员工的健康放在第一位；第五方面，尊重员工的意愿，不得逼迫其做任何事情；第六方面，企业必须尊重员工的人格权，尊重员工意愿，给予一定的权利；第七方面，保证员工基本的薪酬问题，同时也应该采取奖金制度；第八方面，企业管理体系问题，公司应制定社会责任和劳动条件的制度；第九方面，企业应诚信管理经营。

3.4.5　内容分析法

内容分析法主要是指通过搜集企业公开披露的各类报告资料，获取企业社会责任的信息，之后对这些信息进行整理、归类，确定某一方面的分值，综合得出对企业社会责任的评价。

1979 年，Abbott 和 Monsen 根据《财富》500 强年报的内容，对环境、机会平等、人力资源、产品及其他等六大方面内容是否揭示公司参与社会责任活动进行量化，来构建所谓的"社会参与度披露指标"。李锐等以国有企业为研究对象，设计了潜变量载荷表，其社会责任信息披露评价内容包括：是否有关于社会责任、已经纳入的管理考核指标、社会责任管理机构设置情况、防治商业腐败及贿赂的措施等内容。宋建波、盛春艳（2009）在对以往研究方法进行梳理的基础上提出了自己对"指数法"的看法。他们认为本身存在着传承关系，"内容分析法"在其中发挥重要作用。"指数法"本身可以用于确定指标当中，所有的过程可归纳如下：①企业本身有责任披露相关信息，将其进行分类是首要的步骤；②大类别的划分仅仅是第一步，对其还需要不断细化，最终形成小的类别；③以小类别为单位描述，根据不同情况进行定性和定量划分，由于各自存在不同，所以需要完成赋值；④每个小类都有不同的得分，最终要将它们汇总，进而得到总分，由此可以确定该企业社会责任履行情况。

由于社会责任的内容划分常常以利益相关者理论为基础，所以采用内容分析法对企业社会责任进行评价也就离不开对利益相关者的划分。谭杰、杨立社（2010）就是利用这一理论进行研究，开发出初步评价量表。它由八个维度构成，包含多个二级评价指标。在此基础上再交由专家进行取舍，反复优化，去除不必要二级指标，最后保留 46 个，形成最终评价量表。

内容分析法有优势也有弊端，优势在于可以适用于大样本评定，评定结果也具有客观性。弊端在于虽然评定结果具有客观性，但在评定变量的选择上具有主观性，不能完全真实地反映企业内部情况，评价的往往是企业对外表述的表面内容，而这些导致了该指标的有效性。

3.4.6　其他对企业社会责任的评价方法

除上述较典型的企业社会责任评价方法外，不少学者还尝试了其他方法。熊勇清等（2008）的研究主要针对层次分析法进行，他们认为传统的方法存在一定问题，将其应用于企业社会责任评价方面并不适合。系统中存在着不同指标，彼此之间具有相关性，信息重复难以避免，而该方法不能从根本上解决问题，需要在此基础上加以改进。他们大胆地将因子分析法引入研究当中，探求指标之间的关联性，并创造性地应用于社会责任评价当中。其他方法如：通过因子得分系数矩阵来对企业社会责任进行评价的因子分析法、嫡权系数法、平衡计分卡的评价方法等。企业社会责任评价的各种方法并非完全独立进行，不同方法往往需要相互融合，才能构建出更有效的评价方法。

3.5　本章小结

本章梳理了关于企业社会责任评价的研究文献，对国内外评价实践探索、评价指标体系、评价方法做了系统归纳与总结。企业社会责任评价问题不仅是企业微观层面绩效评价的内容，而且已经成为企业宏观层面推进社会责任的关键。从研究方法实践来看，目前已有层次分析法、模糊评价法、社会责任标准体系、内容分析法等不同的评价方法，但标准并未统一，不具有普遍性，也没有形成明确的、适用的企业社会责任评价方法。

第4章

企业社会责任评价及履行现状总体特征分析

　　企业社会责任评价现实情况与社会责任履行现状都是难以用单一指标或从单一方面描述的对象，较为准确的获知方法是调研考察。本书根据利益相关者及价值链理论，将企业社会责任应涉及的群体分为企业内部如股东、员工，企业外部如消费者、供应商、社会公众、政府单位，针对每一个群体设计相应的社会责任履行现状问卷。借助问卷星平台在全国28个省、自治区、直辖市进行了企业社会责任调查，由企业职工对本企业社会责任的履行情况做出反馈与评价，筛选无效问卷后共收集到756个样本，通过描述性统计、交叉分析法等数据处理方法将收集到的数据进行整理分析。调查问卷分为企业及被调查人员基本信息、对企业社会责任及其评价认知现状、本企业社会责任履行情况三个测量维度，并将企业社会责任履行现状细分为企业社会责任总体履行情况、企业对员工的社会责任履行情况、企业对消费者及供应商的社会责任履行情况、企业在生产安全和环保方面的社会责任履行情况、企业对公益活动和社区活动的社会责任履行情况以及企业在法律法规和行业道德方面的社会责任履行情况等。

　　受访企业及个人的基本信息主要包括性别、职位、公司所处行业、公司性质、公司是否上市和公司成立的年限等，同时，对企业社会责任及其评价认知的调查主要从对企业社会责任的了解情况、企业长期履行社会责任会给企业带来的收益、履行企业社会责任应涉及的方面等维度来测量。从收回统计数据得知，受访者性别极小值为1，极大值为2，均值为1.50，标准差为0.500，说明本次调查受访者性别分布较为均匀；职位极小值为1，极大值为4，均值为3.74，标准差为0.583，反映了受访对象在职级上主要为一般工作人员；公司所处行业均值为7.33，标准差为3.77，反映了受访企业主要处于制造业和信息技术业；公司性质均值为2.37，标准差为1.54，说明受访企业多为国有企业和民营企业；公司是否上市均值为1.75，标准差为0.432，说明被调查企业主要为非上市公司；企业所成立的年限极小值为1，极大值为4，均值为3.72，标准差为0.998，说明企业成立的年限主要在1～5年和11年以上。

4.1 对企业社会责任及其评价方式基本认知

4.1.1 对企业社会责任的了解情况

在调查受访者对企业社会责任的基本认识情况后了解到，有近58%的受访者对企业社会责任比较了解，其中有12.86%的受访者对企业社会责任理解透彻，并对公司的社会责任情况比较关注。通过进一步分析公司所处行业与受访者对企业社会责任了解情况交叉表和卡方检验可知，Pearson卡方小于显著性水平临界值0.05，表明公司所处行业与受访者对企业社会责任了解情况存在显著性差异。多数行业对企业社会责任认知处于"一般关注、基本了解""知道，但不太了解"状态。其中，交通运输、仓储业和信息技术业在对企业社会责任了解状态方面存在着22.2%和17.5%的概率分布，说明仍需要加强对这两个行业企业社会责任履行意识的宣传力度。在"一般关注，基本了解"状态方面，批发和零售贸易业、金融保险业均超过了50%的比率，在"知道，但不太了解"方面，农林牧渔业、房地产业均超过了50%的比率。如表4-1、表4-2所示。

表4-1 行业与受访者对企业社会责任了解情况

单位：%

行业类别	理解透彻	基本了解	不太了解	基本不了解
农林牧渔业	0	42.9	57.1	0
采掘业	14.3	42.9	42.9	0
制造业	17.2	46.0	28.7	8.0
电力、煤气及水的生产和供应	22.2	44.4	33.3	0
建筑业	6.1	48.5	36.4	9.1
交通运输、仓储业	22.2	11.1	44.4	22.2
信息技术业	10.0	42.5	30.0	17.5
批发和零售贸易业	6.7	53.3	26.7	13.3
金融、保险业	13.2	60.5	26.3	0
房地产业	0	30.8	61.5	7.7
社会服务业	7.1	42.9	46.4	3.6
传播与文化产业	22.2	38.8	27.8	11.1
其他	15.4	42.3	32.7	9.6

表4-2　行业与受访者对企业社会责任认知卡方检验

	值	自由度	渐进显著性（双侧）
Pearson 卡方	70.369a	36	0.001
似然比	82.953	36	0.000
线性和线性组合	0.315	1	0.575

通过分析公司性质与受访者对企业社会责任了解情况交叉表可知，受访者对企业社会责任的认知状态大多处于"较为关注，理解透彻""一般关注，基本了解"状态。其中，外商独资企业的受访者对于企业社会责任"一般关注，基本了解"的占比为40.0%，"较为关注，理解透彻"和"知道，但不太了解"的比例均为26.7%，且与其他不同性质公司相比，"较为关注，理解透彻"的比例是最高的。中外合资企业处于"一般关注，基本了解"状态的比例为53.4%，比例超过了一半，与其他不同性质公司相比，是占比最高的。如表4-3所示。

表4-3　公司性质与受访者对企业社会责任认知卡方检验

单位:%

公司性质	理解透彻	基本了解	不太了解	基本不了解
国有企业	16.1	48.4	32.3	3.2
民营企业	10.5	43.2	35.8	10.5
外商独资企业	26.7	40.0	26.7	6.7
中外合资企业	14.3	53.4	32.3	0
其他	13.6	43.2	29.5	13.6

4.1.2　对企业长期履行社会责任的效益调查

本节将企业长期履行社会责任会给企业带来的效益分为财务负担、提高效益、长期利益、树立企业良好形象等方面，对调查数据定义多重响应集，发现给企业带来长期利益和树立企业良好形象占主要地位，分别占比30.1%和40.5%。反映了企业更加注重长期考虑和长期规划，履行企业社会责任更多是为了在消费者心目中树立本企业良好形象和扩大产品及品牌知名度、美誉度等。如表4-4所示。

表4-4　企业长期履行社会责任带来的效益

效益内容	响应（N）	百分比（%）	个案百分比（%）
财务负担	114	7.4	16.1
提高效益	276	18.0	39.0

（续）

效益内容	响应（N）	百分比（%）	个案百分比（%）
长期利益	462	30.1	65.3
树立企业良好形象	622	40.5	87.9
不清楚	38	2.5	5.4

　　除上述效益外，在访谈中还了解到有企业认为履行企业社会责任能增强企业文化的多样化，增强公司员工的责任感和社会感，减少员工流失；企业声誉提高后能提供更多就业机会，创造社会财富；能增强企业品牌价值；树立良好信誉，利于长远战略发展等。

4.1.3　企业社会责任应涉及内容的调查

　　在调查企业履行社会责任应涉及的内容方面，对调查数据定义多重响应集，发现企业在履行社会责任方面，消费者权益、员工福利、环保节能、社区公益、诚实纳税、遵守国家法律法规比较重要，其中，环保节能因素占比16.1%，在所有因素中占比最大，说明在当前经济形势下，企业将履行对自然环境的保护责任放在头等位置，这也契合了国家政策环境要求企业履行环保责任的要求。如表 4-5 所示。

表 4-5　履行企业社会责任应涉及的内容方面

内容	响应（N）	百分比（%）	个案百分比（%）
股东利益	266	7.1	37.9
员工福利	584	15.7	83.2
消费者权益	528	14.2	75.2
供应商	208	5.6	29.6
环保节能	598	16.1	85.2
社区公益	478	12.8	68.1
诚实纳税	514	13.8	73.2
遵守国家法律法规	548	14.7	78.1

4.1.4　对企业进行社会责任评价的态度调查

　　在是否应对企业社会责任进行评价的调查中，有 79.79% 的受访者持赞同态度，认为有必要对企业履行社会责任进行统一评价，只有 11.02% 的受访者认为没有必要，有 6.56% 的受访者认为无所谓，对企业影响不明显，另有 2.63% 的受访者对该问题没有作答。在进一步访谈中发现，认为没有必要进行评价的原因，一方面是不清楚是否有统一的评价标准，另一方面是如果企业自行进行评价会增加相应成本，而经济效益可能并不明显，从成本效益角度看会增加企业的负担。

4.2 企业社会责任总体履行情况分析

通过对企业社会责任总体履行情况的调查，得知企业履行社会责任总体情况较为良好，对各类具体社会责任的履行程度均超过 50%。本节主要考察企业应当承担的社会责任具体内容、各个利益相关者的重视程度、基于企业履行社会责任现状需要改进的方面以及企业在编写社会责任报告或目标方案方面的落实情况等。

4.2.1 企业对不同利益相关者的重视程度方面

从问卷调查结果来看，企业对于投资者、消费者和员工的重视程度要高于其他的利益相关者。对企业而言，这三者作为企业最重视的利益相关者也刚好符合了现代企业的运行理念。首先，投资者是企业资金的来源，判断一个企业是否优质，就是看企业是否有能力从投资者那里募集到足够的资金以满足企业的运行和扩张。而且投资者对企业日常运行、未来发展战略方向的制定以及企业的经营管理行为都有着重要的影响。其次，几乎所有的企业最终面向的群体都是消费者。从企业的角度来看，消费者是企业现金流的重要入口，且消费者之间存在着协同和舆论效应，这些对于企业的影响不可小觑。最后，企业的生存离不开员工，小到公司的日常经营，大到企业战略行为的执行都是由各类不同层级员工所完成的。这就是投资者、消费者和员工相较于其他利益相关者，企业的重视程度更高的原因（表 4-6）。

表 4-6 利益相关者的重视程度

选项	平均综合得分
投资者	6.09
消费者	5.63
员工	5.11
政府	4.54
供应商	4.19
自然环境	3.75
所在社区	3.04
媒体	2.11

4.2.2　企业在履行社会责任时可以改进的方面

如表4-7所示，维护员工利益、保护环境和节约资源、积极参加公益活动是被调查者认为最重要的三个方面，占比分别为64.57%、46.19%和46.46%。在调查问卷中，希望提高维护员工利益的占比也大大超过环境和社会公益，这与员工是企业的主体有着重要的关系。近年来，随着经济环境的不断变化，在"绿水青山就是金山银山"的发展理念下，新时期不论国家还是个人对于环境和社会公益方面都更加重视，企业在制度方面更加注重内涵发展要求，在维护员工利益、保护环境和节约资源、积极参与公益活动方面的积极性明显增强。同时，社会对于企业的愿景不再是简单的诚信经营和遵守行业道德，即社会层面对于企业的环境意识、社会公益意识的要求不断提高，导致企业在日常经营过程中需要不断提高保护环境和节约资源的意识并积极参与社会公益活动。因此，作为以前将营利看作第一位的企业来说，要更加全面地考虑从各个方面承担社会责任，考虑员工和社会诉求，实现共同发展和收益，才能在增加社会效益的同时提高企业价值。

表4-7　履行社会责任可以改进的方面

选项	小计	个案百分比（%）
确保企业利润	125	32.81
保护环境和节约资源	176	46.19
依法纳税	54	14.17
维护员工利益	246	64.57
保护产品质量安全	116	30.45
积极参加公益活动	177	46.46
诚信经营	74	19.42
遵守行业道德	68	17.85

4.2.3　企业在编写社会责任报告或目标方案方面的落实情况

企业编写社会责任报告或可持续发展报告是企业履行社会责任意愿的表现之一。通过交叉分析研究上市公司和非上市公司履行社会责任意愿的偏差程度，同时，通过表4-8、表4-9研究了企业在编写社会责任报告或可持续发展报告方面的落实情况。

表 4-8　企业社会责任报告或持续发展报告编写情况

单位:%

上市属性	已经编写	没有编写	不清楚
上市公司	35.20	12.50	52.30
非上市公司	14.90	39.40	45.70
全部企业	19.90	32.80	47.30

表 4-9　社会责任报告或可持续发展报告与社会责任目标和管理方案交叉表

单位:%

内容	已经制定,且落实良好	已经制定,但没有落实	没有制定	不清楚
已经编写	69	21.20	4.20	5.60
没有编写	6.00	17.10	6.70	10.30
不清楚	6.50	6.50	10.10	76.90

　　如果企业将社会责任作为日常经营的一部分,那么应当就需要承担的社会责任做一个比较详尽的计划或者是企业整体对本企业落实的社会责任有个全面的了解。企业编写社会责任报告或可持续发展报告与企业制定了社会责任的目标和管理方案具有较强的关联度。从统计数据来看,上市公司在编写企业社会责任报告或者可持续发展报告方面明显优于非上市公司,可能反映出上市公司在承担社会责任方面的意愿更加强烈,也可能由于上市公司的经营活动或者信息暴露在公众面前的概率更大,因此上市公司会更加注重社会效益。在调查中还发现,编写企业社会责任报告或可持续发展报告与是否制定了社会责任的目标和管理方案有密切关系。从表 4-9 可以看出,在已经编写了企业社会责任报告或可持续发展报告的企业中有超过 90% 的企业已经制定了社会责任的目标和管理方案,并且有 69% 的企业已经制定了社会责任目标和管理方案且落实良好。由此可以说明企业在有了承担社会责任的意愿之后基本上都会采取行动以落实企业承担社会责任的目标。

　　但是也有约 50% 的受访者不清楚企业是否编写了社会责任报告或可持续发展报告（表 4-8）,这一类受访者基本上都不太清楚企业是否制定了社会责任的目标和管理方案（表 4-9）。由此可见,在员工层面对于企业承担社会责任的认知不够。并且企业并没有将履行社会责任作为日常经营的必要环节,导致员工并不了解企业是否在承担社会责任方面贡献了力量。从另一个角度来看,这部分企业很大一部分可能并没有制定社会责任计划,员工作为第三者无法对制定情况做出评价。

如表4-10所示，44.08%的受访者认为企业没有编写社会责任报告的原因在于企业认为这是没有必要的。由此看来企业的社会责任意识并不强，企业没有把履行社会责任作为一项长期义务，即企业认为履行社会责任只是简单捐款或者为社会提供一些便利。28.95%的受访者认为企业没有编写社会责任报告是因为没有社会责任意识，说明企业并没有认识到履行社会责任的重要性，而将编写社会责任报告作为一项无用且损害公司利益的步骤。

表4-10　企业没有编写社会责任报告原因

选项	小计	个案百分比（%）
没有社会责任意识	88	28.95
容易暴露问题	65	21.38
泄露企业秘密	43	14.14
认为没有必要	134	44.08

4.2.4　企业专门社会责任机构的设置情况

通过调查企业是否设置了企业社会责任办公室的相关情况，发现设置专门部门的情况并不理想。同样从企业是否上市的角度进一步分析企业设置专门负责企业社会责任的办公室情况。从表4-11的情况来看，上市公司中近50%的企业都设立了专门负责企业社会责任的办公室，其中有37.50%已经设立，且能较好地履行本职工作。由此可见上市公司履行社会责任的意识较强，能够较好地落实社会责任计划。从非上市公司的情况来看，只有大约20%的企业设立了相关部门，并且只有14.6%的企业已经设立且能较好地履行本职工作。相比上市公司而言，非上市公司对于承担社会责任的积极性并不强。而且非上市公司没有设立和不清楚是否设立专门负责企业社会责任的办公室的比例高达79.40%。因此上市公司更加注重社会效益。

表4-11　社会责任专职办公室设置情况

单位：%

上市属性	已经设立，且能较好地履行本职工作	已经设立，但是不能良好运转	没有设立	不清楚
上市公司	37.50	9.10	23.90	29.50
非上市公司	14.60	6.00	57.80	21.60
全部企业	20.20	6.70	49.40	23.60

通过对企业社会责任的问卷调查，对企业社会责任的承担情况有了相对清晰的认识。从问卷的整体情况来看，作为企业的员工，对企业社会责任的整体认识不足，这也反映出企业就承担社会责任方面对员工的教育程度不够。企业在承担社会责任方面普遍考虑对企业最有利或能够产生最大社会效益的方面，如企业最常采用的方式就是提供社会捐款，此项举动对于企业来说能够获得最大的社会效益，也能使公众最为直观地了解企业承担社会责任所付出的成本。基于利润最大化原则，企业通常会选择在发生灾害时投入较大的公益资金，并通过媒体舆论的作用提高企业的社会声誉，并且这种影响力能够使其在较长一段时间内的社会价值得到大幅度提升。从企业在员工层面承担社会责任的情况来看，绝大多数企业在一般问题上并不会与员工进行协商并充分听取意见。这也与员工的工作责任有关，企业员工被赋予的责任通常是按照上级安排有效开展工作任务，如何与上级有效沟通是他们面临的较大问题。所以，企业在员工层面承担社会责任的有效方法是建立工会或职工代表大会。但是从调查问卷的情况来看，建立工会和职工代表大会的企业只占到了 50% 左右，而且上市公司建立工会或职工代表大会的情况明显优于非上市公司，由此可知员工社会责任履行较好的企业普遍规模较大、资金充裕且发展前景较好。从企业社会责任总体履行情况来看，企业对各个利益相关者的重视程度分别是投资者、消费者和员工。与企业日常经营活动接触最密切的利益相关者正是企业承担社会责任的主要关注方。另外，诚信经营、遵守行业道德以及积极参与社区公益活动和依法纳税等都是社会公众对企业履行各种社会责任的要求，企业还需要承担来自环境方面的压力。企业需要提高承担社会责任的积极性，将承担社会责任作为企业的目标之一。这项目标要求企业将社会责任落实在工作任务上，编写企业社会责任报告或者可持续发展报告，并且积极落实。通过对企业是否上市进行分类，发现上市公司在编写社会责任报告或可持续发展报告方面及落实情况比非上市公司更好。由此，可以认为上市公司在承担社会责任方面的积极性和意识更强，也可以说明上市公司认为在承担社会责任方面付出的成本最后是可以通过落实社会责任而收回的，并且对于公司股票价格和价值来说有较好的激励作用。

4.3　企业各方面社会责任履行现状分析

4.3.1　企业遵守法律法规方面的社会责任履行情况

本节将法律责任主要归纳为：合法合规经营责任与依法纳税责任两个方面，如表 4-12 所示。

表 4-12　企业遵守法律法规情况

单位：%

内容	优秀	良好	一般	较差
依法纳税	58.30	28.60	10.35	2.75
合法合规经营	51.90	33.15	12.23	2.72

（1）依法纳税。通过数据统计发现，企业在依法纳税方面的执行情况较好，超过 80% 的企业为优秀或良好，说明企业的纳税意识较好。同时，在宏观环境下，国家给企业提供合法的经营地点并保障企业经营的安全性，因此依法纳税也是企业的一项基本义务。2018 年以来企业所得税减免政策给企业注入了更大活力，如：符合条件的小型微利企业，减按 20% 的税率征收企业所得税，同时，国家对西部大开发企业、高新技术企业、电子商务企业都有一定的减税福利政策。2020 年突发新冠疫情以来，国家出台了多项税收优惠政策，切实解决企业困难，促进经济社会平稳运行。2020 年全年就新增减税降费超过 2.5 万亿元，保证了政策红利直达市场主体。同时，在对企业进行充分调研后，为促进小型微利企业或高新发展型企业的发展，国家从税收方面给予大力支持，这无疑带给企业更多的盈利空间。由此可见，依法纳税是企业的一项基本法律责任，也是现代企业应当承担的社会责任。另外，我国出台了新的税收征管条例，即水资源税和环保税，分别与企业排放的污染物和占用的资源有关。进一步可以说明，税收也成了企业承担社会责任的一项重要内容。因此，企业不管是从内部还是外部都需要加强法律建设，增强法律意识，充分了解国家出台的税收政策会给企业带来的影响。

（2）合法合规经营。通过企业除依法纳税以外的其他法律法规遵循情况来看，企业在承担法律责任方面的情况较好，包括《公司法》《劳动合同法》《证券法》《妇女权益保障法》等一系列的法律法规。说明法律责任同时也是企业经营的一项义务，是企业在长期存续过程中必须要承担的一项责任。企业不仅不能违反法律，更要承担相应的法律责任，使企业能够合理经营、规范经营，更好地承担相应的社会责任。

4.3.2　企业对员工的社会责任履行情况

通过对与员工切身利益相关的制度建设以及履行情况的问卷调查，本节将分以下方面分析企业对员工的社会责任履行情况：所在企业建立工会或职工代表大会及相关制度情况，以及建立了各项制度后企业是否与工会、职工代表大会或全体员工进行充分协商；所在企业是否按照相关法律法规与员工签订劳动合同以及办理社会保险情况；所在企业工资发放情况；企业对员工提供教育和培训情况。

（1）企业工会或职工代表大会是企业实行民主管理的基本形式，是职工行使民主管理权力的机构。企业是否建立工会或职工代表大会相关制度反映了企业对企业员工民主权利的保护及重视程度，也是对企业员工的社会责任履行情况的重要体现。

在被调查企业中，已建立了企业工会或职工代表大会制度的企业有 418 家，占比为 55.29%；没有建立企业工会或职工代表大会制度但计划建立企业工会或职工代表大会制度的企业有 72 家，占比为 9.5%；没有建立企业工会或职工代表大会制度，且没有计划建立企业工会或职工代表大会制度的企业有 164 家，占比为 21.69%；不清楚本企业是否建立工会或职工代表大会制度的企业有 108 家，占比为 14.29%。可以看出超过半数的企业已经建立了企业工会或职工代表大会制度，但仍有一定数量的企业没有建立，并且不打算建立，对于不清楚本企业是否建立企业工会或职工代表大会制度的受访者可视为所在企业工会制度或职工代表大会制度没有建立或者虽建立但形同虚设。企业对于工会或职工代表大会制度的建立情况总体向好，但仍有很大的空间可以改善提升。

将企业工会或职工代表大会制度建立情况与行业交叉后，可以看出在受访企业中农林牧渔业、采掘业、制造业和电力、煤气及水的生产和供应业以及金融、保险业的企业在企业工会或职工代表大会制度建立情况上表现较好，建立程度都达到了 60% 以上。表现较差的是批发零售贸易业以及建筑业、房地产业。

将企业工会或职工代表大会制度建立情况与公司性质交叉后，从表 4-13 可以看出国有企业在企业工会或职工代表大会制度建立情况上表现显著优于其他性质的企业，有 88% 的国有企业都建立了相关制度；民营企业表现较差，建立了相关制度的占比仅有 38.60%，从中可以看出民营企业对员工的社会责任履行状况需要改善。

表 4-13　公司性质与工会或职工代表大会制度建立情况

单位：%

公司性质	已经建立	没有建立但计划建立	没有建立且没有计划建立	不清楚
国有企业	88.00	2.00	2.00	8.00
民营企业	38.60	11.70	32.00	17.80
外商独资企业	66.70	6.70	13.30	13.30
中外合资企业	42.90	0.00	14.30	42.90
其他	51.00	17.60	23.50	7.90

　　将企业工会或职工代表大会制度建立情况与企业是否属于上市公司交叉后，从表4-14、表4-15可以看出上市公司在企业工会或职工代表大会制度建立情况上的表现显著优于非上市公司，高达75.50%的上市公司都建立了相关制度；非上市公司中建立了企业工会或职工代表大会制度的企业并未达到总数半数。这样的现状与上市公司承担的社会责任更大以及受到的监督监管更加严格相关。

表4-14　上市属性与工会或职工代表大会制度建立情况

单位:%

上市属性	已经建立	没有建立但计划建立	没有建立且没有计划建立	不清楚
上市公司	75.50	3.20	6.40	14.90
非上市公司	47.90	11.60	26.40	14.10
全部企业	54.80	9.50	21.40	14.30

表4-15　上市属性与工会或职工代表大会制度建立情况卡方检验

	值	自由度	渐进显著性（双侧）
Pearson卡方	56.760a	4	0
似然比	65.185	4	0

　　对企业在建立相关制度时是否与工会、职工代表大会或全体员工进行充分协商方面进行进一步调查，以了解制度的可行性和民主性。在被调查样本中，与工会、职工代表大会或全体员工进行充分协商且能够听取合理建议的企业有186家，占比为24.60%；协商不充分的企业有208家，占比为27.50%；完全进行不协商的企业有104家，占比为13.80%；不清楚本企业是否建立工会或职工代表大会制度的企业有258家，占比为34.10%。可以看出，虽然很多企业建立了企业工会或职工代表大会，但真正与员工进行协商参与的企业并不多，仅有24.60%。

　　在行业分析中，电力、煤气及水的生产和供应行业表现显著优于其他行业。能够充分协商且听取意见的企业在其行业的占比数值多属于20%至30%区间，这样的数据反映出整体的制度民主性还有待加强。

　　将企业工会或职工代表大会制度建立时职工的参与度情况与公司性质交叉后，从表4-16可以看出外商独资企业在企业工会或职工代表大会制度制定过程中职工的参与度情况优于其他性质的企业，有46.70%的外商独资企业的员工实际参与度较高；并且对比建立工会或职工代表大会制度情况可以看出，国有企业虽然普遍建立了相关制度，但员工的实际参与度或可引申为有效性表现并不是很好（表4-17）。

表 4-16 公司性质与企业规章制度制定情况

单位：%

公司性质	充分协商，且能够 听取合理建议	协商不充分	完全不协商	不清楚
国有企业	34.00	34.00	6.00	26.00
民营企业	16.20	22.80	19.30	41.70
外商独资企业	46.70	26.70	6.70	20.00
中外合资企业	28.60	0	28.60	42.90
其他	33.30	35.30	9.80	21.60

表 4-17 公司性质与企业规章制度制定情况卡方检验

	值	自由度	渐进显著性（双侧）
Pearson 卡方	89.629a	20	0
似然比	99.856	20	0

（2）劳动合同签订以及社会保险办理情况。劳动合同是劳动者与用工单位之间确立劳动关系，明确双方权利和义务的协议。根据这个协议，劳动者成为该单位的一员，承担一定的工种、岗位或工作，并遵守所在单位的内部劳动规则和其他规章制度；用人单位应按照劳动者提供劳动的数量和质量支付劳动报酬，并且根据合同的约定提供必要的劳动条件，保证劳动者享有劳动保护及社会保险、福利等权利和待遇。同时，社会保险是指国家通过立法强制建立社会保险基金，对参加劳动关系的劳动者在丧失劳动能力或失业时给予必要的物质帮助的制度。两者都是依法订立，具有法律约束力，能够基于坚实的法律基础保障企业员工的权益。同时由税务部门对企业员工的社会保险进行核算和收缴，企业必须为与其签订了劳动合同的员工缴纳社会保险。执法力度与方式的改变为员工的社会责任承担提供了有效保障。

通过对企业劳动合同及社保缴纳情况进行统计可知，大多数企业与员工都签订了劳动合同并办理了社会保险；同时14.17%的企业与部分员工签订了劳动合同并办理了社会保险；仅有12%左右的企业没有办理相关手续或被调查企业不了解相关情况。由此可知，大部分企业员工的权利得到了实质性保护，合法依规执行（表4-18）。

表4-18　劳动合同签订和社会保险办理情况

单位：%

内容	全部	部分	没有	不清楚
签订劳动合同	75.07	14.17	4.99	5.77
办理社会保险	69.03	17.06	5.77	8.13

将数据与行业交叉统计后从表4-19、表4-20可以看出，大部分行业与员工签订劳动合同的占比都很高，尤其是电力、煤气及水的生产和供应业，达到了100%，这主要是由于国家支柱行业的国有企业管控严格。建筑业企业与全部员工签订合同的比例为65.70%，同时与部分员工签订合同的比例为25.70%，总体表现仍较好。

表4-19　不同行业的劳动合同签订情况

单位：%

行业类别	全部	部分	没有	不清楚
农林牧渔业	71.40	14.30	0	14.30
房地产业	76.90	15.40	7.70	0
社会服务业	78.60	3.60	14.30	3.60
传播与文化产业	70.00	15.00	0	15.00
其他	61.80	21.80	7.30	9.10
采掘业	87.50	12.50	0	0
制造业	78.90	14.70	4.20	2.20
电力、煤气及水的生产和供应业	100.00	0	0	0
建筑业	65.70	25.70	5.70	2.90
交通运输、仓储业	80.00	20.00	0	0
信息技术业	71.40	7.10	4.80	16.70
批发和零售贸易业	73.30	6.70	13.30	6.70
金融、保险业	87.50	10.00	0	2.50
总计	75.10	14.00	5.00	5.80

表4-20　不同行业的员工劳动合同签订情况卡方检验

	值	自由度	渐进显著性（双侧）
Pearson卡方	125.968a	52	0
似然比	128.049	52	0

通过数据交叉分析，由表 4-21、表 4-22 可知民营企业与其他性质的企业（如个人独资企业或合伙企业）在劳动合同签订与社会保险办理情况上相对较差，但仍达到 70%～90%。

表 4-21　劳动合同签订与公司性质交叉分析表

单位：%

公司性质	全部签订	部分签订	没有签订	不清楚
国有企业	88.00	8.00	0	4.00
民营企业	69.50	15.70	7.10	7.70
外商独资企业	80.00	13.30	0	6.70
中外合资企业	85.70	0	14.30	0
其他	66.70	21.60	7.80	4.00
全部企业	75.10	14.00	5.00	5.80

表 4-22　社保办理与公司性质交叉分析表

单位：%

公司性质	全部办理	部分办理	没有办理	不清楚
国有企业	83.00	11.00	0	6.00
民营企业	63.50	19.80	6.10	10.70
外商独资企业	80.00	13.30	0	6.70
中外合资企业	85.70	0	0	14.30
其他	56.90	21.60	17.60	4.00
全部企业	69.00	17.20	5.60	8.20

通过对企业是否上市进行交叉分析与卡方检验，可以得出企业是否上市与签订劳动合同并无显著差异，但与社保办理情况存在较大差异，上市公司明显优于非上市公司（表 4-23、表 4-24、表 4-25）。

表 4-23　劳动合同签订与上市属性交叉表

单位：%

上市属性	全部签订	部分签订	没有签订	不清楚
上市公司	74.50	14.90	1.10	9.60
非上市公司	67.30	18.00	7.00	7.70
全部企业	69.00	17.20	5.60	8.20

表4-24 劳动合同签订与上市属性卡方检验

	值	自由度	渐进显著性（双侧）
Pearson 卡方	7.867a	4	0.097
似然比	8.775	4	0.067

表4-25 社保办理与上市属性交叉分析

单位：%

上市属性	全部	部分	没有	不清楚
上市公司	74.50	14.90	1.10	9.60
非上市公司	67.30	18.00	7.00	7.70
总计	69.00	17.20	5.60	8.20

（3）企业员工工资发放情况。大部分被调查企业都能够严格按制度、按时、足额发放工资以保障员工的基本权益，但也有26.51%的企业并未做到（表4-26）。

表4-26 企业工资发放情况

单位：%

选项	比例
严格按制度、按时、足额发放	73.49
按时，但是不能足额发放	7.61
偶尔拖欠工资	12.6
经常拖欠工资	6.3

通过交叉分析与卡方检验可知行业之间工资的发放情况差异较大，其中交通运输、仓储业，金融、保险业，农林牧渔业以及信息技术业中80%的企业能够严格按制度、按时、足额发放工资，但批发和零售贸易业、采掘业、房地产业执行度较差，约在60%左右，并且房地产业仅有61.50%的企业能够严格按制度按时、足额发放工资或按时但并不能做到足额发放工资（表4-27、表4-28）。

表4-27 工资发放与行业交叉分析表

单位：%

行业类别	严格按制度、按时、足额发放	按时但不能足额发放	偶尔拖欠工资	经常拖欠工资	不清楚
农林牧渔业	85.70	0	0	0	14.30
房地产业	61.50	0	38.50	0	0
社会服务业	75.00	3.60	14.30	3.60	3.60

（续）

行业类别	严格按制度、按时、足额发放	按时但不能足额发放	偶尔拖欠工资	经常拖欠工资	不清楚
传播与文化产业	80.00	10.00	5.00	0	5.00
其他	69.10	7.30	18.20	3.60	1.80
采掘业	62.50	37.50	0	0	0
制造业	72.60	10.50	9.50	4.20	3.20
电力、煤气及水的生产和供应业	66.70	11.10	22.20	0	0
建筑业	68.60	0	17.10	8.60	5.70
交通运输、仓储业	80.00	0	10.00	10.00	0
信息技术业	78.60	7.10	11.90	0	2.40
批发和零售贸易业	60.00	0	26.70	6.70	6.70
金融、保险业	85.00	10.00	2.50	0	2.50
总计	73.50	7.40	12.70	3.20	3.20

表 4-28　工资发放与行业卡方检验

	值	自由度	渐进显著性（双侧）
Pearson 卡方	110.954a	52	0
似然比	119.486	52	0

通过交叉分析与卡方检验可知不同性质的企业之间工资的发放情况差异较大，其中表现最差的是民营企业，严格按制度按时、足额发放工资的企业占比达到 67.00%；表现最好的是外商独资企业，严格按制度、按时、足额发放工资的企业占比达到 86.70%。这能够说明虽然在劳动合同签订制度上不同性质的企业表现都较好，但到达执行层面例如工资支付方面，可以看出民营企业的执行度有待提升（表 4-29、表 4-30）。

表 4-29　工资发放与公司性质交叉分析表

单位：%

公司性质	严格按制度、按时、足额发放	按时但不能足额发放	偶尔拖欠工资	经常拖欠工资
国有企业	83.00	9.00	6.00	2.00
民营企业	67.00	5.60	17.80	9.70
外商独资企业	86.70	6.70	0	6.70
中外合资企业	71.40	0	14.30	14.30
其他	76.50	11.80	9.80	2.00
总计	73.50	7.40	12.70	6.40

表 4 - 30　工资发放与公司性质卡方检验

	值	自由度	渐进显著性（双侧）
Pearson 卡方	58.649a	20	0
似然比	67.639	20	0

由表 4 - 31 可以看出企业加班情况差异较大，存在加班情况的企业占到了被调查企业的 85.83％，说明加班在企业中的广泛程度。在存在加班情况的企业中，属于强制加班的企业达到了 21.78％；属于自愿加班的企业达到了 32.03％；只要求在分内工作没有完成情况下加班的企业达到了 32.02％。这样的数据说明了员工的工作强度较大，但仅有部分来自公司强制安排。

表 4 - 31　企业加班情况

单位：％

选项	比例
有，且属于强制加班	21.78
有，但属于自愿加班	32.03
只要求在分内的工作没有完成的情况下加班	32.02
没有加班行为	14.17

同时在加班的企业当中，按规定支付了加班费的企业占总数的 67.13％。在支付了加班费的企业中，按规定足额支付加班费用的企业仅达 45.15％；支付费用，但没有达到相关标准的企业达到了 28.69％；支付加班费用，但自己也不知道是否达到标准的被调查企业达到 26.16％。这样的情况说明虽然员工完成了相应的工作，但并没有获得相对应的报酬，且对加班费的支付标准并不明晰（表 4 - 32）。

表 4 - 32　企业加班工资发放情况

单位：％

选项	比例
按规定足额支付加班费用	30.31
支付加班费用，但没有达到相关标准	19.26
支付加班费用，但自己也不知道是否达到标准	17.56
完全没有加班费	32.86

（4）企业对员工提供教育和培训情况。近半数的企业对员工提供教育和培训都建立了相应的规章制度，且执行良好，这说明企业对于人力资源这一重要

的竞争力给予了一定的重视，并且为员工更好地适应岗位及经济环境变化进行教育培训。同时执行较差的企业数量比例也达到了 35.17%，说明在执行层面企业还需要进一步提升（表 4 - 33）。

表 4 - 33　企业对员工提供教育和培训情况

单位:%

选项	比例
有相应的规章，且执行良好	48.82
有相应的规章，但是执行较差	35.17
没有	8.14
不清楚	7.87

4.3.3　企业对消费者、供应商的社会责任履行情况

4.3.3.1　企业与消费者的沟通情况

对于广大消费者来说，与产品初次了解或接触大都来源于广告宣传。商品广告重点是宣传、介绍商品的功能、质量，引导消费者的消费。为达到吸引消费者的目的，很多企业对于自己的产品广告渲染程度不一，常常夸大其作用和性能，带有导向性甚至影响到消费者的知情权。笔者对企业在产品广告中是否存在夸大其作用和性能，或者隐瞒其缺陷和不足的现象做了相应的调查。

仅有 9.07% 的被调查者认为自己所在企业的产品广告内容存在夸大其作用和性能情况，并且会影响消费者的知情权；22.31% 的企业广告内容虽然存在夸大其作用和性能的情况，但不会影响消费者的知情权。实际情况可能会大于数据呈现情况，但就调查数据看已有近 30% 广告内容存在过度渲染的情况，间接或直接地损害了消费者相关权益（表 4 - 34）。

表 4 - 34　广告对消费者知情权影响

单位:%

选项	比例
有，且会影响到消费者的知情权	9.07
有，但不会影响到消费者的知情权	22.31
没有，所有的用词都符合规定	41.80
不清楚	27.54

进一步通过交叉分析与卡方检验发现，采掘业与交通运输、仓储业相关产品广告存在夸大其作用和性能情况的企业占比最少，可能是由于行业性质引起

的，采掘业与交通运输、仓储业的业务量对广告宣传的依赖程度较小；同时，信息技术业与批发零售贸易业相关产品广告存在夸大其作用和性能情况的企业占比最多，这两者都依靠于广告宣传实现销量的增长。

通过交叉分析与卡方检验可知不同性质的企业产品对消费者知情权影响情况差异并不显著。将产品存在夸大其作用和性能情况占比加总可以看出外商独资企业中，仅有 13.4%的企业存在过度渲染产品功能和性能的情况，同时国有企业有 28%存在此类情况；42.9%的中外合资企业存在夸大其作用和性能的情况，说明这类企业在维护消费者相关权益上仍有较大欠缺（表 4 - 35、表 4 - 36）。

表 4 - 35　公司性质与广告对消费者知情权影响

单位：%

公司性质	有，且会影响到消费者的知情权	有，但不会影响到消费者的知情权	没有，所有的用词都符合规定	不清楚
国有企业	7.00	21.00	51.00	21.00
民营企业	9.10	23.40	37.60	29.90
外商独资企业	6.70	6.70	53.30	33.30
中外合资企业	14.30	28.60	28.60	28.60
其他	11.80	29.40	37.30	21.60
总计	9.00	23.30	41.80	25.90

表 4 - 36　公司性质与广告对消费者知情权影响卡方检验

	值	自由度	渐进显著性（双侧）
Pearson 卡方	30.357a	20	0.064
似然比	36.419	20	0.014

通过描述性统计可以看出，大部分企业都建立了投诉与售后机制、告知和召回机制、满意度回访机制。投诉与售后机制以及满意度回访机制是企业通过对顾客售中或售后的反馈进行收集和统计分析，获取企业是否做到正确理解并满足顾客当前及未来的需求，以此不断提高顾客的满意度，履行对消费者的社会责任。告知和召回机制则是发生在产品售后，当产品存在可能危及人身健康、财产安全的缺陷时，依法向政府部门报告，并告知消费者，从消费者手中无偿收回有问题的产品，实施予以修理、更换、赔偿等积极有效的措施，从而消除缺陷产品的危害风险，提高企业信誉。同时也有 20%左右的企业没有建立或不清楚是否建立投诉与售后机制、告知和召回机制及满意度回访机制（表 4 - 37）。

表 4 - 37　消费者沟通情况统计表

单位：%

选项	已建立				未建立	不清楚
	优秀	良好	一般	较差		
投诉与售后机制	30.40	30.20	17.20	2.90	5.00	14.3
告知和召回机制	27.50	27.00	18.30	4.00	5.60	17.70
满意度回访机制	27.50	27.00	18.30	4.00	5.60	17.70

在建立了相关沟通机制的企业中，超过 70％的企业都能够在投诉与售后机制、告知和召回机制及满意度回访机制中与消费者实现良好的沟通，这表明沟通机制的总体运行情况较好（表 4 - 38）。

表 4 - 38　消费者沟通机制运行情况

单位：%

选项	优秀	良好	一般	较差
投诉与售后机制	37.46	37.79	21.17	3.58
告知和召回机制	37.73	35.53	21.25	5.49
满意度回访机制	35.62	35.62	23.63	5.14

通过交叉分析与卡方检验获知不同的行业之间投诉与售后机制建立情况差异较大，其中社会服务业与建筑业相关机制建立情况较差，这说明社会服务业与建筑业对投诉与售后服务机制关注度较低。电力、煤气及水的生产和供应业企业"已建立并且相关制度运行情况优秀"。

通过交叉分析与卡方检验可知，不同公司性质的企业之间投诉与售后机制建立情况差异显著。国有企业的投诉与售后机制建立情况最好，89％的国有企业都建立了相关机制，并且 39％的国有企业相关机制运行情况优秀，33％的国有企业相关机制运行情况良好。说明国有企业关注消费者的反馈并且对售后服务关注度较高（表 4 - 39、表 4 - 40）。

表 4 - 39　不同公司性质的投诉与售后机制建立情况

单位：%

公司性质	已建立					未建立	不清楚
	优秀	良好	一般	较差	总计		
国有企业	39.00	33.00	14.00	3.00	89.00	1.00	10.00
民营企业	23.90	31.50	17.30	3.00	75.70	7.60	16.80
外商独资企业	46.70	20.00	20.00	0.00	86.70	6.70	6.70
中外合资企业	42.90	14.30	14.30	0.00	71.50	14.30	14.30

（续）

公司性质	已建立					未建立	不清楚
	优秀	良好	一般	较差	总计		
其他	31.40	21.60	25.50	3.90	82.40	2.00	15.70
总计	30.40	30.20	17.20	2.90	80.70	5.00	14.20

表 4 - 40　不同公司性质的投诉与售后机制建立卡方检验

	值	自由度	渐进显著性（双侧）
Pearson 卡方	59.073a	30	0.001
似然比	68.190	30	0.000

　　通过交叉分析与卡方检验可知，上市公司与非上市公司在投诉与售后机制建立情况上差异较大，其中，上市公司中已建立相关制度的企业运行情况较好，并且优秀与良好的企业比非上市公司高出 10 个百分点。未建立相关制度的上市公司占比为 1.1%，未建立相关制度的非上市公司占比为 6.3%，说明上市公司比非上市公司更注重消费者的售中服务与售后体验，同时对于上市公司而言声誉机制影响也更大，相对而言消费者的体验更为重要（表 4 - 41、表 4 - 42）。

表 4 - 41　上市属性和投诉与售后机制建立情况

单位：%

公司类型	已建立					未建立	不清楚
	优秀	良好	一般	较差	总计		
上市公司	33.00	35.10	12.80	2.10	83.00	1.10	15.90
非上市公司	29.60	28.50	18.70	3.20	80.00	6.30	13.80
总计	30.40	30.20	17.20	2.90	80.70	5.00	14.20

表 4 - 42　上市属性和投诉与售后机制建立情况卡方检验

	值	自由度	渐进显著性（双侧）
Pearson 卡方	17.071a	6	0.009
似然比	19.918	6	0.003

　　通过交叉分析与卡方检验可知，上市公司与非上市公司在告知和召回机制建立情况上差异较大，其中上市公司中建立了相关制度的企业占 76.6%，非上市公司有 70% 的企业建立了相关制度，两者相差 6.6%。并且未建立相关制度的企业中，非上市公司占比显著大于上市公司，说明上市公司比非上市公司

建立情况更好（表 4-43、表 4-44）。

表 4-43 上市属性与告知和召回机制建立情况

单位：%

公司类型	已建立				未建立	不清楚
	优秀	良好	一般	较差		
上市公司	29.80	23.40	20.20	3.20	2.10	21.20
非上市公司	26.40	25.70	13.70	4.20	9.20	20.70
总计	27.20	25.10	15.30	4.00	7.40	20.90

表 4-44 上市属性与告知和召回机制建立卡方检验

	值	自由度	渐进显著性（双侧）
Pearson 卡方	21.294a	6	0.002
似然比	24.598	6	0

通过交叉分析与卡方检验可知，不同行业的满意度回访机制差异较大，电力、煤气及水的生产和供应业表现最为出众，达到了 100%，说明与民生能源供应相关的国有企业对于消费者的满意度十分关注，相关国有企业的制度要求高于行业平均水平。同时金融、保险业 90% 的企业建立了相关制度，5% 的企业没有建立，可以说明金融、保险业对于消费者的体验关注度极高，这和市场的竞争性以及其与客户的紧密联系性相关。同时批发和零售贸易业只有 66.7%，其消费对象的极强流动性对于满意度调查产生了一定的障碍，可以说明该行业对应的消费者群体相较于金融、保险业固定客户而言具备极强的随机性，在信息管理上成本较高但相应收益不一定可以达到预期。同时建筑业与房地产业在满意度回访机制建立上处于行业劣势，并没有较好的表现，有待加强（表 4-45、表 4-46）。

表 4-45 不同行业的满意度回访机制建立情况

单位：%

行业类别	已建立					未建立	不清楚
	优秀	良好	一般	较差	总计		
农林牧渔业	28.60	28.60	14.30	14.30	85.80	0	14.30
房地产业	23.10	30.80	7.70	0	61.60	7.70	30.80
社会服务业	10.70	42.90	10.70	7.10	71.40	3.60	25.00
传播与文化产业	35.00	20.00	15.00	0	70.00	15.00	15.00
其他	23.60	23.60	23.60	3.60	74.40	1.80	23.60
采掘业	12.50	25.00	37.50	0	75.00	12.50	12.50

（续）

行业类别	已建立					未建立	不清楚
	优秀	良好	一般	较差	总计		
制造业	24.20	30.50	17.90	7.40	80.00	5.30	14.80
电力、煤气及水的生产和供应业	66.70	22.20	11.10	0	100.00	0	0
建筑业	25.70	31.40	5.70	0	62.80	11.40	25.70
交通运输、仓储业	40.00	20.00	10.00	0	70.00	10.00	20.00
信息技术业	33.30	23.80	21.40	4.80	83.30	2.40	14.30
批发和零售贸易业	20.00	6.70	33.30	6.70	66.70	6.70	26.70
金融、保险业	40.00	25.00	25.00	0	90.00	5.00	5.00
总计	27.50	27.00	18.30	4.00	76.80	5.60	17.70

表4-46　不同行业的满意度回访机制卡方检验

	值	自由度	渐进显著性（双侧）
Pearson卡方	174.872a	78	0
似然比	177.637	78	0

通过交叉分析与卡方检验可知，不同公司性质的企业在满意度回访机制建立情况上差异较大。其中，外商独资企业制度建立覆盖率达到86.7%、国有企业达到了85%，并且外商独资企业中制度建立且运行优秀的企业达到了全行业的53.3%，总体而言外商独资企业较为关注收集客户的满意度情况。同时中外合资企业表现较差，14.3%的企业没有建立相关的制度，28.6%的被调查者并不了解本企业是否建立了相应的制度，这说明制度的施行力度较弱或根本没有建立，可以看出中外合资企业对客户的满意度信息需求度不高（表4-47、表4-48）。

表4-47　公司性质与满意度回访机制

单位：%

公司性质	已建立					未建立	不清楚
	优秀	良好	一般	较差	总计		
国有企业	34.00	31.00	17.00	3.00	85.00	2.00	13.00
民营企业	22.80	26.90	18.80	4.60	73.10	7.60	19.30
外商独资企业	53.30	6.70	20.00	6.70	86.70	0	13.30
中外合资企业	28.60	14.30	14.30	0	57.20	14.30	28.60
其他	25.50	21.60	21.60	3.90	72.60	5.90	21.60
总计	27.50	27.00	18.30	4.00	76.80	5.60	17.70

表 4 - 48　公司性质与满意度回访机制卡方检验

	值	自由度	渐进显著性（双侧）
Pearson 卡方	56.154a	30	0.003
似然比	63.606	30	0

通过交叉分析与卡方检验可知，上市公司与非上市公司在消费者满意度回访机制建立上表现差异较为显著，主要差别体现在未建立制度的企业占比上，7%的非上市公司未建立相关制度，仅有 1%左右的上市公司未建立相关制度，这说明上市公司比非上市公司更看重消费者的反馈信息（表 4 - 49、表 4 - 50）。

表 4 - 49　上市属性与满意度回访机制建立情况

单位:%

上市属性	已建立					未建立	不清楚
	优秀	良好	一般	较差	总计		
上市公司	28.70	26.60	21.30	2.10	78.70	1.10	20.30
非上市公司	27.10	27.10	17.30	4.60	76.10	7.00	16.90
总计	27.50	27.00	18.30	4.00	76.80	5.60	17.70

表 4 - 50　上市属性与满意度回访机制卡方检验

	值	自由度	渐进显著性（双侧）
Pearson 卡方	15.012a	6	0.020
似然比	18.451	6	0.005

4.3.3.2　企业履行社会责任与销售额的关系分析

关于企业履行社会责任对企业销售额有正面效果的观点，有半数被调查者赞同正面效果显著的观点；有 34.91%的被调查者认为企业履行社会责任对企业的销售额有一些正面影响，但作用不大；有 2.1%的被调查者认为没有正面效果。统计可知绝大部分受访者赞同企业履行社会责任对企业的销售额有作用，但在效用的力度上差异较大。通过交叉分析与卡方检验可知，虽然大多数企业都认为履行社会责任对企业销售额有一定正向的影响，但不同公司性质的企业在社会责任履行的效用观点上差异较大。过半数的国有企业、中外合资企业认为社会责任履行对企业销售额有着正向作用，企业承担一定的社会责任可以促使销售额较大增长。上市公司与非上市公司在社会责任履行的效用观点上表现差异较为显著，主要体现在选择无正面效果的企业占比上，2.8%的非上市公司选择无正面效果，没有上市公司选择无正面效果，这说明上市公司比非上市公司更赞同履行社会责任会促进销售额增长的观点（表 4 - 51）。

表4-51　企业履行社会责任与企业销售额的关系

选项	比例（%）
正面效果显著	47.10
正面效果一般	34.91
无正面效果	2.10
不清楚	15.90

4.3.3.3　企业对供应商的责任要求

通过交叉分析与卡方检验可知，不同行业企业在对供应商合法资质的要求上差异较大，但总体而言大多数企业都要求与自己合作的供应商具备合法的资质。房地产业与金融、保险业对于供应商的合法资质要求严格，超过80%的企业都要求自己的所有供应商具备合法资质。国家对金融、保险业和房地产业一直采取强有力的管控措施，这也促成了企业在选择供应商时选择合法的供应商。社会服务业、传播与文化产业及批发和零售贸易业对于自己的供应商合法性要求为各行业最末，仅60%左右的企业对自己的所有供应商要求具备合法资质（表4-52、表4-53）。

表4-52　不同行业的供应商合法资质要求

单位：%

行业类别	所有供应商均要求	重要供应商	所有供应商均不要求	不清楚
农林牧渔业	71.40	14.30	0	14.30
房地产业	84.60	0	7.70	7.70
社会服务业	60.70	7.10	7.10	25.00
传播与文化产业	60.00	10.00	0	30.00
其他	69.10	12.70	1.80	16.30
采掘业	75.00	25.00	0	0
制造业	74.70	13.70	2.10	9.50
电力、煤气及水的生产和供应业	77.80	22.20	0	0
建筑业	65.70	17.10	0	17.20
交通运输、仓储业	70.00	10.00	0	20.00
信息技术业	61.90	16.70	2.40	19.10
批发和零售贸易业	60.00	13.30	0	26.70
金融、保险业	80.00	5.00	2.50	12.50
总计	70.10	12.40	2.10	15.30

表 4 - 53　不同行业的供应商合法资质要求卡方检验

	值	自由度	渐进显著性（双侧）
Pearson 卡方	84.289a	52	0.003
似然比	86.430	52	0.002

通过交叉分析与卡方检验可知，不同行业企业在对供应商合法性的要求上差异并不显著，绝大多数企业都要求供应商具备合法性。不同行业企业在对供应商履行社会责任的要求上差异显著。选择"不清楚"的被调查者较多，是因为供应商限制条件并不为所有企业职工所知，非相关职位的受访者由于工作范围受限并不了解具体情况，同时也反映出对社会责任的实际执行情况了解人群较少。40％的外商独资企业要求所有的供应商都应履行社会责任，同时 36％的国有企业要求所有的供应商都应履行社会责任，并且 16％的国有企业要求重要供应商履行社会责任（表 4 - 54、表 4 - 55）。

表 4 - 54　履行社会责任与公司性质

单位：%

公司性质	所有供应商均要求	重要供应商	所有供应商均不要求	
国有企业	36.00	16.00	12.00	36.00
民营企业	27.40	16.80	13.70	42.10
外商独资企业	40.00	13.30	0	46.70
中外合资企业	28.60	28.60	0	42.90
其他	47.10	11.80	9.80	31.30
总计	32.80	15.90	11.60	39.70

表 4 - 55　履行社会责任与公司性质卡方检验

	值	自由度	渐进显著性（双侧）
Pearson 卡方	50.530a	20	0
似然比	53.144	20	0

4.3.4　企业在生产安全和环保方面的社会责任履行情况

在企业发生事故时，对于相关信息的处理方式反映了企业对于公众利益的重视程度。部分受访者认为自己所在企业在面对事故时的态度是积极的，能够做到及时处理并向公众公布处理结果，以及事后做好预防；同时也有 12.7％的企业在事故发生时进行及时处理但并不告知公众，而是隐瞒处理的结果；6.6％

的企业在事故发生时并没有做到及时处理，在公布结果时也存在粉饰的嫌疑，可以看出在发生事故时并不是所有企业的处理方式都尽如人意（表4-56）。

表4-56　企业对公众利益重视程度表

选项	比例（%）
及时处理，并向公众及时公布处理结果，并以后做好预防	61.60
处理及时，并且隐瞒处理结果	12.70
处理不及时，并且公布结果时有粉饰的嫌疑	6.60
不清楚	19.00

　　本节将企业在发生事故时的处理方式进行整理，并与企业所在行业、性质以及是否上市进行交叉统计分析，结果发现不同行业企业对供应商的社会责任履行情况要求差异较大，不同性质与是否上市则区别不显著。

　　通过交叉分析与卡方检验可知，不同行业的企业在对事故的处理方式上差异显著。15.40%的房地产业企业与14.30%的农林牧渔业企业在事故发生时并没有做到及时处理，在公布结果时也存在粉饰的嫌疑；71.40%的农林牧渔业企业、88.90%的电力、煤气及水的生产和供应业企业、75.00%的采掘业企业及时处理，并向公众及时公布处理结果，并在以后做好预防，这些数据说明了不仅行业之间存在较大差异，行业内部的差异也较为明显。在事故处理方式上电力、煤气及水的生产和供应业企业总体处理方式较好（表4-57、表4-58）。

表4-57　事故处理方式与行业交叉分析表

单位：%

行业类别	及时处理，并向公众及时公布处理结果，并在以后做好预防	处理及时，并且隐瞒处理结果	处理不及时，并且公布结果时有粉饰的嫌疑	不清楚
农林牧渔业	71.40	0	14.30	14.30
房地产业	53.80	7.70	15.40	23.10
社会服务业	60.70	10.70	10.70	17.80
传播与文化产业	55.00	10.00	0	35.00
其他	50.90	23.60	0	25.40
采掘业	75.00	12.50	12.50	0
制造业	73.70	11.60	6.30	8.40
电力、煤气及水的生产和供应业	88.90	0	0	11.10

（续）

行业类别	及时处理，并向公众及时公布处理结果，并在以后做好预防	处理及时，并且隐瞒处理结果	处理不及时，并且公布结果时有粉饰的嫌疑	不清楚
建筑业	48.60	17.10	11.40	22.80
交通运输、仓储业	70.00	10.00	10.00	10.00
信息技术业	47.60	9.50	4.80	38.10
批发和零售贸易业	46.70	20.00	6.70	26.70
金融、保险业	72.50	7.50	10.00	10.00
总计	61.60	12.70	6.60	19.00

表 4-58　事故处理方式与行业卡方检验

	值	自由度	渐进显著性（双侧）
Pearson 卡方	131.281a	52	0
似然比	144.233	52	0

4.3.5　企业对公益活动和社区活动的社会责任履行情况

通过对公益活动和社区活动的社会责任履行情况的问卷，本节将分别从三个方面来确定企业对公益活动和社区活动的社会责任履行情况。

从参与公益活动和社区活动的状况来看，超过 50％ 的企业都参加或者经常参加公益活动和社区活动。因此，相较于其他方面的社会责任，企业对公益活动的重视程度较高。其中，有近 67％ 的企业都参加或经常参加公益捐款活动。在媒体运营中，捐款活动的报道力度相较于企业所承担的其他社会责任来说更强，而且更易被大众接受。在此将从企业是否上市的角度来研究上市公司与非上市公司在参加公益活动和社区活动的现状和态度。对此，在这分为三个方面，分别是企业公益活动态度、公益捐款活动和社区参与活动。

首先从公益活动态度来看，不论企业是否上市，超过 60％ 的企业在公益活动态度方面都比较积极，但是上市公司明显积极性强于非上市公司，其经常参与的比例达到 48.20％。从公益捐款活动来看，情况与第一项相差不大，上市公司捐款积极性也强于非上市公司。而在参与社区活动方面，非上市公司经常参与的比例不高，只有 29.60％，相较于上市公司来说，有比较大的差距。所以，从整体来看，企业对于公益活动和社区活动方面有较强的积极性，社区活动和公益活动也是企业普遍接受并形成共识的承担社会责任的重要方式。并且通过公益和社区，企业所做出的努力能更为直观地反映在大众面前，给企业带来的效益更加明显且快速。因此，对于企业而言，在公益和社区方面比较不错。从企业的性质来看，企业规模越大，承担社会责任的意识越强，在参与社会公益和社区活动方面展现出的积极性也越强（表 4 - 59 至表 4 - 62）。

表 4 - 59　公益活动和社区活动参与现状

单位：%

	经常参加	偶尔参加	只是关注	不清楚
公益活动态度	35.7	28.87	12.34	19.42
公益捐款活动	35.43	30.97	10.24	19.16
社会参与活动	32.55	30.18	11.55	19.95

表 4 - 60　上市属性与企业参与公益活动态度卡方检验

	值	自由度	渐进显著性（双侧）
Pearson 卡方	17.885a	3	0
似然比	18.096	3	0
线性关联	7.180	1	0.007

表 4 - 61　上市属性与企业参与公益捐款卡方检验

	值	自由度	渐进显著性（双侧）
Pearson 卡方	19.777a	3	0
似然比	19.984	3	0
线性关联	3.181	1	0.074

表 4 - 62　上市属性与企业参与社区活动卡方检验

	值	自由度	渐进显著性（双侧）
Pearson 卡方	20.016a	3	0
似然比	20.029	3	0
线性关联	4.316	1	0.038

从表 4 - 63 来看，企业捐款的使用方向主要集中在救灾扶贫上，在出现较严重的自然灾害时，企业积极参与捐款并通过媒体的报道以期得到的社会效益大于企业承担社会责任的成本。因此，不论企业是否上市，在出现自然灾害时都愿意承担一份责任。对于规模较大的企业来说，他们有足够的实力去承担更多的社会责任，其内部制度和文化也领先于其他的企业，这些企业也更愿意去

承担更多的责任。在环保事业和社会基础建设上的投入尤为明显，投入环保事业和社会基础建设的成本巨大，社会收益周期较久。因此，只有具有一定规模和发展完善的企业才更加愿意去承担更多的社会公益项目。

表 4 - 63　企业的公益捐款主要去向

选项	小计	比例（%）
环保事业	77	20.21
救灾	209	54.86
扶贫	170	44.62
社区公益	132	34.65
社会基础建设	84	22.05
其他，请自行补充	49	12.86

可以看出，被调查者认为企业最应该提高员工的社区服务意识，鼓励员工走进社区。其次被调查者认为企业应当和社区联合，开展有益于社区发展的活动同时为合适的社区人员提供工作岗位。从调查情况来看，企业应当提高与员工和社区人员息息相关的社区服务意识，从提高员工社区服务意识开始，密切与社区对接，开展一些文化活动。在为社区服务的同时提高了企业社区公益的参与度，直接有效地提高企业的社会声誉，进而提高企业的社会价值（表 4 - 64）。

表 4 - 64　企业对促进社区发展的意识情况

选项	小计	比例（%）
提高员工的社区服务意识，鼓励员工走进社区	225	59.06
企业和社区联合，开展有益于社区发展的活动	194	50.92
多举办与社区有关的文化活动	160	41.99
为合适的社区人员提供工作岗位	185	48.56
对社区的贫困家庭提供价格优惠服务	130	34.12
若有其他，请补充	29	7.61

4.4　本章小结

本章通过对企业的问卷调查与实地调研访谈，了解到现阶段企业社会责任履行现状与对社会责任评价的现状。从企业履行社会责任总体态度看，绝大部分企业均能较好地理解并自觉践行社会责任；从各类具体利益相关者看，企业对于社区、慈善责任履行情况要好于对内部员工的责任；合法合规经营的法律责任均能较好完成。但对企业有关社会责任评价认识不够深入，虽认为应该进行社会责任评价，但如何评价则没有比较清晰的实现路径。总体而言，现代企业承担社会责任改进和提升的空间很大，企业可以从多方面入手建立合理有效的社会责任评价机制，并落实社会责任计划。

基于灰色关联分析法的企业社会责任评价研究

灰色系统理论最早是由我国著名学者邓聚龙教授于 20 世纪 80 年代初提出的，它主要针对"部分信息已知、部分信息未知"的信息系统，通过对系统的已知信息进行分析、建模、控制、优化等，进而提取有价值的信息，最终实现对系统的运行行为和演化规律等的正确描述。灰色系统理论从信息论、系统论的角度看待研究对象。系统是一个由若干相互关联、相互制约元素所组成的具有某种功能的整体，任何系统均有一系列的外部特征，对外部特征进行分析可以了解系统内部的运行机理。

灰色系统理论自诞生以来，已经被成功地应用于多学科领域。灰色系统理论包括灰色系统的建模理论、灰色因素的关联分析理论、灰色预测理论和决策理论、灰色系统分析和控制理论、灰色系统的优化理论等内容，本章主要基于灰色预测系统与灰色关联分析理论及建模而展开。

5.1 基于灰色关联分析法的企业社会责任分析模型构建

5.1.1 灰色系统理论应用到企业社会责任分析的可行性

为明确企业履行社会责任的变动趋势，需对企业社会责任未来发展情况进行预测。企业社会责任的变化受企业内部管理者、企业性质与外部经济、政策、社会等诸多因素的影响和制约，因此用回归模型、时序模型等方法计算出的预测值与实际值的误差较大，且回归模型、时序模型等方法建立在历史统计资料的基础上，需要分析丰富的历史资料，并且要求数据变化过程表现出一定的规律性。但企业社会责任研究历史较短，难以满足以上条件。

而采用灰色系统理论的预测方法就能较好地解决这个问题，由于灰色系统理论着重研究"小样本，贫信息不确定"问题和"外延明确，内涵不明确"的对象，并且不需要过多的样本数据，所以可以弥补企业社会责任历史统计数据较少的不足。灰色系统理论用于预测分析尤其是在数据序列较短且具有明显上升趋势时预测精度较高，同时该方法还可以避免个人经验、知识、偏好等造成的人为主观臆断，因此可用来预测 2018—2022 年企业社会责任整体的变动趋势。

5.1.2　企业社会责任的 GM（1，1）模型构建

为了更好地反映企业社会责任的现状，选取《中国企业社会责任蓝皮书》（黄群慧等，2017）一书给出的中国企业 300 强企业社会责任指数作为研究对象，来构建灰色预测 GM（Gray Model）模型。

（1）生成时间序列。灰色系统理论认为，可以把随机量看作是在一定空间和时间范围内变化的灰色量。对灰色量的处理不是寻求它的统计规律和概率分布，而是将杂乱无章的原始数据，通过一定的处理，变成有规律的时间序列数据。为了减弱原始时间序列的随机性，先要对原始序列进行数据处理，即通过累加方式生成时间序列。原始序列为 $X^{(0)}$，生成数列为 $X^{(1)}$，且

$$X^{(1)} = \left[X^{(1)}(t_1), X^{(1)}(t_2), \cdots, X^{(1)}(t_n) \right]$$

$$= \left[X^{(0)}(t_1), \sum_{k=1}^{2} X^{(0)}(t_k), \cdots \sum_{k=1}^{n} X^{(0)}(t_k) \right] \quad （5-1）$$

接下来对 $X^{(0)}$ 作准光滑型检验，对 $X^{(1)}$ 检验是否具有准指数规律。两者满足后，可发现生成时间序列接近指数曲线，故认为是光滑的离散系数，可用微分方程进行描述。

（2）灰色决策模型 GM（1，1）的建立。根据《中国企业社会责任蓝皮书》中的中国企业 300 强企业社会责任指数，选取 2013—2017 年的数据进行整理，如表 5-1 所示。

表 5-1　2013—2017 年企业社会责任指数表

项目	2013 年	2014 年	2015 年	2016 年	2017 年
社会责任指数 X_1	26.4	32.9	34.4	35.1	37.4

对生成的时间序列，GM（1，1）模型相应的微分方程为：

$$\frac{\mathrm{d}X^{(1)}(t)}{\mathrm{d}t} + aX^{(1)}(t) = u \quad （5-2）$$

式中 $X(t)$ 表示 t 年社会责任指数；a，u 为待定参数。

求解微分方程，即可得到灰色决策模型（时间响应方程）如下：

$$\hat{X}^{(1)}(k+1) = \left[X^{(0)}(1) - \frac{u}{a} \right] e^{-ak} + \frac{u}{a} \quad (k = 1, \cdots, n) （5-3）$$

式中参数 a 和 u 用最小二乘法估计。

设：

$$\hat{a} = [a, u]^T = (B^T B)^{-1} B^T Y$$

其中：

$$B = \begin{cases} -\dfrac{1}{2}\big[X^{(1)}_{(1)} + X^{(1)}_{(2)}\big] & 1 \\ \vdots & \vdots \\ -\dfrac{1}{2}\big[X^{(1)}_{(k-1)} + X^{(1)}_{(k)}\big] & 1 \end{cases} \qquad (5-4)$$

$$Y = \big[X^{(0)}_{(2)}, X^{(0)}_{(3)}, \cdots, X^{(0)}_{(n)}\big]^T \qquad (5-5)$$

代入数据，解得时间响应方程，求得：

$a = -0.0408$，$u = 31.092\,934$，则 $u/a = -761.993\,7$

$$\hat{X}^{(1)}(k+1) = \Big[X^{(0)}(1) - \frac{u}{a}\Big]e^{-ak} + \frac{u}{a} = 788.393\,7e^{0.040\,8k} + 761.993\,7$$

$$(5-6)$$

$$\hat{X}^{(0)}_1(k+1) = \hat{X}^{(1)}_1(k+1) - \hat{X}^{(1)}_1(k)$$

（3）残差分析。为判断预测模型的准确性，将 $k=1$，2，3，4，5 的数值代入式 5-6，将预测值与实际值进行比较，通过计算绝对误差和相对误差，检验判断误差变动是否平稳。

其中绝对误差 $\varepsilon^{(0)}_k = \big|X^{(0)}_k - \hat{X}^{(0)}_k\big|$，相对误差 $q(k) = \dfrac{\varepsilon^{(0)}_k}{x^{(0)}_k} \times 100\%$。

从表 5-2 中可以看出，预测值与实际值之间的误差最大不超过 1.43%，平均相对误差为 0.73%，可见预测准确度较高，如图 5-1 所示。

表 5-2　残差计算表

年份	K	实际值 $X^{(0)}_k$	预测值 $\hat{X}^{(0)}_k$	误差 $\varepsilon^{(0)}_k$	相对误差 $q(k)$
2013	1	26.4	26.4	0	
2014	2	32.9	32.84	0.06	0.18%
2015	3	34.4	34.21	0.19	0.56%
2016	4	35.1	35.61	0.51	1.43%
2017	5	37.4	37.12	0.28	0.75%

（4）关联度分析。关联度 r 说明了生成序列和原始序列这两个序列之间的关联程度，用来描述模型模拟序列值对原始序列值拟合的程度。

$$\eta_{(k)} = \frac{\min\{\varepsilon^{(0)}\} + \rho\max\{\varepsilon^{(0)}\}}{\varepsilon^{(0)}_{(k)} + \rho\max\{\varepsilon^{(0)}\}} \qquad r = \frac{1}{n}\sum_{k=1}^{n}\eta_{(k)} \qquad (5-7)$$

其中 ρ 为分辨率，$0 < \rho < 1$，一般取 $\rho = 0.5$，经验表明，当 $\rho = 0.5$ 时，关联度大于 0.6，模型的拟合程度就能达到比较满意的程度。

将 $\rho = 0.5$ 代入，求得 $r = \dfrac{1}{n}\sum_{k=1}^{n}\eta_{(k)} = 0.638\,5 > 0.6$，说明模型的拟合程

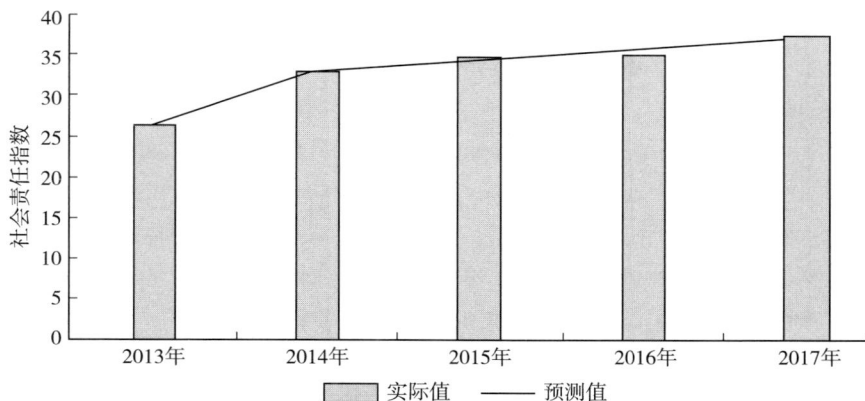

图 5 - 1　实际值与预测值比较趋势图

度较满意。

为进一步确定预测模型的精确性，故进行残差分析。

（5）后验差分析。

①计算原始序列方差：

$$s_1^2 = \frac{1}{n} \sum_{k=1}^{n} \left[x_k^{(0)} - \bar{x} \right]^2$$

其中：

$$\bar{x} = \frac{1}{n} \sum_{k=1}^{n} x_{(k)}^{(0)} \qquad (5-8)$$

原始序列方差：

$$s_1^2 = \frac{1}{n} \sum_{k=1}^{n} \left[x_k^{(0)} - \bar{x} \right]^2 = 13.802\ 4(\bar{x} = 33.24)$$

②计算残差序列方差：

$$s_2^2 = \frac{1}{n} \sum_{k=1}^{n} \left[\varepsilon_k^{(0)} - \bar{\varepsilon} \right]^2$$

其中：

$$\bar{\varepsilon} = \frac{1}{n} \sum_{k=1}^{n} \varepsilon_{(k)}^{(0)} \qquad (5-9)$$

代入，求得：

$$s_2^2 = \frac{1}{n} \sum_{k=1}^{n} \left[\varepsilon_k^{(0)} - \bar{\varepsilon} \right]^2 = 0.032\ 39(\bar{\varepsilon} = 0.208)$$

③计算后验差比值：

$$C = \frac{s_2}{s_1} \qquad (5-10)$$

将 s_1 和 s_2 代入，得到：

$$C = \frac{s_2}{s_1} = \frac{0.179\,933}{3.715\,158} = 0.048\,43$$

④小误差频率。

$$P = \{[\varepsilon^{(0)} - \bar{\varepsilon}] < 0.674\,5s_1\} \qquad (5-11)$$

由于 $0.674\,5s_1 = 9.309\,7$；而 $[\varepsilon^{(0)} - \bar{\varepsilon}]$ 其值分别为 $0.043\,26$，$0.021\,90$，$0.000\,3$，$0.091\,2$ 和 $0.005\,2$，均小于 $0.674\,5s_1$，故 $P=1$，对照表 5-3 模型精度等级表，查出模型对应的精度等级，$P>0.8$，$C<0.5$，可见模型的精度为 2 级（良），故可用该模型对未来的企业社会责任进行预测。

表 5-3　模型精度等级表

精度等级	P	C
1 级（优）	＞0.95	＜0.35
2 级（良）	＞0.8	＜0.5
3 级（合格）	＞0.7	＜0.65
4 级（不合格）	≤0.7	≥0.65

（6）2018—2022 年企业社会责任指数变动趋势预测。经过残差检验、关联度分析以及后验差检验，可见模型具有较好的预测精度，故利用该模型可对2018—2022 年企业社会责任指数变动趋势进行预测，预测结果如表 5-4 所示。

表 5-4　2018—2022 年企业社会责任指数预测结果

项目	2018 年	2019 年	2020 年	2021 年	2022 年
企业社会责任指数	38.65	40.26	41.94	43.69	45.51

5.1.3　预测结果分析

表 5-4 的预测结果表明，随着全国社会、经济的迅速发展，2018—2022年企业社会责任指数有了明显的增加，年平均增长率达到 4.17%，可见企业社会责任存在明显改善。那么哪些要素会对促进企业社会责任改善产生最重要的影响，这就需要构建相应的评价模型来进一步讨论，而灰色关联分析法为这个问题提供了一个新的解决视角。

5.2　企业社会责任评价指标体系构建及指标权重确定方法

5.2.1　企业社会责任评价指标体系构建

根据企业社会责任和利益相关者理论的具体要求，将利益相关者具体划分为股东权益、员工权益、债权人权益、客户权益、供应商权益、政府权益和社区权益这七大类。与传统只考虑股东利益的划分相比，利益相关者分类更全面和完整。

通过查阅国内外文献和进行大量的问卷调查，发现企业社会责任主要体现在企业的法律责任、企业的经济责任、企业对员工的责任、企业对消费者以及商业伙伴的责任、企业对生产和环境的责任、企业对社区的责任等六个方面。具体评价指标解释如下。

5.2.1.1　法律责任

法律责任是企业社会责任中最为基础的责任，也是企业必须要达到的根本要求。主要包含依法纳税、合法合规经营等，具体如下。

（1）依法纳税。企业必须按照法律规定的要求，依法缴纳税款，这是每个企业应尽的义务。《中华人民共和国税收征收管理法》（2015年4月修正）正是为了加强税收征收管理，规范税收征收和缴纳行为而制定的。

（2）合法合规经营。该指标是指除依法纳税以外遵守法律法规进行经营，包括遵守《公司法》《劳动合同法》等相关法律法规。如果是上市公司，还应遵守《证券法》等法律法规。

5.2.1.2　经济责任

（1）盈利能力。盈利能力从简单的方面来进行解释就是指一个企业是否具有赚钱的基本能力，即一个企业在销售完成之后，所能够获得的收益与生产成本之间的差额。对于一个企业来说，盈利能力是企业的生存之本，并且也是其发展好坏的至关重要的因素。

（2）偿债能力。偿债能力表示企业用其资产来偿还长期债务或短期债务的能力。企业是否有能力支付现金和偿还债务，是企业健康生存和可持续发展的关键因素。企业偿债能力也是反映企业财务状况和经营能力的重要检测指标。

（3）创新能力。创新能力是企业能否与其他同行拉开差距的一个重要能力，创新能力主要指企业和员工对于自身产品和服务更新升级的能力，主要体现在企业生产的产品和提供的服务上。

5.2.1.3　对员工的责任

有效地保护劳动者的合法权益是企业健康发展的基础。根据《中华人民共和国劳动法》的有关规定，应在劳动关系、工资保障、社会福利保障、安全生产等方面切实保护劳动者的基本权益、生命安全和健康不受侵犯和损害。该指标具体表示为如下几个方面。

（1）签订劳动合同。签订劳动合同是维护员工权益的根本体现，通过劳动合同的订立，明确双方的权利义务及责任，对合同双方当事人产生相应的法律约束力，如果发生了劳动纠纷则是处理争议的依据。

（2）保障员工基础工资。企业必须要保障员工工资，保障员工合法权益。无故拖欠员工工资等行为会有损企业在员工心中的地位，久而久之会让企业的社会影响力变差，导致企业出现经营困难的情况，这种严重的后果也是企业不承担社会责任所导致的。

（3）足额缴纳社会保险。企业应严格按照社会保障的规定保证职工可以享受国家规定的基本社会福利，包括社会养老保险、医疗保险、失业保险、工伤保险、生育保险以及住房公积金等，使职工安心工作。社会保险从客观上来说是一种社会经济制度，对劳动者在因年老、失业、患病、工伤、生育而减少劳动收入时给予经济补偿。社会保险由政府统一管理，促使一个团体以其部分收入作为社会保险费设立社会保险基金。在一定条件下，被保险人可以从基金中获得固定收益或损失补偿。这是一个再分配系统，其目标是确保劳动的生产和再生产以及社会的稳定。在我国，社会保险可以被认为是社会保障体系中的一个重要构成部分，在社会保障体系中占有极为重要的地位。此外，社会保险也是社会保障的一种支付方式，资金主要由雇主和员工自行支付，政府进行一定的财政补贴。但劳动者需要履行好法定的支付义务，符合法定条件，才能享受到相对应的社会保险待遇。

（4）职工再教育责任。这一指标考察企业对员工职业发展的重视程度，企业教育是向员工或客户传播知识、技术或价值观。它的主要目的是提高和加强员工素质，从而使员工成为合格的员工，进而提高企业的竞争力。这方面的主要内容包括：企业的历史、现状、管理经验、价值和文化传统；企业的职工需要具有扎实的专业知识和熟练的专业技能；企业产品的介绍以及与产品相关的系统知识；经营、服务的意识和态度。

（5）合理的时间和工作环境。企业为员工提供合理的工作时间以及舒适安静的工作环境，在承担社会责任的同时可以有效地减少工伤的发生率，积累良好的声誉，赢得公众的信任和支持，促进企业可持续发展。企业应遵守相关法律法规，规定员工每周工作时间不超过 48 小时，每 7 天至少休息 1 天。加班费应该高于正常工作时间的基本工资，且加班的总时间不得超过 12 个小时。无论企业是否提供健康、安全的工作环境，都应采取措施避免发生工伤事故，保护劳动者的安全和健康不受侵权和损害。

5.2.1.4 对消费者以及商业伙伴的责任

企业产品、服务的安全和质量将直接影响消费者和商业伙伴的切身利益。该指标主要包括售后服务保障责任、消费者满意度、遵守合约和公平竞争等四个方面的具体内容。

（1）售后服务保障责任。售后服务水平是一项主要考察企业是否建立并且完善了售后服务体系的重要指标，包括服务意识、服务态度、服务水平、服务质量等。在日益激烈的市场竞争中，一个好的售后服务是提高消费者满意度和忠诚度的主要途径，是树立企业信誉和忠诚度的最佳办法，也是传播一个企业负责任形象的重要途径。

（2）消费者满意度。根据有关实证研究的结果，有 96％的消费者并不会抱怨服务不好，但是 90％的对服务不满意的消费者将不会再购买该公司的产品或者服务，甚至将会告诉他人也不要再购买该公司产品。售后服务质量在很大程度上影响着消费者的满意程度。优质的售后服务是品牌经济的产物，它已经引起了企业的广泛注意。在激烈的市场竞争中，企业需要不断提高保护消费者权益的意识并关注消费者态度。现在的消费者已不再只关心产品本身的质量好坏，在产品质量和性能类似产品选择上，更愿意选择有优质的售后服务的产品。客观上讲，优质的售后服务是品牌经济的优势之处，名牌产品往往有更好的售后服务。名牌产品的价格通常高于其他品牌，一方面是基于成本和产品的质量，另一方面则是名牌产品在销售策略中考虑了售后服务成本。

如果售后服务质量越高客户的满意度则自然会越高，这就说明产品在很大程度上符合了客户的要求；反之，如果售后服务较差或受到了客户的投诉，客户满意度就自然会降低，甚至客户会对此产生不满，严重影响到该企业的市场口碑。客户通常会持续购买自己满意的产品。

（3）遵守合约。企业与其合作者之间要遵守合约规定，违约者必须受到应有的惩罚。信用是合作的基础。合同的履行规则是指合同或者特定情况下适用的具体标准，双方在履行合同时必须共同遵守[①]。发生纠纷时，双方应主动承担责任，不得相互推诿，并按合约规范处理。

（4）公平竞争。即使是竞争者，也不能做违法的事情，要按照规章制度办事。在市场竞争中，最为重要的就是公平二字，公平竞争对于任何一个企业来说都是相当重要的。所有企业都能公平竞争，对于整个市场发展而言，是相当光明的。

5.2.1.5　对生产和环境的责任

企业一方面应该合理利用并且节约利用资源，从而减少环境污染；另一方面，应该承担控制资源浪费造成的环境污染的成本。这一级指标主要包括节约能源责任、环境保护责任以及安全生产责任。

（1）节约能源责任。清洁能源，也就是我们常说的绿色能源，是指那些不排放污染物、能够直接用于生产生活的能源，包括核能等"可再生能源"。清洁能源有着广阔而深厚的潜力，目前越来越多的清洁能源开始被人们不断地发现和利用。在不久的将来，清洁能源将会在我们的日常生活中发挥极为重要的

---

① 柳经纬，2014.合同法［M］.北京：中国民主法制出版社.

积极作用。使用清洁能源是环保的重要手段之一。

（2）环境保护责任。环境保护的意义在于解决现实或潜在的环境问题，协调人与环境之间的关系。保护环境是我们每个公民的责任和义务，能够在一定程度上保证经济社会可持续发展。我们应该从自身做起，从每天的点滴小事做起，形成一个良好的生活习惯。

（3）安全生产责任。企业应调查员工的健康和安全状况，尽量减少员工工伤情况的出现。但在工伤出现的情况下，企业也不要逃避责任，要给予受伤员工合理的帮助。工伤赔偿标准也就是我们通常所说的工伤保险标准，它指的是工人应该享受的补偿项目和标准。在还没有参加工伤保险期间，对于劳动者在工作中所遇到的工伤，用人单位必须按照工伤保险具体条例中具体明确的规定来对工伤支付费用。

5.2.1.6　企业对社区的责任

企业不仅要通过创造财富来为社会做出贡献，还要承担道德责任，回馈社会。企业对社区的责任包括扶贫与防返贫责任、公益慈善捐助以及对社区的贡献等责任。

（1）扶贫与防返贫责任。在我国脱贫攻坚取得全面胜利的过程中，企业作为社会的一员，其所承担的扶贫责任起到了巨大作用。东风汽车公司、恒大集团、中信银行等一大批企业参与到精准扶贫工作中并做出了各自贡献。如：东风汽车公司大力推进扶贫攻坚"赋能工程"，搭建全价值链帮扶体系，扶志扶智并重，为贫困群众赋能。在技能培训方面，投入 150 万元，围绕藏餐、中餐、宾馆服务等专业培训西藏昌都农牧民群众 40 余人，并推荐就近就业；投入 90 万元交流培训西藏 17 名基层党政干部，提升干部群众增收脱贫致富技能。在教育方面，通过"东风润苗行动"，共投入 2 000 万元资金，在湖北援建 12 所希望小学，帮助 5 000 余名学生完成学业。2022 年中央 1 号文件指出，要牢牢守住不发生规模性返贫底线。政府工作报告再次提出，"全面巩固拓展脱贫攻坚成果""确保不发生规模性返贫"。因此，要切实维护和巩固脱贫攻坚成就，构筑好防返贫的"防火墙"尤为重要。企业在其中应承担相应的责任并发挥应有的作用。

（2）公益慈善捐助。公益慈善捐助就是以人道主义精神作为出发点，以需要帮助的人为对象，这是企业最高层次的社会责任。据福布斯 2021 中国慈善榜数据显示：上榜的 100 位企业家（企业）现金捐赠总额为 245.1 亿元，与 2020 年的 179.1 亿元相比，大幅上涨 37%。有 51 家企业捐赠金额过亿元，捐赠领域主要围绕巩固脱贫攻坚衔接乡村振兴、抗疫救灾、绿色双碳等，深入开展慈善捐助与公益帮扶，承担起企业社会责任。

（3）对社区的贡献。企业是社会的组成部分，也是社区的组成部分，积极回馈社区是企业应尽社会责任中不可缺少的环节。包括为社区提供就业机会、参与社区服务与社区建设等。国务院发展研究中心原副主任、中国企业评价协会会长侯云春明确提出[①]：社区服务是企业履行社会责任的最佳平台。因为社区服务涉及的领域和群体非常广，所以为社区提供服务的企业履行的社会责任也更重要。当然，企业同时也要注意社区服务的规范性、安全性，提高社区服务质量。

目前，企业参与社区服务与建设的方式呈现多样化趋势。如：国有企业党组织、党员到社区"双报到"是加强党建工作的创新模式，也是使国有企业在职党员为民办实事、办好事，承担社会责任的重要载体。在疫情防控态势下，企业员工积极加入社区抗疫志愿者行列体现了企业社会责任担当。

基于上述指标的分析，构建企业社会责任评价指标体系表，包括6个一级指标，20个二级指标，如表5-5所示。

表5-5　企业社会责任评价指标体系表

一级责任指标	二级责任指标
法律责任	合法合规经营
	依法纳税
经济责任	盈利能力
	偿债能力
	创新能力
企业对员工的责任	签订劳动合同
	保障员工基础工资
	足额缴纳社会保险
	职工再教育责任
	合理的时间和工作环境
企业对消费者以及商业伙伴的责任	售后服务保障责任
	消费者满意度
	遵守合约
	公平竞争
企业对生产和环境的责任	节约能源责任
	环境保护责任
	安全生产责任
企业对社区的责任	扶贫与防返贫责任
	公益慈善捐助
	对社区的贡献

①　摘自侯云春在2021年12月25日第二届中国智慧服务论坛上的主题演讲。

5.2.2　社会责任的评价指标权重的确定方法

确定权重和执行权重是在多目标决策过程中极为重要的一个环节，之所以重要，是因为多目标决策的中心思想是要将多目标决策的结果进行纯量化，即要通过一定的方法、技术操作以及规则制定等将各个不同类型的目标的实际价值或效用值转换为一个综合值；或者，根据一定的方法和技术，将多目标决策问题逐个转化为单目标决策问题。权重赋值是否合理对最终评价结果是否科学合理有着巨大影响。因此，权重分配必须科学准确，这就需要找到一种合适的方法来确定权重的大小。根据原始数据来源和计算过程的不同，大致可以分为主观赋权法、客观赋权法、主客观综合集成赋权法。

（1）主观赋权法。主观赋权法是人们研究较早、较为成熟的一种权重确定方法。它是指根据决策者（或专家）主观上对各个属性的重视程度来确定属性的权重，其原始数据由专家根据经验主观判断而得到。常用的主观赋权法有层次分析法（AHP）、专家调查法、最小平方法、环比评分法等。其特性是决策或评价结果具有较强的主观随意性，客观性较差，同时增加了对决策分析者的负担，在应用中具有较大局限性。

（2）客观赋权法。相对于其他计算权重的方法来说，客观赋权法的研究时间较短，但具有无主观随机性的重要优势，可以达到不增加决策者其他方面负担的要求。其决策结果以及评价结果都具有非常强的数学基础。但这种加权方法的弊端是要依赖现实问题的具体数据变化，从而导致决策者的通用性和参与程度相对于其他方法较差。这主要是因为没有充分合理地考虑到决策人自身的主观意向，且计算的方法大多都相对复杂。常用的客观赋权法主要有主成分分析法、熵技术法、均方差法、变异系数法、离差最大化法、简单关联函数法等。在这些方法中最大熵权技术法相对来说用得比较多，因为最大熵权技术法最后计算出的数据属于决策矩阵，所计算得出的属性权重值可以从本质上反映出该属性值的离散程度的大小。

熵值法。信息熵是一种用于测量系统的无序程度的一种定量指标（是指序在序概率上的一种序关系），如果系统内序的关系越明显，那么就越容易地区别系统内部的各个不同的对象。采用熵值法确定指标权重的思想是，信息量大的指标应给予相对较小的权重。熵值在确定权重的具体方法方面较为简单容易，已经有部分研究者将其实际应用于企业社会责任的评价之中，比如梁星、肖丽娜通过熵值法来确定煤炭企业以及其他相关行业的具体评价指标的权重大小。周宪锋、高顺成则通过熵权法确定了乳品企业社会责任的评价指标的权重。李因果、李新春（2006）利用信息熵方法计算了我国区域信息化评价中的客观权重系数，得出的结论基本上符合了区域信息化发展的实际情况。

（3）主客观综合集成赋权法。该权重确定方法是将主观赋权法与客观赋权法相结合的一种组合赋权方法，以弥补单一赋权带来的不足。在对指标进行权重分配时，应充分考虑指标数据之间的内在统计规律和权威值，既兼顾决策者对属性的偏好，同时又力争减少赋权的主观随意性，使对属性的赋权达到主观与客观的统一，进而使决策结果更加真实可靠。

除以上权重确定方法外，国内外评价指标权重的确定方法有数十种（马海娟，2012）。在此不再一一赘述。

5.3　基于灰色关联分析法的企业社会责任评价指标分析

5.3.1　灰色关联分析法的原理

灰色关联分析法是一个用于衡量定量方式以及比较某系统趋势变化的方法，它的主要思想是通过参数列和一些相关数据列比较几何图形的相似程度来判断和分析它们之间是否具有紧密的联系，从而反映这些曲线间的关联程度（徐凤银等，1994）。

具体表现为：①相关曲线之间如果越接近，则与之对应的相关序列之间的紧密联系程度就会越大，如果与之相反，那么则会越小；②灰色关联程度如果越大，那么因素之间的变化态势就越相似。

其中，关联程度是指不同的曲线之间，其几何图形形状的差异程度的多少。关联度分为绝对关联度和相对关联度两种。绝对关联度是指对于初值处理运用初始点零化的方法来进行分析研究，当所处理后的各个因素之间具有较大的差异时，会因为不同性质的变量而对最后的结果产生较大程度的影响，从而导致难以得出较为合理的结果。相对关联度与绝对关联度不同，它是指分析处理时，用相对量来进行，因此其计算的结果和观测到的数据的大小是没有关系的，唯一有关联的就是变化速率，变化速率是指该序列相较于初始点位的变化速率。相对于绝对关联度，相对关联度在一定程度上弥补了其不足。

灰色关联分析法所具有的优点在于对样本含量的多少以及样本之间有无规律可循均可适用，最重要的是灰色关联分析法的计算量非常之小，其对样本量要求小的优势适用于各种不规则数据，这就会让检验变得更加容易、方便、可行，也就不可能出现量化的结果和定性的结果不一致的状况。因此，灰色关联分析法在社会科学和自然科学等方面具有广泛的应用，且更加侧重于社会和经济方面。如应用于国民经济发展的各种部门的投资收益趋势、区域之间经济发展优劣势分析研究、各产业的结构调整改善等，均获得非常好的效果反馈。

由于灰色关联分析法可以用来研究和分析各种相关联因素之间对于系统结果的相关性的紧密程度的影响大小，还可以使用这种方法来研究随时间而变化发展的综合性评价的问题。其核心思想是先确定母序列，母序列和时间变换有关，需要按照相关规则确定母序列；然后研究子序列，通过研究和分析各研究对象随时间的变化，确定子序列；之后便可求得子序列和母序列之间相关联的紧密程度，最后依照其相关联的紧密程度得出最终的结论。

5.3.2 灰色关联分析法应用到企业社会责任评价指标的必要性与可行性

在企业社会责任评价指标体系中，很多企业基于某些特定原因，披露数据较少，采用传统的评价方法精度较差。而灰色分析系统是指"分析样本容量较小、信息获取较少"的系统的特征、运行机制以及性能行为，进而展现出系统的演化规律。企业是一个复杂的综合性系统，它所具有的社会行为以及行为产生的社会后果会受到很多因素的综合影响。从上市公司公布的财务报告、社会责任报告单和一些对外发布的公告等信息来看，虽然说是一部分是公开且明确的，但仅仅利用这部分信息去评价整个企业所承担的社会责任是不够完善的，也可以说是灰色的。鉴于社会责任评价的所有特征，其目的是可以更好地对企业间不同层次的社会责任进行一个具体而细致的比较，使用灰色关联分析法对企业的社会责任进行综合评价是非常合理且可行的。

该方法可以通过对企业同类数据进行比较并赋以相应分值，通过上一研究内容中对社会责任层次内涵的排序来建立模型。一是可以将企业社会责任各项指标进行责任大小排序，二是可以对我国不同行业、不同类型企业承担的社会责任进行有效评价。并且通过数据的动态变化，可以检测到在不同经济发展时期社会责任层次内涵的变化，从而对评价模型进行修正，得到动态合理的社会责任评价机制。

5.3.3 灰色关联分析法的计算方法

灰色关联分析法是根据因素之间发展态势的相异或相似程度来衡量因素之间关联程度的方法，其基本思想是依据关联度对系统排序。

（1）确定所研究的数列。首先要确定所比较的数列是表示该系统行为特点和影响该系统行为方式的数列。通常情况下将表示系统行为的数据序列称为参考（引用）序列；将影响系统行为的数据序列称为比较序列。

计算公式：首先设参考数列（即为母序列）为 $Y = \{Y(k) \mid k = 1, 2, \cdots, n\}$；比较数列（即为子序列）$X_i = \{X_i(k) \mid k = 1, 2, \cdots, n\}, i = 1, 2, 3, \cdots, m$。

（2）计算出同一观测时刻（点）各自因素与主因素观测值之间的绝对差值及其极值。

$$\Delta_t(i, 0) = |\{x_t^{(1)}(i)\} - \{x_t^{(1)}(0)\}|$$
$$\Delta_{\max} = \max_t \max_i |\{x_t^{(1)}(i)\} - \{x_t^{(1)}(0)\}|$$

$$\Delta_{\min} = \min_t \min_i \mid \{x_t^{(t)}(i)\} - \{x_t^{(1)}(0)\} \mid$$

式中的 $t = 1, 2, \cdots, n$；$i = 1, 2, \cdots, m$。

（3）关联系数的计算。$x_0(k)$ 与 $x_i(k)$ 的关联系数为如下公式：

$$\xi_i(k) = \frac{\min_i \min_k \mid y(k) - x_i(k) + \xi \max_i \max_k \mid y(k) - x_j(k) \mid}{\mid y(k) - x_i(k) \mid + \xi \max_i \max_k \mid y(k) - x_i(k) \mid}$$

$$(5-12)$$

记 $\Delta_i(k) = \mid y(k) - x_i(k) \mid$，则 $\xi_i(k) = \dfrac{\min_i \min_k \Delta_i(k) + \rho \max_i \max_k \Delta_i(k)}{\Delta_i(k) + \rho \max_i \max_k \Delta_i(k)}$，

$\xi \in (0, \infty)$ 则被定义为分辨系数。其通常具有这样的规律：ξ 如果越小，那么则表示其分辨力会越大，一般来说 ξ 的取值区间是（0，1），当然具体的取值还是要根据实际情况来定。有一条规律：当 $\xi \leqslant 0.546\ 3$ 时，分辨力是最优秀的，所以通常来说 ξ 取 0.5。

（4）关联度的计算。正是因为相关系数是一个数列与参考数列在不同时间的相关程度的比较值（也就是指曲线中的各个点的相关联紧密程度的值），所以它可以有不同的几个数，从而也导致了信息分散程度较高，对于系统整体程度的比较是相对不便利的。也正因为这样，对于让各种不同时刻的相关联紧密程度的值集中为同一个值就显得非常有必要（也就是曲线中各个点的相关联紧密程度的值集中为同一个值）。这也可以理解为求出这些不同值的平均值来作为比较数列和参考数列在各种不同时刻的相关联紧密程度的值，这个关联度值 r_i 公式如下所示：

$$r_i = \frac{1}{n} \sum_{k=1}^{n} \xi_i(k), k = 1, 2, \cdots, n \qquad (5-13)$$

r_i 是指比较数列 x_i 与参考数列 x_0 的相关联紧密程度的值，也可以称为序列关联度、线关联度、平均关联度等。

计算得到的 r_i 的数值如果越接近于 1，则说明这两个数列之间的相关性就越好，紧密程度则越高。

（5）对于关联度的排序。如果将关联程度按照大小来排序的话，就会出现这种情况：如果 $r_1 \leqslant r_2$，那么就说明参考数列 $y(k)$ 和比较数列 $x_i(k)$ 相似程度较高。

在得出 $x_i(k)$ 序列与 $y(k)$ 序列的关联系数之后，计算各个相关联紧密程度的值的平均值，平均值 r_i 则称之为 $y(k)$ 与 $x_i(k)$ 的关联度。

5.3.4　基于灰色关联分析法的评价模型权重确定

依据调研问卷，选取调研企业，运用灰色关联分析法，确定企业社会责任各因素的影响大小。

表5-6 企业社会责任评价表

名称	合规经营	依法纳税	盈利能力	偿债能力	创新能力	合同签订	工资保障	缴纳社保	再教育	合理保障	售后服务	消费满意	遵守合约	公平竞争	节约能源	环境责任	安全责任	扶贫责任	公益责任	社区责任
阿坝州	1.00	1.00	2.00	2.00	1.00	1.00	1.00	1.00	1.00	4.00	1.00	1.00	1.00	1.00	1.00	1.00	1.00	1.00	2.00	1.00
巴中	2.00	2.00	1.00	2.00	1.00	1.00	1.00	1.00	2.00	4.00	2.00	2.00	2.00	2.00	2.00	2.00	2.00	1.00	1.00	1.00
百色	1.00	1.00	1.00	1.00	4.00	1.00	1.00	1.00	1.00	1.00	1.00	1.00	1.00	1.00	1.00	2.00	1.00	1.00	1.00	1.00
保山	1.00	1.00	4.00	4.00	2.00	1.00	1.00	1.00	1.00	1.00	1.00	2.00	1.00	1.00	1.00	1.00	1.00	1.00	1.00	1.00
北京	1.54	1.77	1.54	2.15	1.77	1.69	1.85	1.85	1.54	2.31	2.31	2.62	2.85	1.77	1.92	2.08	2.00	1.69	2.31	1.85
昌吉州	1.00	1.00	2.00	2.00	2.00	2.00	1.00	1.00	2.00	2.00	2.00	2.00	2.00	1.00	1.00	1.00	2.00	2.00	2.00	2.00
成都	1.58	1.68	1.93	2.64	2.54	1.34	1.39	1.39	1.76	2.20	2.44	2.62	2.85	1.61	1.96	2.04	1.81	2.27	2.26	2.31
承德	1.00	1.00	1.00	2.00	3.00	2.00	3.00	1.00	1.00	3.00	1.00	1.00	1.00	1.00	1.00	1.00	1.00	1.00	2.00	1.00
滁州	2.00	2.00	2.00	1.00	4.00	2.00	3.00	3.00	1.00	1.00	1.00	1.00	1.00	1.00	1.00	1.00	1.00	2.00	2.00	2.00
达州	2.00	2.50	3.00	3.00	1.50	2.00	3.00	2.00	3.00	0.00	4.50	4.50	4.50	3.00	2.50	3.50	3.50	2.00	1.50	3.00
大庆	1.00	1.00	2.00	1.50	1.00	1.50	1.50	1.50	1.50	0.50	2.50	2.50	2.00	1.00	2.00	2.00	2.00	1.00	1.50	1.50
大连	1.00	1.00	3.00	2.00	4.00	1.00	1.00	1.00	2.00	4.00	1.00	5.00	3.00	3.00	4.00	3.00	2.00	3.00	3.00	3.00
德阳	1.00	1.20	1.60	2.00	2.20	1.40	1.40	1.40	1.20	2.60	1.80	1.80	2.40	1.00	1.80	1.60	1.60	1.80	1.60	1.60
东莞	1.00	2.00	1.00	4.00	2.00	1.00	1.00	1.00	1.00	1.00	3.00	3.00	3.00	1.00	4.00	3.00	3.00	2.00	2.00	2.00
福州	1.00	2.00	1.00	2.00	2.00	1.00	1.00	1.00	2.00	2.00	3.00	3.00	3.00	2.00	2.00	3.00	3.00	2.00	2.00	2.00
甘孜州	2.00	2.00	3.00	2.00	4.00	1.00	1.00	1.00	1.00	2.00	5.00	2.00	2.00	4.00	2.00	2.00	2.00	4.00	1.00	1.00
赣州	2.00	2.00	1.00	4.00	3.00	1.00	1.00	1.00	1.00	1.00	3.00	5.00	3.00	4.00	2.00	2.00	2.00	4.00	2.00	2.00
广州	1.52	1.43	1.39	2.26	2.39	1.17	1.13	1.13	1.70	2.00	2.78	2.83	2.83	1.30	1.70	1.70	1.35	1.61	1.57	1.74
贵港	2.00	2.00	4.00	4.00	2.00	1.00	1.00	1.00	1.00	2.00	3.00	3.00	5.00	1.00	2.00	2.00	2.00	2.00	2.00	2.00

（续）

名称	合规经营	依法纳税	盈利能力	偿债能力	创新能力	合同签订	工资保障	缴纳社保	再教育	合理保障	售后服务	消费满意	遵守合约	公平竞争	节约能源	环境责任	安全责任	扶贫责任	公益责任	社区责任
贵阳	1.33	1.33	1.00	3.00	1.67	1.67	1.33	1.33	1.33	1.67	1.33	1.67	1.33	1.00	2.00	2.00	2.00	1.33	1.33	1.33
海口	1.50	1.50	2.00	2.50	4.00	1.00	1.50	1.50	1.00	3.00	4.00	4.00	4.00	3.00	1.50	2.00	2.00	2.00	2.00	2.00
杭州	1.88	2.13	2.63	2.88	2.25	1.63	1.75	1.75	2.00	1.63	2.50	2.75	3.25	2.00	2.50	2.63	2.38	2.88	2.63	2.50
合肥	2.00	2.00	1.00	2.00	4.00	1.00	1.00	1.00	2.00	3.00	2.00	3.00	2.00	2.00	2.00	2.00	2.00	2.00	2.00	2.00
怀化	1.00	1.00	1.00	1.00	1.00	2.00	2.00	2.00	1.00	2.00	2.00	2.00	2.00	1.00	1.00	1.00	1.00	1.00	1.00	1.00
惠州	3.00	2.50	3.00	3.00	3.00	2.00	2.00	2.00	2.00	3.00	4.00	4.00	4.00	1.50	2.50	2.50	2.50	3.00	3.00	3.00
吉林	1.50	1.50	1.00	1.50	4.00	1.50	1.50	1.50	2.00	1.00	1.50	1.50	1.50	1.00	1.50	1.50	1.50	1.50	1.50	1.50
济南	2.00	2.00	2.00	4.00	3.00	2.00	2.00	2.00	2.00	1.00	2.00	2.00	2.00	1.00	3.00	3.00	3.00	2.00	2.00	2.00
焦作	1.00	1.00	1.00	1.00	4.00	1.00	1.00	1.00	1.00	1.00	3.00	2.00	1.00	1.00	1.00	1.00	1.00	1.00	1.00	1.00
金华	2.00	2.00	4.00	3.00	2.00	2.00	2.00	3.00	1.00	3.00	3.00	5.00	5.00	4.00	3.00	3.00	3.00	4.00	4.00	3.00
酒泉	3.00	3.00	1.00	4.00	3.00	1.00	1.00	3.00	1.00	2.00	3.00	3.00	3.00	2.00	3.00	3.00	3.00	4.00	3.00	4.00
昆明	1.00	1.00	1.00	1.00	1.00	1.00	1.00	1.00	1.00	1.00	5.00	5.00	5.00	1.00	1.00	1.00	1.00	2.00	2.00	1.00
拉萨	1.00	1.00	4.00	4.00	3.00	1.00	1.00	1.00	1.00	3.00	5.00	5.00	5.00	1.00	1.00	2.00	2.00	4.00	1.00	4.00
来宾	1.00	1.00	2.00	3.00	1.75	1.50	1.50	1.50	1.75	1.00	2.00	2.00	1.50	1.50	2.00	2.00	2.00	2.00	2.00	1.50
兰州	2.50	1.50	2.75	3.00	1.33	1.00	1.25	1.25	2.33	3.50	4.75	4.00	4.50	2.00	2.00	1.75	1.75	2.00	2.00	2.00
乐山	1.50	1.50	2.00	3.00	1.75	1.50	1.25	2.00	2.33	2.50	3.67	4.00	3.67	1.00	2.00	3.00	2.00	2.00	2.00	2.00
凉山州	2.00	2.67	2.00	2.33	1.33	2.00	2.00	2.00	1.00	2.33	1.00	1.00	1.00	1.00	3.33	1.00	2.33	3.33	3.33	3.33
柳州	1.00	1.00	1.00	2.00	4.00	1.00	1.00	1.00	1.00	1.00	1.00	1.00	1.00	1.00	1.00	1.00	1.00	2.00	2.00	2.00
六盘水	1.00	1.00	1.00	2.00	4.00	2.00	2.00	2.00	1.00	2.00	5.00	5.00	5.00	1.00	1.00	1.00	1.00	1.00	1.00	1.00

（续）

名称	合规经营	依法纳税	盈利能力	偿债能力	创新能力	合同签订	工资保障	缴纳社保	再教育	合理保障	售后服务	消费满意	遵守合约	公平竞争	节约能源	环境责任	安全责任	扶贫责任	公益责任	社区责任
泸州	1.50	1.50	1.00	2.50	3.00	1.00	2.00	2.00	2.00	2.00	3.00	3.00	3.50	1.50	2.00	2.00	2.00	1.50	1.50	1.50
吕梁	1.00	1.00	1.00	1.00	4.00	1.00	2.00	2.00	2.00	1.00	2.00	2.00	2.00	1.00	1.00	2.00	1.00	2.00	2.00	2.00
眉山	1.60	1.80	2.00	2.00	2.60	1.40	1.40	1.40	2.00	0.00	2.20	1.80	2.20	1.80	2.40	2.40	2.00	2.00	2.20	2.20
绵阳	1.00	1.00	1.75	2.25	2.50	1.00	1.00	1.00	1.00	2.00	2.75	3.25	2.75	1.75	1.25	1.25	1.25	2.00	2.00	1.50
南充	1.67	2.33	3.33	3.33	3.00	1.67	2.00	2.00	2.33	2.33	5.00	5.00	5.00	2.67	2.33	2.00	2.00	3.67	3.67	3.67
南京	1.00	1.00	1.00	2.00	3.00	1.00	1.00	1.00	1.00	2.00	1.00	1.00	1.00	1.00	1.00	1.00	1.00	2.00	1.00	1.00
内江	1.00	2.00	2.00	4.00	2.00	1.00	2.00	2.00	1.00	3.00	1.00	1.00	1.00	1.00	1.00	1.00	1.00	1.00	1.00	1.00
攀枝花	2.50	2.00	2.50	2.50	2.00	1.00	2.00	2.00	1.50	3.50	2.00	2.50	1.50	2.50	2.00	2.50	2.00	1.00	1.50	1.50
濮阳	2.00	2.00	1.00	1.00	4.00	1.00	1.00	1.00	1.00	1.00	2.00	2.00	2.00	1.00	2.00	2.00	2.00	1.00	1.00	2.00
黔南州	2.00	2.00	1.00	3.00	1.00	1.00	2.00	2.00	2.00	3.00	5.00	2.00	5.00	4.00	3.00	2.00	2.00	2.00	2.00	2.00
青岛	2.00	2.00	3.00	2.00	2.00	1.00	1.00	1.00	2.00	3.00	5.00	5.00	5.00	4.00	3.00	3.00	3.00	2.00	2.00	2.00
三亚	1.50	2.50	1.00	2.00	4.00	1.00	1.00	1.00	2.50	1.00	5.00	5.00	5.00	1.00	2.50	2.00	1.50	3.00	2.00	2.00
厦门	3.00	3.00	3.00	2.00	4.00	3.00	2.00	2.00	3.00	3.00	4.00	4.00	4.00	1.00	2.00	2.00	2.00	3.00	4.00	4.00
汕头	1.00	1.00	1.00	1.00	3.00	3.00	2.00	2.00	3.00	3.00	2.00	2.00	2.00	1.00	2.00	1.00	2.00	1.00	2.00	2.00
上海	1.83	1.67	1.33	2.17	2.33	1.33	1.33	1.33	1.50	2.50	2.33	2.67	3.50	1.00	2.67	2.33	2.17	2.50	1.83	2.17
绍兴	1.00	1.00	2.00	2.00	1.00	1.00	1.00	1.00	1.00	1.00	1.00	1.00	1.00	1.00	2.00	1.00	1.00	2.00	1.00	2.00
深圳	1.46	1.54	1.77	2.08	3.15	1.46	1.38	1.38	1.62	1.92	2.69	2.77	2.85	1.92	1.92	1.92	1.69	2.31	2.23	2.23
沈阳	1.00	1.00	2.00	4.00	1.00	1.00	4.00	4.00	1.00	1.00	2.00	5.00	5.00	4.00	2.00	3.00	2.00	1.00	1.00	4.00
石家庄	1.00	1.00	2.00	2.50	1.50	1.00	1.00	1.00	2.50	1.00	1.00	1.00	3.50	4.00	1.50	1.50	1.00	1.50	1.50	1.00

（续）

名称	合规经营	依法纳税	盈利能力	偿债能力	创新能力	合同签订	工资保障	缴纳社保	再教育	合理保障	售后服务	消费满意	遵守合约	公平竞争	节约能源	环境责任	安全责任	扶贫责任	公益责任	社区责任
苏州	2.00	2.00	3.00	2.00	2.00	2.00	2.00	2.00	2.00	3.00	3.00	3.00	3.00	1.00	3.00	3.00	3.00	2.00	2.00	2.00
遂宁	2.33	2.00	2.67	3.67	3.00	2.33	2.33	2.33	2.00	3.00	3.33	3.33	3.33	1.67	3.00	2.67	3.00	2.67	2.67	2.67
太原	1.00	1.00	1.67	2.00	3.33	1.00	1.00	1.00	1.00	2.67	1.67	2.00	3.00	1.00	2.33	2.67	1.33	3.00	3.00	3.00
唐山	2.00	2.00	2.00	3.00	3.00	3.00	3.00	3.00	3.00	4.00	4.00	4.00	4.00	1.00	3.00	3.00	3.00	4.00	4.00	4.00
天津	1.50	1.63	1.38	2.38	2.63	1.00	1.00	1.00	1.25	2.38	2.25	2.13	2.13	1.00	1.75	2.00	1.50	2.00	2.13	2.25
乌鲁木齐	2.00	2.00	1.00	2.00	1.00	2.00	1.00	1.00	2.00	2.00	1.00	1.00	1.00	1.00	2.00	2.00	1.00	2.00	2.00	2.00
无锡	2.00	3.00	4.00	1.00	1.00	4.00	4.00	4.00	4.00	4.00	5.00	5.00	5.00	4.00	4.00	4.00	2.00	4.00	4.00	4.00
梧州	1.00	1.00	1.00	4.00	3.00	2.00	1.00	1.00	1.00	1.00	5.00	5.00	5.00	1.00	1.00	1.00	1.00	2.00	2.00	2.00
武汉	2.33	3.00	3.00	3.33	2.00	1.67	2.00	2.00	1.67	4.00	3.33	3.67	3.33	2.33	3.00	2.67	2.33	3.67	4.00	3.67
西安	1.43	1.71	1.71	2.86	3.00	1.29	1.57	1.57	1.57	2.29	2.71	2.57	2.86	2.14	2.14	2.14	1.86	2.43	2.71	2.71
咸阳	3.00	3.00	4.00	4.00	1.50	2.00	2.00	2.00	2.00	2.00	3.00	5.00	4.00	1.00	3.00	3.00	3.00	2.00	2.00	2.00
襄阳	1.00	1.50	1.50	1.50	1.50	1.50	1.00	1.00	4.00	2.00	2.00	2.00	2.00	2.00	1.50	1.50	1.50	1.00	1.00	1.00
信阳	2.00	3.00	4.00	3.00	1.00	2.00	1.00	1.00	2.00	1.00	1.00	1.00	1.00	1.00	1.00	1.00	1.00	1.00	1.00	1.00
雅安	1.00	1.00	1.00	1.00	4.00	1.00	1.00	1.00	2.00	4.00	1.00	1.00	1.00	1.00	1.00	1.00	1.00	1.00	1.00	1.00
烟台	1.00	1.00	3.00	1.00	3.00	1.00	1.00	1.00	2.00	1.00	1.00	1.00	1.00	1.00	1.00	1.00	1.00	1.00	2.00	2.00
宜宾	1.00	1.25	1.25	2.75	2.75	1.00	1.25	1.25	1.50	1.00	1.50	1.75	1.50	1.00	1.75	1.75	1.00	1.75	1.25	1.50
宜昌	1.00	1.00	1.00	1.00	1.00	1.00	1.00	1.00	1.50	1.00	1.00	1.00	1.00	1.00	1.00	1.00	1.00	1.00	1.00	1.00
益阳	2.50	2.50	2.00	2.00	3.00	2.50	1.00	1.00	1.50	2.50	2.50	3.00	3.00	1.00	1.50	1.00	1.50	2.50	2.50	2.50

（续）

名称	合规经营	依法纳税	盈利能力	偿债能力	创新能力	合同签订	工资保障	缴纳社保	再教育	合理保障	售后服务	消费满意	遵守合约	公平竞争	节约能源	环境责任	安全责任	扶贫责任	公益责任	社区责任
运城	2.00	2.00	3.00	4.00	4.00	4.00	4.00	4.00	2.00	3.00	3.00	5.00	5.00	1.00	2.00	2.00	2.00	3.00	3.00	3.00
漳州	2.00	2.00	2.00	2.00	2.00	2.00	2.00	2.00	2.00	2.00	3.00	3.00	3.00	2.00	3.00	3.00	3.00	3.00	3.00	3.00
长春	1.75	1.75	1.75	1.75	1.50	1.75	1.75	1.75	1.00	2.25	2.50	2.75	2.75	1.75	2.00	2.00	2.00	2.00	1.75	2.00
长沙	1.20	1.60	1.60	2.40	2.00	1.40	1.40	1.40	1.40	2.40	1.40	1.60	1.80	1.60	2.00	2.00	1.20	1.80	2.20	2.00
昭通	1.00	1.00	1.00	2.00	4.00	1.00	1.00	1.00	1.00	1.00	2.00	2.00	2.00	1.00	1.00	1.00	1.00	1.00	1.00	1.00
郑州	2.00	1.67	2.67	3.00	2.00	1.67	1.67	1.67	2.00	1.33	3.33	3.33	4.33	2.00	2.33	3.00	2.00	2.67	2.67	2.67
重庆	1.71	1.65	1.88	2.71	2.18	1.06	1.18	1.18	1.76	2.12	1.71	1.88	1.88	1.24	1.76	1.82	1.71	1.94	1.82	2.18
珠海	1.00	1.00	1.00	4.00	2.00	1.00	1.00	1.00	1.00	1.00	1.00	2.00	1.00	1.00	2.00	2.00	2.00	1.00	1.00	1.00
资阳	3.33	3.33	2.00	3.33	2.67	2.00	2.00	2.00	2.33	3.33	4.67	4.67	4.67	1.67	4.00	4.00	2.67	3.67	3.67	3.67
自贡	2.00	3.00	3.00	4.00	4.00	2.00	2.00	2.00	3.00	2.00	5.00	5.00	5.00	4.00	2.00	4.00	4.00	3.00	3.00	3.00

首先进行了如下数据处理，应部分被调查者的要求，隐去企业的名称，以所在城市代之。若该城市有多个企业，则将该城市内所有企业在各题目中的得分求其均值进行代替。

在各具体指标得分方面：法律责任维度中的合法合规经营的得分对应调查问卷的第21题，依法纳税的得分对应调查问卷的第20题；企业对员工维度中的签订劳动合同对应第24题1选项，足额缴纳社会保险对应24题第2选项，保障员工基础工资对应第25题，职工再教育责任对应第26题，合理的时间和工作环境为第27题和第28题得分的均值。对各维度的数据进行处理后，按地区进行汇总，最后得到如表5-6所示的评价项目表。

为应用灰色关联度理论，令 X_1 ＝合规经营；X_2 ＝依法纳税；X_3 ＝盈利能力；X_4 ＝偿债能力；X_5 ＝创新能力；X_6 ＝合同签订；X_7 ＝工资保障；X_8 ＝缴纳社保；X_9 ＝再教育；X_{10} ＝合理保障；X_{11} ＝售后服务；X_{12} ＝消费满意；X_{13} ＝遵守合约；X_{14} ＝公平竞争；X_{15} ＝节约能源；X_{16} ＝环境责任；X_{17} ＝安全责任；X_{18} ＝扶贫责任；X_{19} ＝公益责任以及 X_{20} ＝社区责任。

（1）确定参考序列。参考序列是一个理想的比较标准，可以采用各指标的最优值（或最劣值）构成参考序列，也可根据评价目的选择其他参照值。考虑企业社会责任履行的最优值按李克特量表的计算方式应为5分，故设定参考序列 $\{X_0\} = \{5, 5, \cdots, 5\}$。

（2）原始数据预处理。为使其具有可比性，需对原始数据消除量纲，即需要对原始数据进行预处理。这里采用均值法对其进行数据处理。均值序列值为 $\{u\} = \{5.00, 1.58, 1.63, 1.88, 2.48, 2.53, 1.40, 1.52, 1.52, 1.61, 2.14, 2.55, 2.76, 2.74, 1.53, 1.92, 1.96, 1.78, 2.05, 1.99, 2.08\}$，其中第一列为参考序列。变化后的结果如表5-7所示。因篇幅限制，只显示部分数据的运算过程。

表5-7　均值化处理数列表

参考序列	合规经营	依法纳税	盈利能力	偿债能力	创新能力
1.00	0.63	0.61	1.06	0.81	0.40
1.00	1.26	1.22	0.53	0.81	0.40
1.00	0.63	0.61	0.53	0.40	1.58
1.00	0.63	0.61	2.13	1.61	0.79
1.00	0.97	1.08	0.82	0.87	0.70
1.00	0.63	0.61	0.53	0.81	0.79

（3）计算每个时点上参考序列与各子序列差的绝对值 $\varepsilon_{(k)}$。即：

$$\varepsilon_{(k)} = |X_0(k) - X_i(k)|$$

然后计算各比较数列同参考数列在同一时期的绝对差。如第一组数据中，计算出 $\varepsilon_{(1)} = |1 - 0.63| = 0.37$；$\varepsilon_{(2)} = |1 - 0.61| = 0.39$；$\varepsilon_{(3)} = |1 - 1.06| = 0.06$；$\varepsilon_{(4)} = |1 - 0.81| = 0.19$；$\varepsilon_{(5)} = |1 - 0.40| = 0.6$。

再分别计算各自的绝对差。部分结果如表 5-8 所示。

表 5-8　绝对差计算表

绝对差	绝对差	绝对差	绝对差	绝对差
0.37	0.39	0.06	0.19	0.60
0.26	0.22	0.47	0.19	0.60
0.37	0.39	0.47	0.60	0.58
0.37	0.39	1.13	0.61	0.21
0.03	0.08	0.18	0.13	0.30

从所有数据中找出最大值和最小值，分别为 1.86 和 0。

（4）计算相关系数。取分辨率 $\rho = 0.5$。

$$\eta_{(k)} = \frac{\min\{\varepsilon^{(0)}\} + \rho\max\{\varepsilon^{(0)}\}}{\varepsilon^{(0)}_{(k)} + \rho\max\{\varepsilon^{(0)}\}} = \frac{0 + 0.5 \times 1.86}{\varepsilon^{(0)}_{(k)} + 0.5 \times 1.86} = \frac{0.93}{\varepsilon^{(0)}_{(k)} + 0.93}$$

代入计算每一组的关联系数，以第一组为例：

$$\eta_{(1)} = \frac{0.5 \times 1.86}{0.37 + 0.5 \times 1.86} = 0.72$$

$$\eta_{(2)} = \frac{0.5 \times 1.86}{0.39 + 0.5 \times 1.86} = 0.71$$

同理，求得 $\eta_{(3)} = 0.94$，$\eta_{(4)} = 0.83$，$\eta_{(5)} = 0.61$。

用同样方法计算出其他城市，得到部分数据如表 5-9 所示。

表 5-9　关联系数计算表

关联系数	关联系数	关联系数	关联系数	关联系数
0.72	0.71	0.94	0.83	0.61
0.78	0.81	0.67	0.83	0.61
0.72	0.71	0.67	0.61	0.62
0.72	0.71	0.45	0.60	0.82
0.97	0.92	0.84	0.87	0.76

（5）根据 $r = \frac{1}{n}\sum_{i=1}^{n}\eta_{(k)}$ 计算出企业社会责任与各要素之间的灰色关联度：

$$r_{01} = \frac{0.72 + 0.78 + 0.72 + 0.97 + \cdots + 0.78}{86} \approx 0.760\ 5$$

故合规经营要素与企业社会责任的灰色关联度约为 0.760 5。同理，计算各要素的灰色关联度：

得到 $\{r_i\}$ = {0.760 5　0.759 0　0.727 3　0.759 1　0.748 7　0.760 8　0.751 1　0.751 1　0.754 3　0.726 7　0.613 6　0.659 3　0.503　0.722 8　0.777 4　0.800 9　0.758 5　0.772 5　0.887 6　0.778 9} $i=1\cdots20$

最后得到 20 个要素对社会责任的灰色关联度排序结果如下，同时为确定各因子权重，为简便起见，仅从单纯的数量上考虑，以因素的灰色关联度为权数对各项企业社会责任进行评价。对各组因子的灰色关联度进行归一化处理后，得到表 5 - 10。

表 5 - 10　灰色关联度排序表

因子	灰色关联度	权重
公益责任	0.887 6	0.060
环境责任	0.800 9	0.054
社区责任	0.778 9	0.053
节约能源	0.777 4	0.053
扶贫责任	0.772 5	0.052
合同签订	0.760 8	0.051
合规经营	0.760 5	0.051
偿债能力	0.759 1	0.051
依法纳税	0.759 0	0.051
安全责任	0.758 5	0.051
再教育	0.754 3	0.051
工资保障	0.751 1	0.051
缴纳社保	0.751 1	0.051
创新能力	0.748 7	0.051
盈利能力	0.727 3	0.049
合理保障	0.726 7	0.049
公平竞争	0.722 8	0.049
消费满意	0.659 3	0.045
售后服务	0.613 6	0.042
遵守合约	0.503 0	0.034

将上述权重代入表 5 - 5，得到如表 5 - 11 所示结果。

表 5－11   企业社会责任评价体系及权重表

指标	权重	指标代码
法律责任		
合规经营	0.051 5	X_1
依法纳税	0.051 4	X_2
经济责任		
盈利能力	0.049 2	X_3
偿债能力	0.051 4	X_4
创新能力	0.050 7	X_5
企业对员工的责任		
签订劳动合同	0.051 5	X_6
保障员工基础工资	0.050 8	X_7
足额缴纳社会保险	0.050 8	X_8
职工再教育责任	0.051 1	X_9
合理的时间和工作环境	0.049 2	X_{10}
企业对消费者以及商业伙伴的责任		
售后服务保障责任	0.041 5	X_{11}
消费者满意度	0.044 6	X_{12}
遵守合约	0.034 0	X_{13}
公平竞争	0.048 9	X_{14}
企业对生产和环境的责任		
节约能源责任	0.052 6	X_{15}
环境保护责任	0.054 2	X_{16}
安全生产责任	0.051 3	X_{17}
企业对社区的责任		
扶贫责任	0.052 3	X_{18}
公益慈善捐助	0.060 1	X_{19}
对社区的贡献	0.052 7	X_{20}

归纳为对应的维度后，法律责任的均值得分为 0.051 4，经济责任的均值得分为 0.050 4，企业对员工的责任的均值得分为 0.050 7。企业对消费者以及商业伙伴的责任的均值得分为 0.042 3，而企业对生产和环境的责任的均值得分为 0.052 7，企业对社区的责任的均值得分为 0.055 0。即企业对社区的责任＞企业对生产和环境的责任＞法律责任＞企业对员工的责任＞经济责任＞企业对消费者以及商业伙伴的责任。

故得到：企业社会责任＝0.051 5Y_1＋0.051 4Y_2＋0.049 2Y_3＋0.051 4Y_4＋0.050 7Y_5＋0.051 5Y_6＋0.050 8Y_7＋0.050 8Y_8＋0.051 1Y_9＋0.049 2Y_{10}＋0.041 5Y_{11}＋0.044 6Y_{12}＋0.034 0Y_{13}＋0.048 9Y_{14}＋0.052 6Y_{15}＋0.054 2Y_{16}＋0.051 3Y_{17}＋0.052 3Y_{18}＋0.060 1Y_{19}＋0.052 7Y_{20} (5 - 14)

其中的 Y 分别对应各项指标的单项分数，因此可将式 5 - 14 应用到具体企业社会责任评价中去。

5.4　灰色关联分析法下评价模型的应用检验与结论

5.4.1　社会责任评价指标体系的应用检验

选取四川酒业三家上市公司，分别是五粮液集团有限公司（以下统称五粮液）、泸州老窖股份有限公司（以下统称泸州老窖）、舍得酒业股份有限公司（原沱牌曲酒，以下统称舍得酒业）。这三家样本公司均归属于 A 股上市公司中的食品饮料行业。

五粮液集团有限公司是一家以酒业为核心，涉及智能制造、食品包装、现代物流、金融投资、健康产业等领域的特大型国有企业集团。2021 年，名列"全球品牌价值 500 强""中国品牌价值 100 强"。2021 年，集团公司实现营业收入 662.09 亿元，同比增长 15.51％；净利润 233.77 亿元，同比增长 17.15％。一直以来，五粮液集团有限公司坚持把社会责任宗旨与理念全面融入企业发展战略、生产经营和企业文化中，为实现企业与社会、环境的全面协调可持续发展而不懈努力。

泸州老窖股份有限公司是一家位于四川省泸州市的国有大型骨干酿酒企业。泸州老窖是中国最古老的四大名酒之一，被誉为"浓香鼻祖，酒中泰斗"，其"1573 国宝窖池群"在 1996 年成为行业首家全国重点文物保护单位，传统酿制技艺在 2006 年入选首批国家级非物质文化遗产名录。2021 年实现营业收入 206.42 亿元，同比增长 23.96％；实现净利润 79.57 亿元，同比增长 32.47％。在重视公司发展的同时，秉承"天地同酿，人间共生"的企业哲学，坚持"与社会同行、与环境相依、与人类共存"的社会责任理念，高度重视质量安全与环境保护，充分保障消费者和员工合法权益，较好地实现了公司与利益相关者在经济、社会与环境方面的共同发展。

舍得酒业股份有限公司位于素有"观音故里，诗酒之乡"美称的四川省遂宁市射洪县沱牌镇，是"中国名酒"企业。2021 年营业收入 49.69 亿元，同比增长 83.80％；实现归属于上市公司股东的净利润 12.46 亿元，同比增长 114.35％。公司一直以履行社会责任为己任，在关注公司自身发展的同时，关注相关方利益，注重企业社会责任的履行以及企业社会价值的实现，以更优的质量、更严的标准，忠实地履行企业社会责任，积极回报社会。

5.4.2　评价指标打分依据及数值确定

三家上市公司各年度均发布了社会责任报告，故可以根据各自企业的社会责任报告，根据表 5-5，依次对三家企业的法律责任、经济责任、企业对员工的责任、企业对消费者以及商业伙伴的责任、企业对生产和环境的责任以及企业对社区的责任中的 20 个要素进行逐一评价。

首先是对三家企业法律责任中的合法合规经营要素进行评价。根据五粮液近年社会责任报告，公司严格按照全球契约十项原则开展工作，按照法律法规要求，落实反腐倡廉主体责任、落实安全生产主体责任、落实环境保护主体责任，且连续五届荣获并保持"全国文明单位"称号，故其合法合规经营得分为 5 分。而泸州老窖把党风廉洁和效能建设放在突出位置，将建设责任层层分解到基层，按《公司法》《证券法》以及中国证监会、深圳证券交易所相关规章制度进行全面宣传贯彻，同时严格信息披露管理制度，共计发布定期报告 4 份、临时报告 91 份，获得"全国产品和服务质量诚信示范企业"称号，故也可评定为 5 分。舍得酒业根据《公司法》《证券法》《上市公司治理准则》等有关规定，完善公司治理，加强内部各项管理制度的建立健全，切实履行信息披露义务，发布公告信息 87 份，故也可评定为 5 分。

法律责任中第二项为依法纳税。为评价其纳税贡献率，采用主流的税费营收比的评价方法进行计算。税费营收比＝应纳税额/营业收入×100%。五粮液 2017 年税费营收比为 30.15%，泸州老窖为 24.48%，舍得酒业为 24.13%[①]。采用归一化数据处理方法，设 30.15%的权重为 5 分，则泸州老窖和舍得酒业均为 4 分。

经济责任中盈利能力用企业的净资产收益率进行评价、偿债能力用资产负债率进行评价，创新能力用研发投入与营业收入比进行评价。由于研发投入数据来自企业年报，但舍得酒业缺乏该数据，故设定为 3 分。

员工责任中签订劳动合同用劳动人事纠纷数量指标进行评价；保障员工基础工资用按时发放工资、工资组成合理、有相应激励制度三项进行评价；足额缴纳社会保险用五险一金、商业保险覆盖面进行评价；职工再教育责任主要从管理人员培训、专业技能培训、网络学习、校企合作培训等四方面覆盖面进行评价；合理的时间和工作环境从有无加班、生产防护等措施进行评价。

生产环境责任中节约能源责任用有无环保机构设置、清洁生产、环保规划、三废问题进行评价；环境保护责任用生态园区建设进行评价；安全生产责任用有无安全制度建设、安全教育、安全绩效等进行评价。尤其值得一提的是，舍

---

① 财务指标数据来源：国泰安 CSMAR 数据库。

得酒业连续三年被四川省环保厅评定为上年度"环境诚信企业"（2017 年"史上最严的环保督查风暴"形势下，四川省第二批次 280 家参评企业中唯一一家获评环境诚信的企业），是酒类行业唯一一家获得此殊荣的企业，故其评定为 5 分。

在慈善捐赠中，五粮液 2017 年慈善活动捐赠 97 932 万元，泸州老窖开展了"寻找最美医生""寻找最美老师""送温暖、帮民困，慈善一日捐"等公益活动，树立了良好的企业形象。舍得酒业于 2017 年 11 月 14 日组织爱心小分队前往大凉山，将 750 千克大米、150 千克面条、120 千克食用油、120 千克牛奶送到需要帮助的孩子手里，在寒冷的冬日给大凉山带去温暖。

通过指标梳理，得到对应的指标明细如表 5－12 所示。

表 5－12　三家企业社会责任指标得分表

一级指标	二级指标	具体内容	五粮液	泸州老窖	舍得酒业
法律责任	依法纳税	税费营收比	30.15％	24.48％	24.13％
			5 分	4 分	4 分
	合规经营	企业信用公示系统	5 分	5 分	5 分
经济责任	盈利能力	净资产收益率（平均）	19.27％	19.54％	5.97％
			5 分	5 分	3 分
	偿债能力	资产负债率	22.91％	22.49％	43.5％
			3 分	3 分	5 分
	创新能力	研发投入/营业收入、产品设计、设备改造、技术改造	0.26％	0.82％	—
			3 分	5 分	3 分
对员工的责任	签订劳动合同	劳动人事纠纷数量	5 分	5 分	5 分
	保障员工基础工资	按时发放工资、工资组成合理、有相应激励制度	5 分	4 分	5 分
	足额缴纳社会保险	五险一金、商业保险	5 分	5 分	5 分
	职工再教育责任	管理人员培训、专业技能培训、网络学习、校企合作培训	5 分	4 分	4 分
	合理的时间和工作环境	加班、生产防护等	5 分	5 分	5 分
对消费者以及商业伙伴的责任	售后服务保障责任	售后服务	5 分	4 分	5 分
	消费者满意度	顾客满意度	5 分	4 分	5 分
	遵守合约	保障产品供应、合同履约	5 分	5 分	5 分
	公平竞争	建立健全纪检监察制度、防止商业贿赂	5 分	4 分	5 分

（续）

一级 指标	二级指标	具体内容	五粮液	泸州 老窖	舍得 酒业
对生产 和环境 的责任	节约能源责任	环保机构设置、清洁生产、环保 规划、三废问题	5 分	5 分	5 分
	环境保护责任	生态园区建设	5 分	5 分	5 分
	安全生产责任	安全制度建设、安全教育、安全 绩效等	5 分	5 分	5 分
对社区 的责任	扶贫责任	扶贫资金比率、脱贫数量	5 分	5 分	4 分
	公益慈善捐助	公益捐赠	5 分	3 分	4 分
	对社区的贡献	关爱基金、优秀大学生助学金、 助力各项体育活动、理性饮酒宣传	5 分	5 分	5 分

5.4.3　社会责任评价模型应用检验结论

把以上梳理后的得分指标代入式 5－14，便得到三家公司不同的社会责任总评分。分别为：

五粮液社会责任总分＝4.741 653 692

泸州老窖社会责任总分＝4.501 818 092

舍得酒业社会责任总分＝4.375 108 755

从得分来看，三家公司的社会责任履行情况均比较良好，相比而言，五粮液胜出一筹，主要体现在公司经济责任中的盈利状况稍胜一筹；对员工责任的再教育培训体系更为全面完整，培训基本上实现全员全覆盖；在公平竞争方面建立健全纪检监察制度、防止商业贿赂，创造良好的市场竞争氛围；在扶贫资金使用方面收效更为显著。这与笔者从其他渠道所获得的公司声誉情况相当，与从媒体评价、消费者询问、贴吧信息等多种渠道得到的总体评价一致。

同时，这个结果与四川省经济和信息化委员会指导的"四川企业社会责任排行榜"的结果一致，也与有关学者对四川省国有控股上市公司社会责任综合评价的结果相吻合，也说明方法的可行性。

5.5　本章小结

本章在介绍灰色系统理论的基础上，通过灰色预测理论应用到企业社会责任分析的可行性讨论，将灰色关联分析法运用到企业社会责任评价中，以中国企业 300 强企业社会责任指数为研究对象，来构建灰色预测 GM（Gray

Model）模型。预测结果表明，2018—2022 年，随着全国社会、经济的迅速发展，企业社会责任指数有了明显的增加，年平均增长率达到 4.17%，可见企业社会责任存在明显改善。在此基础上构建相应的评价模型来进一步讨论哪些要素会对促进企业社会责任改善产生最重要的影响，通过 6 个一级指标 20 个二级指标构建社会责任评价指标体系，并得出公益责任＞环境责任＞社区责任＞节约能源＞扶贫责任＞合同签订＞合规经营＞偿债能力＞依法纳税＞安全责任＞再教育＞工资保障＞缴纳社保＞创新能力＞盈利能力＞合理保障＞公平竞争＞消费满意＞售后服务＞遵守合约这样的评价顺序，即企业对社区的责任＞企业对生产和环境的责任＞法律责任＞企业对员工的责任＞经济责任＞企业对消费者以及商业伙伴的责任。最后通过三家酒类上市公司对模型进行应用检验，检验结果与有关学者对上市公司社会责任综合评价的结果相吻合，也说明方法的可行性。

第6章

企业社会责任的影响因素研究

随着近年来我国经济的迅速发展，企业主动承担社会责任的意愿也越来越高。对于上市公司来说，企业社会责任的表现和行为大多数都可以从发布的社会责任报告中反映和体现出来。企业社会责任承担更多的公司所发布的社会责任报告的内容也会更加准确和真实。本章尝试从上市公司的角度，更加深入地去研究影响企业承担社会责任的相关因素。

6.1 企业社会责任影响因素研究综述

6.1.1 企业社会责任影响因素研究

国外学者对企业社会责任进行的研究起步相对较早，目前已经形成了较为完整的理论体系，研究涉及履行社会责任的内容、形式、影响因素以及经济后果等多个方面。企业社会责任的影响因素研究，主要从企业规模、行业属性以及经营绩效等方面展开。

（1）企业经营绩效的影响。Bowman（1975）、Bragdon 等（1972）以及 Chen（1980）等的研究成果中，都肯定了企业社会责任对其绩效水平提升的正面作用。而在 Mectalf（1980）发表的论文中，通过对市盈率指标进行建模分析了企业社会责任信息披露这一现象对于企业绩效水平的影响，指出两者之间存在着正相关关系。Cowen、Ferreri、Parker（1987）根据美国 134 家企业发布的社会责任信息披露报告和公司财务报告，发现企业的盈利能力与 CSR 信息披露之间具有正向关系，并且这种正向关系具有显著性。Mc Guire 等（1988）选择市场、会计两方面的指标，就不同环境下的企业社会责任信息披露对企业经营绩效产生的影响进行了比较系统的研究，研究结果显示这两者之间存在着正相关关系。而针对这一问题，在 Bannon 等（1997）的研究中，以当时美国 67 家规模以上企业为样本，同样肯定了上述结论。万寿义等（2011）对我国 A 股上市公司进行了实证研究和分析，将上市公司单独发布的社会责任报告作为切入点，发现企业的盈利能力、经营模式和发展情况对企业社会责任会计信息披露有着积极的影响，而公司特征变量中的"二职合一"、国有控股及企业规模变量也均通过了显著性检验。

（2）企业规模的影响。Foo 和 Tan（1988）发表的论文中，选取新加坡和马来西亚近 300 家上市公司进行研究，最后发现无论是用市场股本还是营业收入衡量，企业规模大小和企业披露社会责任信息的意愿均呈现出正相关关系。在 Patten（1991）的研究中，选择了美国 128 家上市公司为样本，通过分析发现，规模较大的企业，相对于规模较小的企业，更愿意披露社会责任信息。Pavelin 等（2004）发表的论文指出，规模较大企业公众可见度更高，因此必然会选择更多地披露社会责任信息，以保证其企业形象。在 Yakovleva 等（2006）的研究成果中，发现企业披露社会责任信息的意愿与其本身的规模成正比例关系。

另外，近年来相关学者通过讨论分析，深度解析了企业履行社会责任和企业规模大小之间存在的关系。Lepoutre、Heene（2006）主要针对小型企业履行社会责任的情况进行了研究分析，他发现一个重要的现象，相对于小型企业而言，大型企业的社会知名度更高，承担着更多的舆论压力和社会公众压力，因此大企业履行社会责任的情况通常会比小型企业更好。另外，大型企业有着更强的经济实力，政府的政策倾斜和社会资源也会多于小型企业，因此大型企业有着更强的履行社会责任的能力。但也有学者对这一结果有不同的研究结论。如，杨春芳（2009）把我国的所有企业作为研究对象，就企业规模大小对企业履行社会责任的影响情况进行了深入调查分析，研究发现，企业规模的大小并不能够对企业履行社会责任的能力和意愿产生较大的影响。由此可以看出，企业履行社会责任的情况和企业规模大小之间的关系目前还存在争论，需要进行进一步的调查研究。

（3）行业属性与地域的影响。Patten（1991）在发表的论文中指出，具有产品线广、政治敏锐性强、公众可见程度高等特征的企业，更乐于披露企业社会责任信息。在 Deegan、Gordon（1996）的研究成果中，同样肯定了上述观点，并指出环境敏感性强的企业会披露更多的社会责任信息。针对这一问题，在 Clarke、Gibson‑Sweet（1999）的研究成果中，选择了英国前 100 名企业作为研究对象，通过建模的方式分析了其环境信息的披露情况。他认为，企业所处行业这一因素会对其社会责任信息披露是否充分产生重要的影响。

我国学者针对企业履行社会责任相关的行业特征、行业属性进行了一系列的研究。唐志等（2008）的研究中，通过多方面的实地调查，系统地分析了当前我国市场经济环境下浙江省民营企业履行社会责任的主要影响因素，根据调查数据得出，企业规模、企业类型是最为核心的两大影响因素。陈煦江、高露（2013）基于扎根理论对食品企业社会责任的影响因素进行了深入调查分析，发现良好的企业文化对于企业社会责任的履行有着积极意义，质量改进和经济绩效是调节"文化—责任"关系的内部环境因素，企业荣誉是调节"文化—责任"关系的外部情境因素。张胜荣（2014）对 225 家农业企业进行了定量分析，结果表明农业企业社会责任主要受到企业内部因素的影响，企业盈利能力、管理能力等要素值得我们重视。在这一问题上，王雪梅、卜华（2012）选择我国 2008 年沪市上市企业中的食品饮料行业企业为样本，指出董事长和总经理这两个职位合二为一以及必要的激励措施是保证企业积极履行社会责任的十分重要的影响要素。

许英杰、石颖（2014）以沪深 300 指数企业为例，建立多元线性回归模型，对中国上市公司战略性社会责任影响因素进行了研究，认为企业总部处于我国相对发达地区的企业，能够更好、更积极地履行企业社会责任。李双龙（2005）研究发现，企业所在地区的经济发展水平和社会责任信息披露之间存在着十分密切的联系，并且两者之间呈现出正相关关系。

（4）企业领导者的影响。企业社会责任除了受到外部环境因素的影响，部分学者还认为企业内部管理因素也会影响其社会责任表现。企业领导者控制着整个企业的经营活动和管理工作，作为企业发展经营的核心和企业的决策者，在某种程度上决定着公司的走向和成败。因此企业领导者对企业的影响是全面的、深刻的、影响重大的。如果将企业领导者的社会责任取向分为态度和行为两个维度，则可以直接到影响企业社会责任行为的实际绩效水平，包括行动计划、资源配置以及活动过程监督三个方面。如果企业领导者缺乏实际参与，他们对社会责任的影响将会是有限的。在这一问题上，Abdul、Ibrahim（2002）的研究成果中选择了马来西亚各大企业的高级管理人员为研究对象，调查结果证明，企业履行社会责任情况与企业高层管理者对于履行社会责任的态度有关。Haniffa、Cooke（2005）发表的论文中，选择了相同的样本，证明了企业高层管理人员的态度直接影响 CSR 信息披露情况。Petrick、Scherer（1993）曾经对企业内部各层级管理者对待企业社会责任的态度进行研究，结果表明，与外部环境和利益相关者接触较多的高层管理者对企业社会责任的态度更为积极，而从事内部管理事务的管理者对企业社会责任的倾向相对较弱，原因是他们对于外部环境压力的感知相对较少。Hemingwa、Maclagan（2004）认为企业主要管理者的个人价值取向是影响他们对待和处理企业社会责任问题的重要因素，无论动机是经济利益观还是道德观，企业社会责任总是被管理者个人价值观所影响。冯臻（2015）认为，高层管理者对企业社会责任行为有着显著的正向作用，如果高层管理者参与企业社会责任行动，会直接影响企业社会责任的实际表现水平。

（5）组织特征的影响。综合近年来国内外的研究成果来看，外国的学者主要针对企业规模大小、财务杠杆等方面进行了研究，并进一步分析了这些因素会对企业履行社会责任产生的影响。陈智等（2011）基于公司治理的视角进行实证分析，得出公司治理因素在当前市场经济环境下，对我国企业履行社会责任的影响能力是最强的，有效的内部治理可为企业更好地履行社会责任提供必要的支持，并反过来推动公司稳定健康发展。

如果企业所表现出来的工业特征的类型不同，那么企业的社会责任行为也不同。在CSR的研究中，行业特征可以分为"消费者关闭"（Clarke、Gibson-Sweet，1999；Campbell，2007）和"环境敏感"（Patten，2002；Archel，2003），前者侧重于提高企业产品和消费者满意度，后者更侧重于环境问题，如冶金和采矿。公司所有权的形式也是影响企业社会责任的重要因素。Matten、Moon（2008）认为外部环境对企业产生的压力，是影响企业履行社会责任的重要因素。Gelb等（2001）的研究成果中，指出企业所担负的社会责任和其信息披露质量有一定的内在联系，并指出社会责任信息披露的增加，是企业积极主动承担社会责任的表现。同时其研究成果中还重点强调，当企业认识到维护企业自身和利益相关者之间关系的必要性和重要性之后，它们就会通过包括披露更多社会责任信息在内的多种方式来更好地满足利益相关者的需求。

（6）制度文化背景的影响。Visser（2005）基于卡罗尔金字塔模型针对非洲国家进行了研究分析，分析的内容主要为非洲国家对企业社会责任的态度和行为。研究结果表明，非洲国家无论是在履行社会责任的态度还是能力上，都与欧美国家有一定的差异。同时，对于企业社会责任的排名由低到高分别为企业的经济责任、慈善责任、法律责任和伦理责任。王静、万鹏（2009）发现，中国传统文化是导致人们没有把企业经济效益归为企业社会责任范畴的重要因素。卡罗尔金字塔模型包含四个层次的责任，在中国所显示出的顺序和非洲是不同的。杨帆等（2009）利用企业社会责任取向（CSRO）量表对长三角都市圈的管理者进行了调查，发现中国管理者性别的不同会对企业社会责任的取向产生十分重大的影响。传统文化对现代人来说是难以察觉的。制度、文化、思想观念的不同，是造成这些差异的主要原因。这些研究成果说明，我们有不同的制度文化、价值观和企业社会责任。杨春方（2009）研究发现，外部因素如市场竞争程度的加剧、政府干预水平的加强、法制环境的改善等对中国企业社会责任的行为并没有显著的影响，而企业自身的内部因素如出口行为、创新能力等，对社会责任的履行情况有着直接或者间接的影响。

6.1.2　企业社会责任影响因素研究述评

目前，无论是实证研究还是规范研究，国外针对企业履行社会责任影响因素的研究均已经形成了丰硕的成果。我国的研究起步较晚，虽然逐渐开始进行深入的研究，但对影响因素的分析还缺乏系统性，研究的结论还有待于进一步完善。尤其是现阶段越来越多的企业开始意识到社会责任的重要性，所以大样本的研究尤为必要。因此，本章将对企业社会责任影响因素做进一步探讨，为我国企业社会责任的研究提供更为丰富的借鉴数据和研究理论。

6.2 企业社会责任影响因素的研究设计

6.2.1 研究假设的提出

（1）企业规模。通过对国内外学者研究成果的调查分析可以看出，企业的规模大小是影响企业社会责任履行程度的一个十分重要的因素。Cowen（1987）从环境、能源、人力资源、公平就业、产品、社区关系等七个方面全面考察了社会责任信息的披露。结果表明，企业规模这一因素与企业社会责任信息之间存在正相关关系。

20世纪90年代以后，随着经济全球化进程的加快，企业规模也在不断扩大。许多专家学者利用跨国公司的社会责任信息，进一步证实了之前的研究成果。例如，Meek（1995）利用64家英国跨国公司、116家美国跨国公司和46家欧洲跨国公司的年度报告，对自愿披露信息的64个影响因素进行了测试。研究发现，企业规模是最重要的影响因素。Belkaoui 和 Karpik（1989），Brammer 和 Pavelin（2004），李正（2006）等研究表明企业规模对企业社会责任信息披露具有正向影响。

国内外众多学者的研究结果表明，企业的规模大小与企业社会责任信息的披露存在正相关关系。对这一研究结果有不同的理论解释。根据委托代理理论，代理成本是因为企业所有权和经营权的分离而产生的。与小型企业相比，大型企业需要筹集更多的资金来维持企业的发展；为了获得投资者的信任，大型企业更愿意披露具有社会价值的信息，从而降低由于信息不对称而造成的代理成本。从政治成本理论的方面来看，大型企业具有相对较高的政治成本敏感性。一方面，政府、媒体、环保组织等机构希望大型企业承担更多的社会责任，大型企业也希望维护社会形象和政治；另一方面，由于大型企业受到的关注度较高，即使大型企业出现一个很小的事故，也会被公众关注到，并引发社会热议，因此企业会积极披露社会信息，以显示其履行了自己的社会责任，减少法律诉讼和制裁。有学者认为，大型企业披露社会责任信息的成本是比较低的，为信息披露行为的不利竞争付出的代价可能相对小型企业来说更低。每个理论都解释了企业规模和社会责任信息披露的相关性。

通过委托代理理论我们可以知道，如果一个企业规模越大，那么这个企业的代理成本也就会更高；反之，如果一个企业的代理成本越低，那么这个企业的规模也就会越小。这主要是因为，大规模的企业为了降低其自身的代理费，会主动披露社会信息，而且企业更乐意将自身的好消息传递出去，让更多的利益相关者知道。尤其是企业对社会所做出的贡献，也就是本章重点研究的履行社会责任，可以极大地提升企业社会形象，让报告使用者更多地了解企业信息，从而对企业投资。据此提出假设1。

假设1：企业规模越大，那么企业社会责任的履行情况就会越好。

（2）盈利能力。一些研究表明，企业的盈利能力，与企业社会责任信息披露水平存在正相关关系。Bowman（1978）在研究企业社会责任信息披露和企业财务绩效的关系时发现，社会责任信息披露与财务绩效之间存在相关关系。Roberts（1992）认为如果一个公司的盈利能力较强，那么它将会披露更多的社会责任信息。Wilmshurst和Frost（2000）选取了60份澳大利亚矿业年度调查报告作为样本，结果显示，利润高的公司相对于利润低的公司，会披露更多的环境信息。沈洪涛（2007）以1997—2003年所有A股上市公司（不含金融业）为研究样本，发现企业社会责任信息披露与财务绩效存在显著正相关关系，二者相互影响，相互促进。马连福、赵颖（2007）对深圳458家上市公司进行实证分析，得出企业社会责任信息披露水平与该企业绩效呈现出正相关关系的结论。

然而，有学者研究表明，一个企业的盈利能力与该企业社会责任信息披露之间不存在相关关系或存在负相关关系。Ingram和Frazier（1983）分析了79家石油、化工和金属行业的公司。在公司规模和股权分配的控制和指导下，企业的盈利能力和企业社会责任信息披露数量较弱。李正（2006）于2003年对中国上海股市的521家上市公司进行实证分析，调查研究表明，净资产收益率和企业社会责任信息披露之间存在明显的负相关关系。Cowen等（1987）在研究中通过控制企业规模、行业属性、社会责任委员会等变量，发现一个企业的盈利能力与企业社会责任信息披露之间并不存在相关性。Belkaoui（1980），Karpik P C（1989），Hackston和Milne（1996）发现社会责任信息的披露与公司绩效无关。

下面的理论解释了企业盈利能力与企业社会责任信息披露之间的关系。社会契约理论、资本假设和信号理论解释了两者之间的正相关关系。根据社会契约理论，高利润企业的管理者为了维持自己所拥有的社会地位，会为自己的高薪找到最为合适的定义，会更愿意披露企业的社会责任。Preston（1997）提出了"资金假说"，这一学说主要指出，企业履行社会责任的意愿，以及企业履行社会责任的能力，主要取决于企业所能够提供的资金的数量。如果企业提供的资金数量越多，那么企业履行社会责任的能力就会越强，企业履行社会责任的意愿也会越强，进而企业也就更乐意披露自己的社会责任信息。根据信号理论，由于信息不对称情况的存在，盈利能力强的企业往往会主动披露社会责任信息，向外部投资者证明自己是"好企业"，从而区别于业绩差的企业。因此，披露社会责任信息跟一个企业的盈利能力有着很大关系，盈利能力强的企业一般披露的社会责任信息会相对多一些；如果一个企业的盈利能力较差，那么该企业披露的社会责任信息也会少一些。

"经理人面临不同的市场压力"和"经理机会主义假说"都与对税收的理解有关。"经理人面临不同的市场压力"是指经理人在披露社会责任信息时，会面临来自资本市场、商品服务市场和经理人服务市场的压力。来自资本市场的压力意味着股东了解公司参与社会责任活动，他们可能担心其个人利益会受损，因此出售该公司的股票，这可能会导致公司的股价下降，进而可能会导致公司被收购。来自商品服务市场的压力意味着客户认为企业参与社会责任活动的支出会以产品涨价的形式转嫁给客户；来自经理人服务市场的压力意味着被收购公司的经理人很难重新进入其他组织，获得一个经理职位。"经理机会主义假说"认为，当经理的薪资和公司短期内的经营目标存在紧密关系的时候，为了实现和维护个人利益，即使公司拥有很强的盈利能力，公司还是会承担比较少的社会责任。因此，公司披露的社会责任信息的数量较少，导致公司的盈利能力与社会责任信息披露呈现出负相关关系。关于企业盈利能力与企业社会信息披露之间的关系还有很多学者进行了相关研究，大多数研究得出的结论都是二者之间存在正相关或负相关关系。

一个企业的盈利能力越强，那么它的财务绩效就会越好，则更有精力和意愿去履行社会责任，会更主动地披露社会责任履行方面的信息，来提升企业形象，提高企业的声誉。据此提出假设 2。

假设 2：企业的盈利能力越强，那么企业社会责任的履行情况就会越好。

（3）行业性质。不同的行业承担的社会责任不尽相同，不同行业企业所受到的关注度也是不同的。另外，不同的企业，其利益相关者对企业履行社会责任的能力和表现的要求也是不同的。比如污染比较严重的企业，相对于其他的企业来说，更愿意披露自己的社会责任信息。这主要是因为该行业自身具有敏感性，为了维护自身形象，需要让社会和公众知道自己在积极地履行社会责任。因此，这些行业的社会责任报告受到的关注度是很高的。根据中国证监会2012 年修订的《上市公司行业分类指引》、环保部 2010 年公布的《上市公司环境信息披露指南》规定，包括冶金、制药、纺织等在内的 16 类行业为重污染行业，而由于这些行业关注度较高，一旦社会责任出现问题，其声誉就会受到严重影响，所以为了防止这一现象的发生，企业会更好地履行社会责任。据此提出假设 3。

假设 3：污染环境相对严重的企业，其社会责任的履行情况较好。

（4）地域因素。地域因素主要是指企业的经营和发展对地理环境的约束。

它在区域传统文化的形成过程中具有十分重要的作用。同时，在保护和巩固原有文化方面也具有一定的作用。

通常认为，地处发达地区的企业其发展情况会更好，受到的关注会更多，相应地更愿意履行社会责任。据此提出假设4。

假设4：处于发达地区的企业，其社会责任的履行情况会相对更好。

6.2.2 样本选取与模型构建

6.2.2.1 样本的选择与数据来源

选取2012—2014年我国沪深两市A股上市公司发布的2001份社会责任报告作为研究样本。企业社会责任表现的评分数据来源于润灵环球社会责任报告评级数据库，企业的财务信息主要来源于国泰安数据库与各企业的官方网站。为了保证研究结果更加真实可靠，在数据整理过程中剔除了ST类和数据不全的公司，最终得到有效样本数1 900个。

6.2.2.2 变量和模型的设定

（1）被解释变量。本研究中，选择企业社会责任表现水平作为被解释变量，计算过程中采用润灵环球社会责任报告评级数据库计算的每一个企业的评分。

（2）解释变量。根据提出的研究假设，将企业规模、盈利能力、行业属性和地域因素作为解释变量。企业规模的衡量标准，选择了一个财务周期内年末总资产的自然对数；盈利能力，采用企业的净资产收益率来衡量，计算方法为净利润与平均净资产之比；行业属性，依据环境保护部（现生态环境部）发布的《上市公司环境信息披露指南》中划定的16类重污染行业，若研究的企业为重污染行业取值为1，否则取值为0；地域因素的衡量方法是企业所在地为经济发达地区取值为1，否则为0，根据2014年的人均GDP排名将北京、天津、上海、广东、福建、浙江、江苏、山东这八个省市作为经济发达地区的标准。

（3）控制变量。将负债规模、股权性质和发展能力作为控制变量。其中负债规模用资产负债率来衡量；股权性质中，如果研究的企业实际控股为国有控股取值为1，否则取值为0；发展能力用企业营业收入增长率来计算，企业的发展能力反映了企业发展的潜在价值，发展能力越好，企业声誉和市场地位越好，这会形成良性循环，促使企业更好地履行社会责任（表6-1）。

表6-1 变量选取说明

变量类型	变量名称	变量符号	变量定义
被解释变量	企业社会责任表现水平	$LCSR$	润灵环球社会责任评分

（续）

变量类型	变量名称	变量符号	变量定义
解释变量	企业规模	*Size*	期末总资产的对数
	盈利能力	*Roe*	净利润/净资产
	行业属性	*Industry*	重污染行业赋值为 1，否则为 0
	地域因素	*Province*	企业所在地为经济发达地区赋值为 1，否则为 0
控制变量	负债规模	*Rda*	资产负债率
	股权性质	*State*	国家股或者国有法人股时赋值为 1，否则为 0
	发展能力	*Growth*	营业收入增长率

（4）模型设定。根据以上变量的设定，设计模型如下：

$$LCSR_{it} = \beta_0 + \beta_1 Size_{it} + \beta_2 Roe_{it} + \beta_3 Industry_{it} + \beta_4 Province_{it} +$$
$$\beta_5 Rda_{it} + \beta_6 State_{it} + \beta_7 Growth_{it} + \varepsilon_{it} \qquad (6-1)$$

其中，$\beta_i (i = 1, 2, \cdots, 7)$ 为各个研究变量的回归系数，ε 为误差项，i 表示企业，t 表示时间。

6.3　我国企业承担社会责任影响因素实证研究

6.3.1　描述性统计

表 6-2 反映了各个变量的描述性统计值。其中企业社会责任表现水平（*LCSR*）的均值为 38.96，极小值为 15.12，极大值为 88.45，这说明我国 A 股上市公司社会责任信息的水平差距较大；企业规模（*Size*）的极大值为 30.66，极小值为 19.54；盈利能力（*Roe*）的极小值为 −1.86，极大值为 3.83，均值为 0.08，这说明选取的样本企业中盈利能力相差较大；行业属性（*Industry*）的均值为 0.53，说明发布社会责任报告的企业中有 53%属于重污染行业，从中体现出重污染行业的社会责任意识较强；地域因素表明样本企业中有 66%处于经济发达地区；负债规模（*Rda*）的均值为 0.52，说明样本企业的总体资产负债率处于较合理的水平，但极大值高达 111%，应引起企业的重视；股权性质（*State*）的均值为 0.24，说明所研究的企业中有 24%为国有股或国有法人股；发展能力的极小值为 −0.88，极大值为 4.65，说明样本企业之间发展能力相差较大，企业应重视后续的可持续发展。

表 6-2　变量描述性统计

变量	样本数	极小值	极大值	均值	标准差
LCSR	1 900	15.12	88.45	38.96	12.74

（续）

变量	样本数	极小值	极大值	均值	标准差
企业规模 Size	1 900	19.54	30.66	23.21	1.77
盈利能力 Roe	1 900	−1.86	3.83	0.08	0.14
行业属性 Industry	1 900	0	1	0.53	0.50
地域因素 Province	1 900	0	1	0.66	0.48
负债规模 Rda	1 900	0.007	1.11	0.52	0.22
股权性质 State	1 900	0	1	0.24	0.43
发展能力 Growth	1 900	−0.88	4.65	0.13	0.36

6.3.2 相关性分析

表 6-3 的数据显示了各个变量之间的相关性。各解释变量相关系数均小于 0.8，说明变量之间不存在自相关关系。从企业规模来看，企业规模与社会责任表现水平在 5% 的水平上显著正相关，存在较强相关性；从盈利能力的角度来看，企业的盈利能力与社会责任表现水平在 5% 的水平上显著正相关；从行业属性的角度看，重污染行业与社会责任表现水平呈负相关；从地域因素的角度来看，二者在 5% 的水平上显著正相关，两者之间的相关性较大。进一步的结论还需要多元回归来解释和说明。

表 6-3 相关性分析

Parameter	CSR	Size	Roe	Industry	Province	Rda	State	Growth
LCSR	1							
Size	0.504**	1						
Roe	0.066**	0.117**	1					
Industry	−0.064**	−0.142**	−0.061**	1				
Province	0.085**	0.063**	0.066**	−0.106**	1			
Rda	0.162**	0.393**	−0.041	−0.063**	0.007	1		
State	0.060**	0.108**	0.033	−0.027	−0.024	0.085**	1	
Growth	0.017	0.016	0.055*	−0.031	0.042	−0.015	0.085**	1

注：*、**分别表示在 0.01、0.05 水平上显著相关。

6.3.3 多元回归结果

表 6-4 是运用统计软件得出的回归系数值，其中企业规模的 P 值为 0，地域因素的 P 值为 0.009，显著性较强。R^2 值为 0.260，调整后的 R^2 为

0.257，表明回归方程的拟合度较好，模型能解释企业社会责任表现的影响因素。

表 6 - 4　回归系数表

模型	非标准化系数		标准系数 β	t	Sig.
	B	标准误差			
（常量）	−47.550	3.494	1.06	−13.610	0.128
企业规模	3.726	0.158	0.519	23.602	0.000
盈利能力	0.069	1.868	0.001	0.037	0.971
行业属性	0.372	0.512	0.015	0.725	0.468
地域因素	1.399	0.535	0.052	2.617	0.009
负债规模	−2.345	1.268	−0.040	−1.849	0.065
股权性质	0.287	0.598	0.010	0.481	0.631
发展能力	0.200	0.713	0.006	0.280	0.780

$R^2 = 0.260$
调整 $R^2 = 0.257$

（1）企业规模的大小和企业社会责任表现之间存在正相关关系。这一结果与建立假设时提到的相关理论是一致的。首先，大型企业为了获得客户、供应商等的信任，增加公众对企业的信任，销售更多的产品和服务，筹集更多的资金，它们往往报告更多、更详细的社会责任信息。其次，大型企业将得到公众更多的关注。它们更愿意通过自愿披露社会责任信息来传达自己的责任。这不仅符合政府、媒体等的期望，也在一定程度上可以避免法律诉讼和制裁。同时，企业规模越大，企业的知名度也就越高，人们也会将更多的目光放在这些规模相对较大的企业上。此外，大型企业拥有强大的经济实力和更多的资源，可以投入更多的资金和人力，从事更多的社会责任活动。

（2）企业自身的盈利能力与该企业的社会责任表现呈现出一定正相关关系，但显著性较差。这说明利润高的企业不一定愿意承担更多的社会责任。首先，这很可能是因为盈利能力针对社会责任报告信息的滞后性，前期较高的利润水平可能会导致后期社会责任信息质量较高。其次，企业面对的股东客户和管理者的市场压力也会导致企业盈利能力增加而不愿报告社会责任信息。另外，这可能是企业管理者为了保护自身利益而较少报告社会责任信息。

（3）从行业的属性来看，是否为重污染行业与企业社会责任表现的相关性并不强，验证了假设 3 的方向，但并不显著。在企业社会责任日益受到全社会关注的趋势下，无论是石油煤炭开采、造纸、制药、皮革制造等行业，还是一般非重污染行业，企业都将社会责任表现作为提升自身社会声誉、社会形象的主要手段，特别是慈善捐赠等责任会给企业正面形象带来一定的促进作用。同时这也说明各种类型的企业在履行社会责任、保护环境等方面有了长足的发展，与我国未来社会经济发展的宗旨一致。

（4）从地理因素来看，区域因素与社会责任表现之间存在显著正相关关系。这也表明经济发达地区的企业更愿意报告社会责任信息，而且更愿意于履行社会责任。这与假设 4 一致，该假设得到验证。

控制变量中股权性质和发展能力与企业社会责任表现关系不显著。

6.4 本章小结

第 4 章在分析企业社会责任现状的基础上对企业社会责任缺失的原因进行了初步分析，本章则通过上市公司数据进一步研究企业履行社会责任的影响因素，企业社会责任表现来自润灵数据库评分，其余相关数据资料主要来自上市公司年报和社会责任报告。研究结果表明企业规模的大小和企业社会责任的信息披露度之间存在正相关关系；盈利能力与该企业的社会责任指数呈现出一定正相关关系，但显著性较差，这可能是因为利润高的企业出于种种原因不一定愿意承担更多的社会责任；从行业的属性来看，是否为重污染行业与企业社会责任表现并不显著，这说明在企业社会责任日益受到全社会关注的趋势下，无论是重污染行业还是一般行业的企业都将社会责任表现作为提升自身社会声誉、社会形象的主要手段，都乐意于进行社会责任表现；从地域因素来看，区域因素与社会责任表现指数之间存在显著正相关关系，这也表明经济发达地区的企业更愿意披露社会责任信息，而且更愿意履行社会责任。

第7章

企业社会责任的驱动机制与价值分析

7.1　企业社会责任驱动机制与价值表现研究综述

企业社会责任的驱动机制一直是理论界尚未厘清、争论不休的焦点问题。企业社会责任驱动机制应该是促使企业承担社会责任的动机、规范、条件及其相互作用、相互制约而形成的系统，是推动企业履行社会责任的动力（杨春方，2015）。关于企业社会责任驱动机制的研究通常从内部和外部两方面着手，大致可以划分为内部的道德驱动机制、利益驱动机制和外部压力驱动机制等方面。如崔秀梅（2013）将企业社会责任的驱动机制分为市场驱动机制、政府驱动机制和道德驱动机制；苏蕊芯、仲伟周（2010）将民营企业社会责任驱动分为道德驱动、经济驱动和政治驱动三种；张兆国（2014）对企业社会责任动因的现实分析中认为企业承担社会责任是一种既利己也利他的最优抉择、是一种信号传递机制，还是一种交易实现机制。

7.1.1　企业社会责任驱动机制的研究

7.1.1.1　国外有关企业社会责任驱动机制研究综述

西方学者以考察企业社会责任驱动力为出发点，对市场经济进行了长期的观察，并进行了长时间的讨论和研究。总体来看，在西方学术界，对于推动企业履行社会责任，比较被认可的观点主要有社会契约论和利益相关者理论。这两种观点均有一定的研究基础。社会契约论基于卢梭的思想，认为经济中存在广泛的社会契约关系，这种契约关系规范了双方的义务和责任，若有一方违反，那么这种契约就失去效用。按照社会契约理论的定义，如果将其应用到企业承担社会责任上来，则表现为企业应该为了维护与其利益相关个体或者集体的利益，例如企业的投资者、企业的员工等，组建一个契约联合体。

利益相关者理论起源于20世纪60年代左右的西方国家，自这套理论产生起，就逐步产生深远的影响，利益相关者把与企业发展相关的群体联系了起来，而不单单只考虑企业的利润。与企业以追求利润为最大目的不同，利益相关者理论认为企业是一个社会契约的集合体。具体来说，利益相关者包括那些受企业行为影响，同时能影响企业行为的群体，例如股东、企业的员工、债权人、供应商、消费者等，另外，政府、媒体等在社会利益上相关的群体也包括在内。

爱德华·弗里曼（1984）出版的《战略管理：利益相关者方法》中认为利益相关者就是能够影响企业实现企业目标的集团和个人，他也由此在研究企业承担社会责任动机这一领域为后来的研究者提供了新思路。企业需要考虑的不仅仅是自身的利益，也必须考虑到利益相关者的需求。Hillman 和 Keim（2001）发现，企业承担社会责任可使企业与外界建立一种紧密的联系，这种联系能够帮助企业获得生产经营需要的资源，也可以提高员工工作的积极性以及对企业的忠心程度，从而提高企业的社会信誉。

也有学者认为，企业的发展前景一定程度上取决于企业管理层对利益相关者利益回应的质量（Donaldson et al.，1995）。科尔克与宾克斯（2006）在对企业社会责任相关的研究进行归纳总结后认为大量的相关研究都集中于利益相关驱动的研究，包括如何识别利益相关者的特征；检验在什么情况下，研究企业不同的利益相关者战略；利益相关者如何影响企业的经营与决策等。弗里曼认为，无论是股东还是非企业股东的利益相关者，都对企业的经营管理发生作用（Freeman，1984）。在没有不可抗因素阻挠的情况下，如果企业有意不顾利益相关者的利益甚至损害利益相关者的利益，那么利益相关者就有权通过正当合法的手段维护自己的权益，这些手段包括政府的管制、舆论的监督、法律的惩戒等等。通过这些方式，以警示和推动企业履行社会责任。非股东利益相关者和股东利益相关者所做的使企业履行相应责任的行动，就是推进企业承担社会责任的外在压力。在生产中的供应链方面，巴登、哈伍德和伍沃德（Baden et al.，2009）通过对大量案例的研究，证明了在商业交易中买方给予的压力能督促企业严格执行生产标准。

企业的利益相关者因素是复杂的，众多的利益相关者使得从不同的角度研究企业社会责任就会得出不同的结论。这时，新的概念不断涌现了出来，例如，部分学者开始提出组织竞争优势的概念，在组织竞争优势与企业社会责任方面的研究也不断增加。弗里德曼等新古典经济学派认为，企业履行社会责任会减少企业的竞争力，因为企业在履行社会责任的过程中会消耗企业资源，耗费企业的成本（Milton，1970）。但随着利益相关者的利益与企业社会责任的一致性日渐提高，一些学者提出"社会影响假说"，该假说指的是，企业如果积极承担社会责任，把相应的社会责任落实到位，那么通过利益相关者的信息传播，企业在社会上就会获得良好的声誉；反之，如果企业拒绝履行社会责任或者敷衍了事，那么该企业的名誉就会受到损害（Comell et al.，1987）。波特和克雷默（Porter et al.，2006）经过研究认为，企业与社会存在着共同的价值需要，企业能从社会上获得多样不同的资源，社会也需要企业反哺，只有如此，企业才能获得更强的竞争力。在此，需要强调的则是：学术界衡量企业竞争力的指标具有多样化，也就不难理解为什么很多学者在研究时由于采用了不同的指标进行衡量而得出不同的研究结论。

Paul 和 Walter（1983）认为企业外部驱动力可分为强制性驱动力、规范性驱动力、模仿性驱动力。Milstein 等（2001）将推动企业履行社会责任的动力分为外部驱动力和内部驱动力，外部驱动力分为强制性驱动力、规范性驱动力和模仿性驱动力，分别对应政府或其他权威机构的管制、媒体的监督以及竞争环境；内部驱动力分为战略导向驱动力、学习能力驱动力和经验传统驱动力，分别对应领导意愿、雇员反应和组织惯性。薛普斯认为，非营利性组织对企业履行社会责任行为所起的作用越来越重要。Fombrun、Gardberg 和 Barnett（2000）认为企业承担社会责任可为企业获得声誉资本的积累，企业积累的声誉资本会促进企业经济效益的提高。Mcwilliams 和 Siegel 则把企业履行社会责任看成是一种企业投资行为。因为具有社会责任意识的企业在生产过程中一定是遵守生产标准的，符合生产标准的产品在无形中已经遵守了社会的底线，这道底线同时也是企业最基本的社会责任，所以生产出来的产品与其他企业的产品相比，更容易受到消费者的青睐，从而获得一定的竞争优势，实现差异化优势。除了能与消费者建立良好的关系以外，企业落实与企业利益相关者的社会责任，例如构成社会责任的投资行为、保障员工工作条件、保护社区生态环境等，能为企业获得良好的社会声誉以及提高企业应对经营风险的能力，从而使企业在市场经济中获得竞争优势（McWilliams et al.，1997）。

7.1.1.2　国内有关企业社会责任驱动机制研究综述

企业社会责任驱动机制应该是促使企业承担社会责任的动机、规范、条件及其相互作用、相互制约而形成的系统，是推动企业履行社会责任的动力（杨春方，2015）。我国关于企业社会责任驱动力的研究相对较少，特别是在 20 世纪 90 年代以前，我国几乎没有关于这方面的研究，随着市场经济的不断发展，这方面引起了越来越多的关注。在研究内容上，学术界不仅关注其内涵，更多的是研究如何将企业社会责任与企业的发展战略结合起来。在研究对象上，主要是以上市公司或国有企业为研究样本（王敏，2014）。

关于推动企业履行社会责任的因素，国内的学术界主要将其分为内部因素和外部因素。内部因素大致可以划分为道德驱动机制和利益驱动机制，外部压力驱动机制主要包括政府管制、利益相关者以及政策法规等。在国内学术界，学者们对内部因素与外部因素的认识比较统一。辛晴、綦建红（2008）认为推动企业履行社会责任需要社会各方的努力，但终究还是可以归结为外部因素和内部因素，只不过企业内在的驱动力比外来压力更能让企业自觉履行社会责任。张利研等（2009）将儒家文化归入了影响我国企业履行社会责任的内在文化因素，因其影响了我国文化几千年。张会芹（2010）认为，在经济转型的大背景下，政府更多地掌握了经济发展的主动权，企业承担社会责任的目的并不是纯粹地想造福于社会，从更深层次进行探究，有可能是为了政治上的便利性。崔秀梅（2013）将推动企业履行社会责任的驱动力分为市场驱动、政府驱动和道德驱动，三个机制共同对企业起作用。张兆国（2014）认为企业是基于一种现实的交易实现动机来推动企业履行社会责任的，因为这种机制是一种利己利他的最优抉择，也是一种信号传递。苏蕊芯、仲伟周（2010）将民营企业社会责任驱动分为道德驱动、经济驱动和政治驱动三种，市场驱动与经济驱动差别较小。郑盼盼（2015）认为企业的社会责任是基于经济效率、新制度理论以及伦理观来驱动的，分别契合于工具性、关系性与道德性。季小娜（2016）认为，国内的很多企业，特别是中小型的企业，并不太认同履行社会责任能为企业带来竞争优势，所以这是大部分企业社会责任缺失的原因。法律法规作为影响企业发展的外在因素，在社会责任方面是规范企业社会责任行为的一种有力手段；企业也因为行业惯例的原因无法在经营中追求完全的利益最大化，制度环境作为企业社会责任的外在驱动力，能够显著地促进企业承担社会责任。代家琦（2016）从内外两个方面阐述了驱动中国企业承担社会责任的因素，内部因素有经济因素、企业家道德；外部因素有法律及政府管制、公共压力和政治因素。杨韵（2017）认为企业履行社会责任的驱动力可以归类为外部压力和内部驱动两个部分，外部驱动力为政策法规和利益相关者，内在驱动力为经济和伦理与慈善。

　　除了内外驱动力，还有正负驱动力。窦鑫丰（2014）将企业社会责任驱动力分为正驱动力和负驱动力，正驱动力为信息传递和各方利益均衡，负驱动力来源于企业履行社会责任的成本约束，并提出了合力效果。正驱动力指的是企业自觉向社会披露经营的信息，以让外界有渠道了解企业履行社会责任的情况。如果企业履行社会责任的状况较好，那么根据信息传递理论，企业就可以向外界传递一种积极的信息。这种积极的信息表明企业能够较好地把企业利益与利益相关者的利益结合起来，也表明企业有较高的社会责任管理能力。企业传递出来的这种积极的信号，能够获得更多的社会支持与认可，提高企业的声誉，均衡各方的利益。负驱动力主要是指企业履行社会责任所需消耗的资源，因为企业存在的目的是追求利润，而企业履行社会责任需要支付一定的费用，从而加大了企业的财务压力，损害企业效益。比如提高员工的福利、采用先进但更新成本大的生产模式等，这些对经济效益产生负面影响的企业行为，会制约企业履行社会责任。正因为存在着正负驱动力，所以不难理解企业承担社会责任的选择会受到正负合力的影响。当企业认为正负合力的结果为负时，即使通过法律法规等强制性手段督促企业履行社会责任，企业也是充满抵触的。

也有部分学者基于实证研究来进行分析。李海婴等（2006）从企业资源竞争的角度揭示了企业履行社会责任的原因。通过分析 logistic 模型，认为在特殊的市场经济环境下，企业会为了追求更强的竞争力而去履行更多的社会责任，以促进企业的发展。并指出，企业承担社会责任最根本的原因在于经济原因，这也是最深层次、最本质的原因。毛清华等（2011）基于系统动力学，搭建了系统动力学与利益相关者之间的桥梁，把两者联系在一起，并构建了社会责任动因系统的动力学模型。朱雅琴和党慧文（2018）采用因子分析的方法，选择 61 家辽宁上市公司为实证研究的对象，通过分析它们的财务数据，得出结论：上市公司积极承担社会责任，其在财务上的竞争力会得到提升。

社会在不断发展，推动企业履行社会责任的原因是一个不断变化的过程。中国市场经济体制尚在深化建设过程中，中国企业履行社会责任的表现还处于起步阶段，推动国内企业履行社会责任的动力呈现出外在因素强于内在因素的趋势。尽管如此，来自政府以及利益相关者的压力在推动企业履行社会责任方面仍发挥着主导作用。随着传播技术的不断发展，媒体以及社会舆论也逐渐产生更大的作用。同时，我国市场经济的快速发展以及全球化进程的加速，都在推动企业转型，通过培养人文情怀以提高企业的竞争力。

7.1.2　企业社会责任驱动机制文献述评

国内外诸多学者就企业履行社会责任问题进行过多方面多层次的研究，企业社会责任问题也日渐成为备受公众关注的话题。国内外学者从多角度利用多种研究方法，进行了与企业社会责任相关的概念性研究、把企业社会责任与企业价值结合起来的研究以及企业社会责任的推进等主题研究。

关于企业履行社会责任的动机问题也取得了一定的研究成果。数量最多的属于规范性研究，纯理论性研究较多，社会责任驱动力在实证研究方面还有所欠缺。国内学者以国外学者的研究为基础，结合我国的实际情况对驱动我国企业履行社会责任的动力进行了研究，并找出不同的文化、经济、政治背景所导致的差异。国内外学者近年来也从更深的层次、更多样的角度对企业履行社会责任驱动体制进行了研究，并取得了较为丰硕的成果。这为本书对该问题的系统研究提供了重要参考，包括以下几个方面：第一，学术界从利益相关者理论、"三重底线"理论等视角，对企业社会责任驱动机制进行研究，无论是从理论基础，还是从研究视角等方面来看，都具有重要理论与现实价值；第二，已有的关于企业社会责任驱动机制的理论研究与实证分析，为本书的深入研究提供了诸多定性论断与数据支撑，与本书的分析结合可令研究更有信服力；第三，学术界为研究企业社会责任驱动机制而建构的模型框架，为本书的实证调研、数据分析提供重要参考。

虽然已经进行了众多的研究，但当前学术界对企业社会责任驱动机制的研究仍旧存在一定欠缺，主要表现在：①缺乏国家和地区文化、企业文化以及管理者个人的价值观对推动企业履行社会责任的作用分析，因为这些要素难以被定量化，故而也容易被研究者所忽略；②在对企业社会责任驱动机制的研究中，定性分析与定量研究的结合度不够，往往侧重于理论分析而缺少实证研究；③关于企业社会责任驱动机制的相关假设未能明确表述等。这些问题，还有待后续的深入研究。

对此，笔者将试图整理与借鉴和企业社会责任推动力有关的研究观点，借鉴已有的研究，深入分析并且阐述企业履行社会责任的驱动力，同时以上述的研究作为基础，对企业履行社会责任的驱动机制进行更深层次的研究。综上，可以将推动企业履行社会责任的驱动力分为内部因素和外部因素，内部因素为道德与利益，外部因素为利益相关者、政治文化环境和社会压力等，以期深化对企业履行社会责任驱动机制的研究，能为后续研究提供参考。

7.1.3 企业社会责任价值表现的研究

企业履行社会责任与其价值表现，是很多外国学者都十分关注的一个问题。这些学者对相关后果中企业价值方面的影响进行了实证研究，但是得出的结论并不一致，包括两者之间呈现正相关、负相关及关系不确定三种结论。我国相关学者也开始进行探索并且研究我国企业履行社会责任以及披露社会责任信息对企业价值的影响情况，最终研究的结论也像外国学者研究的结果一样，存在着多种差异。我国学者通过学术分析、学术座谈会以及实例验证等多种方式也发现这两者之间存在着三种关系，即两者之间存在着正相关关系、负相关关系以及无明显关系。

（1）企业社会责任与业绩及企业价值正相关。Pava、Krausz 等（1997）研究了美国的 67 家大公司在 1982—1992 年的相关数据，结果表明规模较大的公司，其企业绩效与社会责任信息披露情况之间存在着正相关关系。Johnson（2003）在 2003 年的研究表明，企业如果能够积极承担社会责任，并且提高社会责任的信息披露度，那么企业的利润就能得到提升。反之，如果企业不积极履行社会责任，或者企业社会责任的履行情况很差，那么企业的利润大概率是会下降的。

徐光华、张瑞（2007）主要研究分析了 2001—2006 年这 6 年间上海证券交易所上市公司中的 64 家 A 股企业，最终研究发现企业履行社会责任对于企业价值增长是十分有利的。因此企业履行社会责任和企业价值增长之间呈现出正相关关系。

潘煌双、姚瑞红（2008）主要选取了我国制造业的上市公司进行研究和分析，发现样本公司 2005—2007 年企业财务效益越好，企业所具有的价值越高，企业社会责任信息的披露度也越高。进而得出结论：企业履行社会责任与企业价值增长之间呈现出正相关关系。

沈洪涛、杨熠（2008）主要选取了沪市与深市两市 A 股上市公司中的石化塑胶业的企业作为研究样本，收集并整理了样本企业 1999—2004 年的数据进行企业社会责任信息披露与企业价值之间的关系问题的研究，最终调查结果显示：2002 年以前企业社会责任信息披露这一现象对于企业价值的影响并不明显，但 2002 年之后出现了很大的变化，企业社会责任信息披露度越高，股票收益也就越高，进而企业价值也就越高。最终得出结论：企业履行社会责任和企业价值增长之间呈现出正相关关系。

（2）企业社会责任与业绩负相关。认为两者之间存在负相关关系的学者为 Vance 等人，他们的主要观点如下。

Vance（1975）通过大量的数据分析和实例研究，多方面多角度分析了企业社会责任与企业财务绩效之间的关系。他发现这两者之间呈现出负相关关系，因此得出了一个重要结论：履行社会责任的企业对于投资者而言，不是一个很好的投资选择。Walley 等（1994）指出，企业承担社会责任会提高企业生产成本，导致在企业生产经营初期面临成本过高等风险，在一定程度上会极大地影响企业的收益情况；另外，产品价格较高导致市场竞争力降低，最终导致市场价值的流失和企业的破产。因此企业价值与企业履行社会责任之间呈现出一种负相关关系。

李正（2006b）通过选取上海证券交易所中的 521 家上市公司，并以 2003 年的数据作为基础去分析和研究了企业信息披露度与企业收益或者说企业价值之间的关系。文中采用 Tobin Q 作为企业市场价值的指标，通过数据分析和对比发现，企业信息披露度越高企业效益越低，反之企业信息披露度越低企业效益越高，两者之间存在着显著性差异。因此得出结论：企业履行社会责任和企业价值增长之间呈现出负相关关系。

（3）企业社会责任与业绩关系不确定。认为企业社会责任与企业价值间关系具有不确定性的学者主要有褒曼和海尔等人，他们的主要观点如下。

Bowman 和 Haired（1975）一共选择了 82 家食品行业的企业，通过年报中社会责任信息披露的比例来计算社会责任信息披露指数，分析了各个因素之间存在的关系，最后发现企业社会责任信息披露与企业价值之间呈现出一种 U 形关系。因此得出结论：企业社会责任与企业价值间关系具有不确定性。

Mahoney 和 Roberts 等（2007）选取加拿大企业进行企业社会责任信息披露情况与企业绩效之间的相关性研究，最终结果表明两者间不存在明显的相关关系。因此得出结论：企业社会责任与企业价值之间的关系目前尚无定论。

刘长翠、孔晓婷（2006）主要对企业履行社会责任与企业价值以及企业效益之间可能存在的关系进行专业的分析和实例论证，认为对企业价值和企业效益的影响是分阶段的，并不能一概而论。从目前情况来看，企业披露社会责任会计信息一般来说会降低企业的价值，但是从长远的角度来看，企业披露社会责任会计信息并不会影响到企业价值和企业效益。因此得出结论：企业社会责任与企业价值这两者之间的关系是不确定的。

温素彬等人（2008）选取了 46 家上市公司，并且对这 46 家上市公司 2003—2007 年的面板数据进行了分析和研究，结果表明我国企业的社会责任越受到重视，企业的信息披露度就会越低，信息披露量也会越少。很多企业社会责任的履行情况和当期企业的经济效益以及企业价值呈现出一种负相关的关系，企业社会责任的履行状况越好，企业的经济效益越低；企业的社会责任的履行状况越差，企业的经济效益和企业价值就会越高。但是从长期来看，两者却呈现出一种正相关的关系。通过实例分析和研究表明，在很长的一段时间内，企业社会责任的履行状况越好，企业的经济效益和企业价值就会越高；如果企业社会责任的履行状况越差，那么企业的经济效益和企业价值就会越差。因此得出结论：企业社会责任与企业价值之间的关系是不确定的。

石军伟等人（2009）选取了 151 家中国公司调查分析数据，得出的结论是，企业履行社会责任的情况与企业经济效益和企业价值之间并没有明显的相关关系。

从国内外各个学者的研究情况可以看出，大多数学者主要通过学术分析、专家座谈以及最重要的实证研究等手段，来对企业社会责任信息的经济后果进行深入的研究和分析。目前国内外各个学者得出的结论都比较一致，主要包括了三种观点：两者之间存在正相关关系、两者之间存在负相关关系、两者之间存在不确定关系。但目前为止，很少有学者会将企业的社会责任报告或者其他相关的文字资料作为基础来研究企业社会责任信息的经济后果。因此，笔者主要针对社会责任报告对企业社会责任信息的经济后果进行了研究和分析，对于目前该领域的研究来说是一种进步，同时也弥补了国内该研究领域目前存在的空白。

（4）企业社会责任的公共价值后果。Lantos 认为，企业社会责任大体上可以分为三种类型：伦理、利他和战略，即企业形象可以通过参与慈善捐赠来改善，这将使企业在经济上受益。企业的社会责任中包含有慈善捐助，慈善捐助是企业和社会双赢的举动，企业在为社会做贡献的同时本身也收获了好的声望，有利于企业的可持续发展。VaMarr 提出了一个五层的 CSR 模式，包括五个层次：依赖、利益、兴趣、爱的互动和整合。第二层次是利益，也就是说企业社会责任是一种创造性和竞争力的投资，并能在未来给企业带来利润。

从宋献中、龚明晓（2006）的研究中可以发现，他们在调查过程中，用专业的会计人才来代替投资人，通过给参加 2006 年中国会计学术年会的所有会议代表发放问卷的形式来考察会议代表对有关企业社会责任信息方面问题决策价值的态度和意见。调查结果表明，公司年报中所出现的社会责任信息的决策价值以及公共关系价值都不高，其中自愿性披露信息的公共关系价值显著大于决策价值，但是强制性披露信息的决策价值是要明显大于公共关系价值的。另外，宋献中和龚明晓（2006）采用内容分析法，针对上海证券交易所的 510 家上市公司在 2004 年年报中的社会责任信息，通过计算和分析得出了一个整体评价。结果发现，从公司年报来看，企业的社会责任信息质量和水平都比较差，决策价值也较差。

7.1.4 企业社会责任价值表现文献述评

已有研究对企业社会责任可能产生的后果进行了分析和预测，结论各不相同，可以概括为三类：第一，社会责任表现得越好，对企业自身经济后果的反应就会越好，二者呈正相关关系；第二，企业社会责任的履行能力越好，所产生的经济后果的反应就越不明显，这也就是说，企业的社会信息与企业履行社会责任所产生的经济后果之间没有明显的关系；第三，如果企业履行社会责任的意愿越强，履行社会责任的能力越强，那么企业履行社会责任所产生的经济后果的反应越差，这就说明企业履行社会责任和企业履行社会责任所产生的经济后果之间呈现出负相关关系。

近年来，众多专家学者对企业社会责任进行了理论分析和研究，发现企业积极履行社会责任，主动承担社会责任，有助于企业提升自身价值和知名度，有利于企业实现可持续发展和健康发展。尽管目前我们还无法给出完整的实例证明，但是从目前的发展来看，这一观点被越来越多的人认同。

7.2 企业社会责任的内部驱动机制分析

企业社会责任的内部驱动力主要是企业内部利益相关者的道德及经济追求，特别是管理者的道德素养。

7.2.1 企业社会责任的道德驱动机制

在以往传统的分析与研究中，研究者们普遍以经济学假设的角度来单纯看待企业履行社会责任的原因，即认为企业履行社会责任是一种投资行为。而随着经济的发展，这一基于传统经济理论的假设受到了挑战。一些研究表明，管理者的伦理道德责任对企业履行社会责任具有重大的影响，而不单单是为了追求利益最大化。企业管理人员的道德素养状况是推动企业积极履行社会责任的重要驱动力。社会群体在关注推动企业履行社会责任的驱动力时，首先关注的往往就是企业管理人员的道德素养问题，因为企业管理人员作为企业最终决策的把关者，其教育水平及其关于社会责任的态度对企业履行企业社会责任的水平有着重要的影响。有研究表明，具有宗教信仰、学历越高、曾在高校或社会非营利性组织任职过的企业管理人员有更多的承担社会责任的意识。由此可见，企业管理者的道德哲学类型对企业履行社会责任有重大的影响。在很长一段时间内，学术界都认为企业社会责任实践源自企业管理人员因个人道德素养而催生的自发行为。20世纪末期，斯蒂纳（Steiner，1971）出版了其代表作《商业与社会》，他在书中认为，一个企业做出一项决策的依据绝不仅仅是利己的动机，利他动机也产生着一定的作用，企业家也并非是被世俗普遍认为的那样自私自利，企业家的道德有可能会使企业放弃一部分利益去回报社会。戴维斯和布罗姆斯卓姆认为，一个具有社会责任意识的企业家，不会对社会目标视而不见而只追求经济目标（Davis et al.，1966）。当讨论到与企业履行社会责任驱动力有关的话题时，一般都要涉及企业家的道德因素，因为作为一个企业家，如果他是出于道德因素而坚持履行社会责任的话，那么就表明他具有高水平的社会正义感。

图佐利诺和阿玛迪（Tuzzolino et al.，1981）则认为，与个人一样，基于马斯洛需求理论，企业作为一个个体也有生存、安全、归属、尊重和自我实现五个层次的需求，承担社会责任作为企业追求自我实现的一部分，只有在企业满足了前面四个层次的需求之后才有可能去践行。企业管理人员，尤其是以企业董事、监事、经理等为代表的高级管理人员，他们拥有企业运行的话语权，其道德价值观念往往体现在企业决策的全过程之中。

在经济发展还没有一个理论体系可以依靠和遵循的时候，自然也很少会有企业家去考虑企业社会责任的问题，社会发展水平也制约了公众督促企业承担社会责任的呼声，再加上政府对企业管制相对宽松，企业家们更多地按照企业利益最大化的原则来运营和管理企业。当然，在这种背景下，也不乏有些企业家比较具有人文情怀，通过履行一定的社会责任来提高自身的名望和声誉。事实上，在那个时期去履行社会责任并不一定能为企业带来较大的利益，却可以为企业以及企业家带来社会荣誉。所以，在那个时期，只有经济基础雄厚、希望能在高层次精神需求方面得以满足的企业家，才会通过自发自愿式地进行社会捐赠活动等形式践行企业社会责任。这种自愿式的企业活动对推动其他企业履行社会责任产生了深远的影响。

在我国古代社会，"儒商"观念持久存在，儒家的"义利观"可以推动我国企业更主动地担负起社会责任。依照我国"儒商"的观念，商人履行社会责任并非纯粹为了经济利益，也为了社会的和谐与他人的需要，这源自儒家理念中善的、利他性的动机。因此，卢代富（2002）把商人社会责任视为现代企业社会责任的雏形；胡刚（2006）认为："在当下社会，为社会做出贡献的主要是企业"；沙彦飞认为："是否承担社会责任取决于企业的最高领导者"；武克钢（2006）认为："具备了经济基础之后，企业家承担社会责任追求的主要是一种心灵上的安逸"。由此可见，道德因素对推动企业履行社会责任具有正面的、积极的作用。

7.2.2 企业社会责任的利益驱动机制

道德是一个复杂的变量，会受到众多因素的影响，相对法律等强制性措施以及经济等可带来利益的因素，它是无法预测的。在道德观念的驱使下，企业管理者能够承担一定的社会责任，但是，这种内在的驱动力与管理者个人的意志联系得十分紧密，且对于企业高管来说，更倾向于履行顾客服务、公益慈善这类能带来直接利益的社会责任，而经常忽视了甚至不履行维护职工权益、保护生态环境等社会责任。以上的现象都表示我国企业对于社会责任的承担还处在被动的、选择性的阶段，还未能达到较高水平的主动积极承担社会责任的阶段。由此可见，仅仅通过企业家的道德来促进企业承担社会责任是有局限性的，并未能够形成对管理者的硬性约束，导致企业履行社会责任的连贯性往往难以得到保障。可见，单一的内在道德因素是没有足够的动力去推动企业履行社会责任的，有学者（张绪娥，2011）在研究中坦言："影响企业承担社会责任的因素主要还是利益，单纯依靠企业家道德是不可靠的。"

（1）基于企业获得内部利益的驱动力。理论上来说，企业的首要目标是利润最大化、效益最大化，因此，利益因素必然是企业在运营过程中需要考虑的最重要的因素。以西方学术界的社会契约理论视角来看，企业履行社会责任一定程度上能提高自身以及社会的整体效率，以获得社会对企业的认可和支持。但相对来说比较矛盾的一点是，由于企业履行社会责任需要付出相应的财力和物力，有可能因此而影响企业的收益。也有很多学者就企业社会责任与企业绩效状况之间的关系进行理论探讨以及实证研究，虽然成果丰硕，但结论却不尽相同。布拉格登和马琳（Bragdon et al.，1972）以造纸行业为例，研究了资本回报率与环境污染之间的关系。其结果认为：企业在生产的过程中减少污染物排放、自觉整治污染有利于提高社会对企业的认同感。麦克威廉斯和西格尔（McWilliams et al.，2000）以 KLD 指数对企业社会绩效进行了研究，他们以1991—1999 年部分企业的财务数据作为样本，研究企业社会绩效与财务绩效之间的关系，最后得出结论：社会责任与财务绩效之间并无明显影响。英格拉姆和弗拉齐耶（Ingram et al.，1980）用实证研究得出结论：为承担社会责任所付出的成本会增加企业的经营负担，从而影响企业的绩效。格里芬和马宏（Griffin et al.，1997）对 1972—1997 年的实证研究文献进行归纳整理，发现十五年间有关社会责任与企业绩效的 51 篇文献中，存在着正相关、负相关、不相关三种不同的结论。我国关于企业社会责任的利益驱动机制研究起步较晚，但发展很快、成果很多，主要集中于企业基于经营绩效或财务业绩的提高而推动社会责任的履行。杨熠、沈洪涛（2008）认为，企业社会责任与财务绩效之间呈正相关关系，企业的社会责任与企业绩效存在着相辅相成的关系。张兆国（2014）利用精炼贝叶斯均衡模型得出，经营业绩越好的企业，越愿意承担社会责任。因为企业承担社会责任可以说是一种信号，一种向社会传递的积极的信号。利益相关者尽管不能直接观测到企业的经营状况和财务状况等情况，但如果能观测到企业社会责任表现，并能让利益相关者认为企业是值得信任的，那么就会有与企业合作的意愿，并为企业提供各种资源支持以及创造良好的运营环境。杨艳等人（2013）经研究认为，民营企业履行社会责任能提高企业财务绩效，但履行对员工、公益事业的社会责任则会减少企业的效益，而履行对投资者的社会责任与企业财务绩效的关系不确定。

对企业履行社会责任起决定作用的因素往往是企业的长期经营战略，因为短期回报对企业的促进作用不大。而如果考虑到长期收益的话，在是否承担社会责任这一方面，企业主动选择去承担责任是一个较为明智的选择。尽管如此，还是必须权衡成本与收益的问题，因为承担社会责任会给企业带来财务负担。如果要把这些投入的成本顺利转化为企业的利润，则需要企业拥有足够明智的战略决策以及等待回报的耐性（鞠芳辉等，2005）。因此，仅仅从经营绩效的角度来研究企业履行社会责任的情况是不够的，必须从其他角度加以分析。李正（2006b）以 Tobin Q 值来衡量企业价值，对上市公司数据进行实证分析。他认为，在短期内企业承担社会责任会给企业的利润带来负面影响，但从长期来看却可以提高企业的绩效。石军伟等（2009）通过实证研究认为，企业是否承担社会责任与企业的绩效并无太大关系，但与社会声誉有关系。张旭、宋超和孙亚玲（2010）通过实证分析发现：企业会为了获得更强的竞争力而选择去承担社会责任，企业所承担的社会责任也会反过来提高企业的竞争力。徐尚昆和杨汝岱（2007）认为：企业履行社会责任有利于企业获得更多的投资。以上研究都为研究企业社会责任的利益驱动机制打开了新的思路。

（2）基于企业获得外部利益驱动力。企业需要有竞争优势才能获得稳定可持续的发展，而企业的竞争优势离不开资源的获得。企业通过参与社会责任活动可获得声誉、企业文化、员工知识、差异化战略等无形资源，这些无法替代和复制的无形资源会在无形中增强企业在市场中的竞争力。企业社会责任是建立企业声誉的一种方式，也是提升企业声誉的一种手段（Gotsi et al.，2001）。当企业承担与利益相关者的期望相应的甚至更多的社会责任时，就会显著提升利益相关者对企业的评价，即提升企业声誉；而良好的企业声誉会增强消费者对企业及其产品的信任，对消费者的购买意向产生正向的影响（Grewal et al.，1998）。良好的企业声誉还能得到较高的顾客保留率（Caminiti et al.，1992）。由此可见，考虑到企业竞争力的来源，企业会在一定程度上试图平衡企业业务与社会责任的问题。竞争优势可使企业获得收益，可见企业唯有通过履行社会责任，方能改善企业社会形象、提升企业的品牌形象，进而获取利益相关者更大的资源投入，来提高企业的绩效以及市场竞争能力。同时，企业与利益相关者之间的关系是一种委托代理关系，由于存在信息传递差异的问题，二者在接受信息时是有时间滞后性的，由此形成了一个不完全信息动态博弈。企业为了盈利，就需要获得利益相关者的信任并且得到他们的支持，就必须有能力让利益相关者认为该企业相对于其他企业来说是更值得信任的。因为，利益因素对推动企业履行社会责任的作用要远远大于道德因素，其效果也更为明显。

与此同时，也有不少学者对研究的角度进行了更细致的划分，以得出影响企业履行社会责任的、系统的、完整的原因。在以市场经济为导向的大背景下，不可避免地会暴露出众多企业经营发展的问题，也正是这些问题，引发了国际、国内呼唤企业承担社会责任的浪潮。因此，企业若想在激烈的商业环境中生存，唯有选择认真并积极地承担社会责任，才能保证其能够长久、稳定地发展（朱惟肖，2015）。由此可见，单纯以股东利益最大化作为企业经营目标显然已经不能适应现代社会对企业的要求。将社会责任纳入建设法治社会，找到一条两全的路径促使企业经营目标与承担社会责任相一致，也是一种内在驱动力。

7.3　企业社会责任的外部压力驱动机制

7.3.1　利益相关者

随着研究的推进，越来越多的学者认为推动企业履行社会责任最重要的因素是利益相关者，故用利益相关者理论对企业履行社会责任的外部压力驱动机制进行详细解释。

企业的外在发展环境离不开各利益相关者的支持，这些利益相关者会通过隐性或者显性的方式与企业进行价值上的交换。在生态系统中，要保持生态的平衡才能使自然界稳定和谐，在经济系统中也是一样。在企业经济系统中，只有保持各方利益的均衡，才能顺利地为企业的发展提供价值输送，提高企业的价值。企业想要持续稳定的发展，必定要得到社会的支持与认可，而不是单方面生产产品或提供服务。要想得到社会支持与认可，就需要企业提高道德水平并履行相应的社会责任。

如果以利益相关者角度作为出发点，企业在发展运营的过程中会受到来自利益相关者施加的压力，这些压力会迫使企业被动地去承担社会责任；通常来说，利益相关者对企业行为的反馈是通过"中介效应"来起作用的。比如，假如企业缺少甚至不履行对员工的社会责任，那么员工就会出现消极怠工甚至罢工的现象；反之，当企业对员工负责时，员工也会积极主动地工作以回报企业。再比如，消费者影响着企业的生存与发展方向，在当今飞速发展的社会，消费者在意的不仅仅是企业的产品和服务，更注重企业的声誉和可信度。履行社会责任无疑能够为企业赢得更多的消费者，不至于在这个社会中因缺乏履行社会责任的行为而被诟病。特别是在自媒体高度发达的今天，媒体的快速传播特性决定了其会对企业的情况进行报道，容易在某种程度上夸大或者低估企业的行为，如果一个企业积极地履行了社会责任，那么媒体就会进行积极的报道，这能够对企业的名誉产生重要的影响。

假如企业忽视了员工的待遇以及福利问题，会导致企业员工积极性下降，从而给企业的生产带来消极影响；而积极履行社会责任，会给政府留下良好的印象，从而使得政府在处理与企业相关的批文、申请方面，会加快审批速度，也会提高通过的可能性。因此，从利益相关者理论来看，企业履行社会责任，是具有积极意义的，也是必要的。

7.3.2　政治环境

企业履行社会责任会增加企业的经营成本，如果没有法律法规的制约，那么以追求利润为目标的企业因此逃避社会责任的可能性是很高的。在此情况下，就需要以法律以及政府的监管等手段来保证企业能履行相应的社会责任。近年来，随着市场经济下各种企业问题的出现以及市场经济法律的不断完善，企业履行社会责任的行为受到非营利性组织的影响也越来越大。坎贝尔（Campbell，2007）经过研究，得出结论：政府监管为影响企业社会绩效的重要因素。巴登、哈伍德和伍沃德（Baden et al.，2009）通过实证研究认为，企业的服务对象会迫使企业更积极地承担社会责任，例如按照生产标准进行产品的生产等。国内的学者也同样研究了外在压力与企业履行社会责任的关系。卢代富（2001）认为，随着法治观念的深入人心，按照法律的要求，企业有时必须要承担社会责任。蔡宁（2009）分析了企业外部压力与企业社会绩效之间的关系，得出结论：政府的管制、非营利性组织的压力以及商业竞争会迫使企业通过承担社会责任提高竞争力，而法律法规对企业承担社会责任的影响则不尽相同。

近年来，全国各地出台了一系列引导企业积极履行社会责任的法规文件，在此背景下，企业履行社会责任渐渐成为获得竞争优势的工具，期望通过良好履行社会责任的绩效而从政府获得更多的优待。

7.3.3　社会压力

（1）社会底线。近年来，一些学者依托"三重底线"理论对企业履行社会责任的外部压力驱动机制进行了系统研究。"三重底线"即环境底线、经济底线、社会底线。在如今的社会中，企业想要获得持续的发展，在追求利益最大化的同时，无疑要兼顾"三重底线"这一最基本的履行社会责任的原则。由此可见，对于每一个企业来说，这都是一条"潜规定"。企业坚守社会底线、经济底线和环境底线对企业提高社会责任意识具有重要的影响。彭海珍、任荣明（2003）认为中国的企业，特别是想往海外发展的企业，必须增强竞争优势，要尽可能地对发展理念进行更新换代，要追求环境、社会、经济三个要素的统一和谐，使它们成为推动企业发展的重要力量。李绍刚等（2014）选取了黑龙江的乡村旅游作为例子，也发现了诸多乡村旅游发展中存在的问题，乡村本是最该保持本色的对象，但开发商却在追求发展中破坏了底线。闫高杰（2009）认为，企业积极承担社会责任、注重生态保护等行为能提高企业的经济效益。企业给外界树立的良好形象来源于企业向外传递的一种积极的信号，产生这些信号的行为可能是在开发中能自觉进行环境保护等，这种积极的信号可以提高企业的社会影响力，在社会中树立比较好的口碑，最终为企业带来利润。从长期来看，这些利润足以弥补企业由于承担社会责任而带来的损失。从短期效益来看，承担社会责任的支出未必能给企业带来利润，处理不当甚至还会导致企业的亏损；但从长期效益来看，却可以为企业带来更好的经济效益。而经济效益的提高，可提供更多的资本供企业落实污染处理以及环境绿化等环保措施，以更好地响应可持续发展的要求；同时，还可以提高员工的生活水平，提供更多的社会福利等，从而更好地承担社会责任。

由此可见，企业在履行社会责任的时候，不能只进行象征性的行为，必须严格遵守"三重底线"理论才能获得企业的规范合法性。一旦企业违背这一最基本的理念而失去企业所在地政府和民众的合法性支持的时候，企业将会承受经济上和社会上的巨大损失。

（2）新闻媒体。通过新闻媒体对企业负面消息的传播与报道，社会大众、媒体、非营利性组织等会很容易在各种媒介上对企业进行评论。在互联网信息透明、自媒体发达的时代，企业从消费者身上谋取利润而不回报社会甚至做出偷税漏税等违法行为，是很难不被公众所知的。因此，企业面临的社会压力也越来越大。从企业这一角度来说，企业希望通过积极主动履行社会责任以提高企业的社会声誉，给消费者留下良好的印象从而提升企业价值，获得长远的发展；从社会大众这一角度来说，在互联网迅速发展的时代，假如企业因为某一件不那么光彩的事被曝光，网友们因愤恨企业不负责任的行为而攻击企业，那么对这个企业来说，其信誉和价值肯定会受到消极影响。

媒介以及传播手段的多样性使得任何消息都可以在第一时间传遍世界的每一个角落，这对企业而言是一件喜忧参半的事情。媒体会给予积极承担社会责任的企业以正面的报道，这相当于给企业做了广告，提高了企业的形象，无形中帮助企业获得投资与收益，从而有可能更进一步激励企业承担社会责任。同样，破坏了社会道德底线的企业，媒体也会在第一时间予以曝光，给企业带来舆论压力，并对其他企业起到警示作用。现代化的传播手段使企业的经营信息变得更加透明，企业必须衡量每一项不负责任的经营会给企业带来的影响。媒体作为信息传播和放大的工具，在信息时代的影响力是巨大的，再加上公众提高了对社会责任的意识，媒体已经成为沟通社会公众与企业之间的桥梁。

（3）竞争环境。众多的研究使得社会责任领域衍生出了很多专业词汇，比如"责任竞争力"。"责任竞争力"指的是对企业而言，企业可以在履行社会责任的过程中获得一定的资源，从而提高企业的竞争力，这实际上是企业间互相学习与借鉴的结果。由此可见，企业会不自觉地参考竞争者的行为，这时企业履行社会责任无疑成了企业增强自身竞争优势的捷径。对于企业来说，同地区企业的同群效应会更加显著（韩沈超，2018）。行业协会提供的平台交流功能，也能将不同企业之间的产品作对比，给生产产品没有达到平均标准的企业以警示。

履行社会责任可以提高企业竞争力，在全球经济飞速发展的大背景下，这几乎已经成为一种共识。企业通过履行社会责任提高竞争力应成为一种常态化的活动。企业要想在市场经济的竞争中获得优势，就必须找寻自己独特的竞争资源，而社会责任恰恰就是一种可降低经营环境风险、增强竞争力的具有足够优势的新的竞争力资源。有数据研究显示，企业较好履行社会责任有助于提高企业产品的销售数量，因为企业产品的购买者在交易中比较倾向于寻找有社会责任感的企业。所以，企业积极履行社会责任可以吸引更多的资源前来合作，可与企业建立一个稳定、持久的交易关系，有利于企业的可持续发展。

另外，企业的品牌形象也对企业的发展产生越来越重要的影响。提升品牌效应，树立自己的品牌成为企业在发展中追求的目标之一。企业在市场中竞争力的增强有利于企业树立良好的企业形象，提高企业的品牌辨别度与知名度。让公众在看到产品的时候就会联想到生产这个产品的企业是具有社会责任感的，从而提高消费者对企业的信任感与消费者的购买欲望，有利于企业扩大生产规模，提高收益。企业在拥有了更高的利润之后也可以利用这些资金更好地继续履行社会责任，从而形成一个良性循环；反之，如果企业目光短浅，只看到眼前的短期利润，做出危害社会的行为，那么社会监督将会沉重地打击企业的发展乃至生存。

7.3.4 文化环境

影响了中华大地几千年的儒家文化，自然也会体现在企业的经营之中。在儒家的传统观念中，强调以人为本，追求在处理事物关系中的中庸之道，追求人与自然的和谐。正是由于受到这种文化的影响，中华民族具有了较强的利他性观念。另外，儒家文化也渗透进了商业活动中，比如中国著名的晋商与徽商，就因为其奉行诚信为本、先义后利的宗旨，以天下为己任，在发展壮大后努力回馈国家，才使得其在历史上获得盛誉。企业家在商业活动中除了遵守一些既定的商业规则之外，例如处理好企业与企业之间、企业与利益相关者之间的关系，还必须拥有心怀天下的心胸，这就要求企业家在经营之时要懂得"达则兼济天下"之道，以追求自身所创造的社会价值和经济价值的统一。其实，就目前比较主流的思想来看，不管是儒家思想、道家思想还是佛家思想，都体现了一种追求和谐的愿望。

7.4 企业社会责任的价值表现研究

企业积极地承担社会责任，对企业来说，可以扩大企业的知名度，为企业的长远发展打造一个良好的口碑，同时能够通过扩大宣传积累一部分忠实的用户，有利于企业经济效益的提升和生产规模的扩大，在一定程度上能够促进企业的可持续发展。对于大众来说，企业积极地承担社会责任，在一定程度上能够保证用户体验，优化产品结构，提高产品质量，为大众提供了更多且更加优质的选择。对于政府来说，企业积极地承担社会责任，能够有利于形成一个良性的、和谐的社会公共关系，这种关系的形成有利于社会和谐稳定，因此会使政府的工作量得到缩减。另外，企业积极地承担社会责任，在一定程度上支持了环保工作，能够促进环境保护工作和生态文明建设工作的顺利进行。

7.4.1 企业社会责任与企业成长性

从企业履行社会责任的本质来看，企业社会责任的履行主体就是企业自身，而企业社会责任的客体是与企业存在利益关系的人、机构、单位甚至整个社会。企业承担社会责任是存在目的性的，目的的种类有很多，包括对社会的可持续发展所做出的承诺等。但这一承诺是利弊并存的，弊是企业为了维护社会可持续发展，会提高企业成本，很可能会影响到企业正常的经营运作，降低企业收入。利则是能够促进社会的可持续发展，提高社会的可持续发展能力，同时能够提高企业的社会知名度和公众认可度，带来良好的社会声誉，还可以吸引顾客，增强顾客忠诚度，打造良好口碑，有助于企业社会责任感的提升以及社会责任履行度的提升，有助于获得政府的支持和帮助。

企业如果想发展到能长时间保持盈利状态的一个时期，需要不断地进行创新和变革，还需要提高资源的利用效率，降低能源损耗。企业由小到大，由弱到强，需要提高创新能力，提高产品的独创性，采取独特的经营战略。还有很重要的一点是，企业要想健康成长，需要打造并维护一个良好的公共关系，与利益相关的人或机构保持一个良好的关系。企业当然要以经济利益为主，但在这个前提下，企业也应时刻牢记要积极地去履行自己的社会责任，不能只为眼前利益而忽视履行社会责任的重要性。最终，一个优秀的企业必须要协调好经济效益和社会效益，两者缺一不可。

企业积极地承担社会责任能够有效提升社会的和谐性，使企业与社会形成一个良性的关系。对于企业而言，要想在长期的发展过程中依旧能保持很强的生命力，与社会的和谐共生是最重要的一个因素。企业积极地承担社会责任，不仅可以提高企业的知名度和美誉度，还可以与社会以及消费者形成和谐互助的关系，能够得到政府的认可和帮助，获得政府提供的优质资源。如果企业可以与消费者和社会建立和谐的互助关系，那么就可以有效提高企业的竞争力和生存能力，而企业的竞争力是企业在市场中生存和可持续发展的重要因素。从政府的角度来说，企业在创办和发展过程中都离不开政府的干预和监督，因此能够与政府建立并保持一个良好的关系对于企业而言是非常重要的。

7.4.2　企业社会责任的公共价值

企业承担社会责任所具有的公共价值，具体是指企业自身所承担的社会责任在政治建设、经济建设、生态建设等社会公共建设中的意义。企业社会责任作为一种客观存在，呈现出政治价值、发展价值、生态价值等内容。

（1）政治价值。企业社会责任的政治价值主要表现在三个方面，分别是对于民主政治、民主法治以及政治体制改革的积极意义。

企业积极承担社会责任，能够帮助社会形成一种良好的民主政治氛围，促进加强民主政治建设，推动我国政治民主化进程，同时加快民主政治的发展和传播，使民主政治观念深入人心。在以社会责任为核心的基础上，企业尊重员工的权利和意愿，提高企业民主化管理的程度，进而对员工起到一定的激励作用。可以提高企业的活力和朝气，有助于企业朝着年轻化的方向发展。运用这种科学的奖惩机制和行为能够在一定程度上激励和监督员工。这样，在微妙的情况下，企业内部就会形成一种对称的责任和义务的概念。

同时，员工为了保护自身利益，应该提高民主参与和民主管理的意识以及民主管理的能力。企业也应该帮助员工提高民主参与和民主管理的意识，逐步提高本企业内部的民主氛围，从而提高民主决策和民主管理的能力。这样的民主意识能够在一定程度上影响到员工的意识，通过员工进而渗透到整个社会。员工是社会公众的重要组成部分之一，提高员工的民主管理意识和民主参与意识，对整个社会都具有十分重要的意义。通过员工向全社会辐射，通过提高员工的民主化向全社会扩展，可以在一定程度上提高全体人民的民主意识和责任感，为我国的社会民主政治建设奠定良好的思想基础。在无形之中，企业社会责任推动了民主进程和法制建设。

有研究表明，我国企业的劳动问题集中体现在 20 个方面，如非法雇用童工、加班、社会保险覆盖面窄等（陈志坚，2004）。这些问题很显然是不符合我国《环境保护法》《消费者权益法》《劳动法》等相关法律法规的。企业社会责任要求企业必须要遵守相关的法律法规，履行法律责任。同时，最低工资、限制工作时间、禁止童工、改善工作环境等要求也是我国《环境保护法》《消费者权益法》《劳动法》的具体要求。企业在履行自身所担负的社会责任的同时，也执行了我国相关的法律制度。企业社会责任，在无意识中已成为企业从经济和伦理角度遵守法律的软约束力，推动了中国民主法治建设的进程。积极履行社会责任的企业能够促进社会公平的形成，维护国家稳定和民族团结，为我国政治体制改革奠定良好的社会基础。

企业是社会的一部分，其所有的经营手段和行为都不是个人行为，都会对社会产生一定的影响。我国企业积极履行社会责任，有利于社会主义和谐社会的构建。企业如果只想赚钱，忽视了社会责任和社会效益，不仅会产生很多的社会问题，而且会增加社会负担；相反，如果企业在追求利益最大化的同时，能够积极承担社会责任，就会促进和谐社会的建设。比如，某旅游集团旗下的13 家酒店撤回了所有的一次性牙刷和牙膏，并且通过节水的手段来降低能源损耗，打造绿色酒店；鞍山钢铁股份有限公司、邯郸钢铁股份有限公司等大型钢铁企业开始实施废弃物再利用，发展循环经济，建设节约型企业。这是一个值得欢迎的标志：积极履行社会责任的企业家在构建社会主义和谐社会的过程中起到了积极的推动作用。

在个人或者企业自愿的条件下，在个人习惯和社会道德的影响下，企业履行自身的慈善责任，所捐出的部分或大部分收入通称为第三收入分配（张敏杰，2007）。企业履行慈善责任可以实现国民收入的第三次分配，这一责任同时能够发挥政府和市场不可替代的作用，能够在一定程度上有效地解决人与企业之间、人与社会之间、企业与企业之间以及企业与社会之间的矛盾。日本、德国、荷兰等发达国家的大多数企业都能够积极履行自身所承担的社会责任、主要包括解决就业、保护环境、建立和谐的公共关系等社会责任。另外，这些国家大多教育比较发达，社会发展水平比较高，社会文明程度也比较高，这些社会和文化价值使人们更容易和睦相处（周勇，2004）。良好的社会体制能够为政治改革提供支持，能够在很大程度上减少政治体制改革的阻力。

（2）发展价值。企业的社会责任的发展价值是指企业的社会责任对社会的经济可持续发展是否具有一定的有效性，是企业发展自身的能力。

中国工程院院士徐匡迪，在一次有关社会责任的高层论坛会议上，曾指出："积极地去履行社会责任，是一个提高企业核心市场竞争力、树立企业优秀品牌形象的有效办法。"将企业发展战略理念、生产管理理念和企业社会责任文化相结合，有利于提高企业的核心竞争力，并且能够有效地减少资源和能源的消耗，进而可以持续地减少对环境的危害，最终实现经济的可持续发展、清洁能源的发展、社会安全和谐发展。企业所面临的竞争力不仅仅来自企业所生产的产品的主要竞争力，也来自社会大众的舆论影响。产品主要竞争力的提升，主要取决于企业自身的生产力高低，而企业社会影响力的提升，是可以通过履行企业社会责任来实现的。在社会实践中，一些大型企业通过履行企业社会责任的方式来实现企业社会责任，进而提高企业竞争力，增强两者之间的密切关系。因此，现在越来越多的企业家逐渐开始意识到，企业社会责任的价值既有收益的价值，也有社会的价值。承担企业社会责任有利于提升企业品牌形象和产品品牌形象，赢得客户，增强企业核心竞争力。

企业履行社会责任，使企业向人与企业和谐、企业与社会和谐的方向发展，为社会经济的可持续发展提供依据。企业肩负社会责任，就要积极地转变经济发展方式，告别之前的粗放型经济发展方式，提高经济发展的效率和质量；同时兼顾社会效益，积极履行企业所承担的保护环境、节约资源的社会责任，要用发展的眼光来看待企业承担社会责任和企业发展之间的关系，努力构建一个与社会、环境、生态和谐共生的经济发展模式。企业与企业主要经营者、企业员工以及其他利益相关者的心理环境和个人意识将成为企业转变经济发展方式的主要动力，这一动力在一定程度上能够为企业发展带来经济效益，能够有力地提升企业的价值，进而促进社会经济的发展。如中国移动履行社会责任，以"继续为社会和企业创造更大价值"为宗旨（刘昌晔，2006），为不同利益相关者创造共同和个性化的价值观，通过企业价值的不变价值为社会经济创造了持续价值（马印，2007）。

企业可持续发展理论和要求，也证明了企业社会责任的重要性，以及企业社会责任这一理论的重大贡献。企业社会责任是企业可持续发展的根本要求，企业积极履行社会责任，能够有力地促进企业的可持续发展。企业能够可持续发展，是企业积极履行社会责任的表现。20 世纪 80 年代以来，有关学者一直都在研究企业履行社会责任与企业经济效益之间的关系。他们的研究表明，企业积极履行社会责任与企业的经济效益之间呈现出显著的正相关关系，也就是说，企业积极履行社会责任的能力越强，那么企业的经济效益就会越高。企业社会责任这一学术概念，对于我国的大多数企业而言还是一个全新的概念。但是目前经济全球化的趋势不断加强，经济环境和经济形势都要求企业要慢慢接受并重视企业社会责任这一概念（陈清泰，2005）。正因为如此，中国企业才更应该积极地去利用国内外的优秀理论研究结果，来适应全球企业社会责任的大潮流。在市场经济背景下，在存在着很多弊端和不法竞争、恶性竞争的同时，企业仍旧要积极履行社会责任。企业要尽可能地做一个遵守社会公德、有道德、有原则的企业，其所生产的产品或者提供的服务，都要符合社会道德标准。另外，企业必须时刻关注员工的情况，保证员工的切身利益不受损害，营造一个优良和谐的内部工作环境，培养对员工的感情，同时增加企业所生产产品的透明度。企业要向员工解释生产的条件，向全社会树立良好的企业社会责任的声誉，逐步增强消费者对企业及其产品的信任，还要倡导劳动权利的标准化，使用户能够安心地去使用企业所生产的产品。从企业的未来来说，这些措施都是非常有利于企业的可持续发展的。

（3）生态价值。企业承担的社会责任中的生态价值内容较多，常见的有自然环境保护、生态环境平衡等。作为现代经济社会建设的重要参与者，企业应当认识到实现绿色转型是社会主义生态文明新时代对企业承担社会责任的要求，也是企业实现可持续发展的重要法宝。

企业在追求经济利益的同时，必须要兼顾生态效益，保护好生态环境，将社会责任融入生态战略。在生产经营活动中，企业要严格地遵循环境发展的健康模式，实现资源的可持续利用，为企业的将来以及社会的将来考虑。实行有计划的、有规模的、可持续的发展模式，不仅要求企业在生产经营的过程中要节约资源，而且要求企业要提高资源的利用效率。这样可以在有效保护自然环境和生态环境的同时，使目前生态资源过于紧缺的现状得到改善，进而能够促进生态平衡，实现公共环境和公共资源的有效保护。另外，企业新型的可持续发展模式，在一定程度上也会潜移默化地影响到企业的员工，能够提升他们保护环境和节约资源的意识和行为，进而由小到大，影响到整个社会。

随着经济的发展，我国经济社会建设取得了举世瞩目的成就，但是自然环境日益恶化，特别是大气、海洋等的污染急剧加重，已经成为经济发展的一个巨大的瓶颈。然而，仍有一些企业没有放弃"重经济效益、轻环境保护"的发展理念，中央生态环保督察公开通报的典型案例中甚至出现了一些知名企业、大型企业的身影。从短期视角来看，企业或许能够通过这种经营发展方式获取一定的利润；但从长远角度来看，这种方式是不可持续的，不仅不利于企业自身的长期稳定发展，而且与我国生态文明建设要求和绿色发展理念背道而驰。为了给人类提供一个良好的生存和发展环境，以及经济社会未来的可持续发展，企业必须承担起应尽的社会责任，担负起保护环境、维护自然和谐的责任，真正实现"绿水青山就是金山银山"。著名的经济学家樊纲曾说，从国际角度看，绿色贸易的壁垒现在越来越低，污染国外市场环境的产品很难走出去。

从国内来看，现在公众环境保护的意识已经越来越强，舆论监督也越来越严格。企业家应该已经认识到，主动承担保护环境的责任不仅是企业积极履行社会责任的基本道德要求，也是企业能够坦然应对国内外环境保护挑战的战略武器，是有效提高企业竞争力的必然要求。值得肯定的是，一些企业已经开始尝试去主动地保护环境、控制自身污染。在一些企业集团的倡议下，一些环保基金相继建立，比如阿拉善生态基金会等，为区域生态屏障建设做出了巨大的贡献。简言之，企业社会责任对企业自身的价值和对社会的价值共同构成了完整的社会责任价值体系。企业社会责任对于企业自身的价值是企业社会责任的核心和基础，也是企业社会价值体系构建的基础。企业社会责任可以说是社会和企业自身共同的迫切需要，是企业自身与社会发展有机融合不可或缺的一部分。

7.5　本章小结

本章对企业履行社会责任的驱动机制进行了系统研究，通过对国内外有关研究成果的综述，提出企业社会责任主要存在内外部两大板块的驱动机制。内部驱动机制一方面是企业自身的道德驱动机制，企业管理层的道德约束是企业履行社会责任的内在动因；另一方面是企业自身的利益驱动机制。外部驱动机制主要包括利益相关者压力、政治环境压力、社会压力以及文化环境影响等。对企业社会责任的价值研究则表明企业履行社会责任对企业成长性有正向的促进作用；企业承担社会责任所具有的公共价值，具体是指企业自身所承担的社会责任在社会公共建设中的作用，包括政治价值、发展价值与生态价值。

第8章

我国企业社会责任的推进机制研究

8.1 建立企业社会责任的道德推进机制

从道德驱动机制来看，有效推进我国企业社会责任的践行，需要从培育企业管理者的社会责任感、正义感以及诚信意识等方面入手。

8.1.1 积极培育企业管理者的社会责任感

目前，我国正处于实现第二个百年奋斗目标的重要时期，企业作为经济社会发展的骨干力量，对社会经济健康稳定发展起着至关重要的作用。因此，积极培育企业管理者的社会责任感是紧急且迫切的重要工作。在企业中，与社会责任感紧密联系的是企业品牌意识，这种品牌意识对消费者的消费心理、消费选择等产生着重要影响。正是在相应消费观念的影响下，品牌意识成为企业赢得市场经济竞争力的战略思想。增强企业管理者的社会责任意识，能在很大程度上改变企业在社会中的形象，提升企业自身的品牌影响力和企业竞争力。

8.1.1.1 积极培育企业管理者社会责任意识的重要性

在企业主动推动企业社会责任建设的过程中，强化企业管理者的道德素养，提升企业工作人员的社会责任意识是十分必要的。在当下社会经济发展的过程中，企业的发展在很大程度上依托于其自身的素养与企业相关的认知。只有企业管理者具有科学的企业社会责任认知及理解，才能真正实现企业的价值与效益双丰收，不断提升企业的综合发展能力，形成独特的品牌影响力、竞争力。

积极培育企业管理者社会责任意识的作用，集中在以下三个维度：第一，向社会全面展现企业对社会发展做出的巨大贡献；第二，有效营造企业在社会中的良好形象；第三，助推社会经济转型发展。

（1）在社会贡献维度。企业管理者社会责任意识的提高，有助于政府税收工作的顺利完成，提高社会就业率，更有助于当国家面临突发事件、社会发生重大自然灾害时，提供更强大的物资帮助。此外，部分企业管理者重视国家教育事业、灾后重建以及科研工作。比如，大批希望小学的建立、逸夫楼与田家炳教学楼的建立、汶川地震和雅安地震的灾后资助等。企业家的这些努力不仅为国家渡过难关提供帮助，还推动我国社会公共事业有效发展，对于社会的稳定与团结具有重要作用。

（2）在企业形象维度。企业管理者的社会责任意识是企业生存发展的基础。完全脱离了企业大背景的企业管理者，就丧失了存在的价值与意义。因此，进一步提升企业管理者的社会责任意识，是企业履行社会责任的重要一步，而企业履行社会责任的实践活动从本质而言，就是企业管理者体现社会责任感的社会表现。企业社会责任感的缺失，往往在企业生产经营活动中得以体现，同时也会影响企业前进发展的空间。大量案例表明，企业管理者拥有较好的社会责任意识，是企业发展壮大的客观需求，企业的发展状况也往往与企业管理者社会责任呈相关关系。

（3）在助推经济转型发展维度。党的十九届六中全会用"十个明确"对习近平新时代中国特色社会主义思想的核心内容作了进一步概括，其中"第四个明确"强调了中国特色社会主义事业总体布局是经济建设、政治建设、文化建设、社会建设、生态文明建设五位一体的发展。发展的转变急需与企业社会责任建设相统一，同时也需要全面提升企业管理者的社会责任感。因此，企业管理者需积极培育社会责任意识，这既是五位一体经济发展理念的理论需要，更是实现中国梦的现实需要。同时，随着碳达峰、碳中和战略目标的提出，企业更需要转变原先浪费资源与污染环境的生产方式，有效提高能源利用率，全面改善企业生产经营活动对环境造成的影响，大力发展循环经济。我国企业管理者队伍的不断增加，既是社会快速发展的外在表现，又对社会监督能力提出了重要考验。但是，大力发展绿色经济并不能单纯地依靠社会的监督，更要依靠企业管理者。企业管理者在生产经营活动中应自觉遵守法律法规，担负起社会责任，为中国发展、社会进步贡献自身力量。

8.1.1.2　积极培育企业管理者社会责任感的具体措施

积极培育企业管理者社会责任感可以从内部和外部两个层面采取具体措施。从内部层面来说，主要是指企业管理者需要着力提升自身道德素养，加强对专业知识、社会责任意识等方面的理论学习，全面提高个人修养；从外部层面来说，则是需要依靠相应的规章制度，强化政府对企业的管理工作，提高媒体舆论、社会组织的监督效应。外部效应将会在下文的外部压力驱动机制中详细阐释，在此就不加以赘述了。

第一，企业管理者需要强化基础理论的学习，着力提升个人涵养。企业管理者应对习近平新时代中国特色社会主义思想进行学习，厘清我国社会主义现代化建设的目标以及对现代企业发展提出意见与建议。

在学习过程中，企业管理者要对我国社会的发展方向、前进目标等进行充分了解，积极培育并切实践行社会主义核心价值观，从而为贡献社会奠定基础。在专业学习上，要全面学习科学的专业理论知识，结合中外先进的企业管理理念，为企业生产经营管理活动提供有效指导。因此，企业管理者需要充分了解社会、热爱社会，厘清企业管理者个人进步与社会发展之间的关系，认清从事商业活动的本质以及最终目标，辨清企业经济效益提高与地方社会经济繁荣发展之间的关系，这是企业管理者的社会责任感萌生的原因。在正确社会价值观念的引导下，人们强化自我对相关理论的学习，提高个人道德素养，进而萌生社会责任观念。

第二，深度挖掘中华优秀传统文化元素，助推企业管理人员社会责任感的形成。中华文化博大精深，源远流长，我国自古便是礼仪之邦。但是，这种礼仪文化在当前市场经济的环境下受到的关注较少。对此，社会需要加强引导，确定优秀文化与培育践行社会主义核心价值观、与企业社会责任感形塑之间的关系，充分挖掘优秀文化中的高尚精神，引导企业管理者强化对优秀文化、诚信意识、仁爱精神的学习，深入学习优秀文化中关于道德价值的观念，以较高水平的道德价值观念约束自己着力提升企业管理人员的社会责任感。在此，需要强调的是：这种学习并非只是停留于阅读书籍的层面，由于企业管理人员承担的责任重大，但个人精力着实有限，所以，这种学习更应是在生产经营实践活动中的长期积累性学习，在强大社会舆论协助下的学习。

第三，加强对商业经营活动的学习，全方位提高企业实力。在企业的生产经营活动中，获取经济利益是企业存在的重要目的，企业家承担社会责任的大小在很大程度上取决于企业的自身实力。强化企业社会责任建设，不能脱离企业提供的经济、物质支撑，这也表明了经济利益、物质基础与企业完成企业内部社会责任建设的联系性。在日趋激烈的市场竞争环境中，理论知识对于企业的战略性、长期性发展具有重要价值。对此，就要求企业管理人员有效掌握所处市场环境的供求状况、了解市场经济发展的形态与内容、明确商品的多维价值、不断更新学习企业经营管理理念、关注当前国家的经济政策与财政政策、明晰公司的组成形式等。对于企业来说，强化对商业经营理论的学习为企业强盛发展奠定了基石，是企业管理者承担更多社会责任的前提与基础。

第四，强化对国家相关规章制度的学习，形成正确的法律意识。当前，正处于全面建设法治中国的伟大进程中，遵纪守法是市场经济形态下每个人应当承担的基本责任，而企业管理者亦是如此，需要在生产经营活动中遵守法律法规。无论是企业经营发展初期，还是企业生产经营活动过程之中，企业管理者都需要提高对法律法规的关注度，掌握相应的法律理念，实现守法观念与企业经营理念的有机融合，切实做到守法从业、依法经营，当然，这也是企业履行社会责任最为基础的标准。

第五，向同行的榜样模范多加学习，有效提升、多维传播社会正能量。榜样的力量是无穷的，对于弘扬社会正能量来说具有重要作用，对于推动社会发展也具有重要作用。大量的优秀企业家都是积极履行社会责任的倡导者与践行者。这些优秀企业家具备强烈的社会责任意识，认为能够承担社会责任、做出社会贡献，是自身价值的一种体现。诸如人们通过逸夫楼了解到邵逸夫先生对社会责任的有力担当；德胜洋楼有限公司的企业文化核心是诚实、勤劳、有爱心、不走捷径。这些经典案例、企业社会责任的榜样在我们身边，对于全社会企业管理人员具有强大的现实说服力。在企业家强化学习的过程中，社会主流媒体也应当在坚持客观性与普遍性标准的基础上多加报道，让社会上更多的民众了解优秀企业管理人员对社会的贡献。其中，社会媒体报道时不应单纯以企业的规模大小来论成败，应多报道对社会有贡献的企业，促使社会真正认识到优秀的企业管理人员对社会的巨大贡献及先驱担当。

第六，建立健全企业管理者社会责任感评价体制机制，极大程度强化企业社会责任意识。积极培育企业管理者社会责任感，不应当单纯停留在建设层面，社会媒体的监督、管理、评价也十分重要。企业的分散性分布，以及企业管理人员个人素养的差异性，导致企业履行社会责任的状况存在诸多差异。对此，缩小差距的重要方式就是向企业管理人员提供正确的价值导向，而社会评价就是企业价值导向的重要组成部分。一方面，在企业管理人员强化学习的过程中建立健全评价制度，通过企业管理人员座谈会的召开，积极组织企业管理人员深造学习、不断总结学习经验等，实现对企业管理人员学习过程的有效测评；对于那些表现优异的企业管理人员，则是需要为之提供展示自我的机会与平台，从而在加强经验交流的同时，为其他企业管理人员加强学习提供动力。另一方面，建立完善的企业员工责任效能评价机制，进一步挖掘企业员工的社会贡献程度及其代表性事迹等，积极主动地邀请专业化人士对企业管理人员社会责任感进行量化测评；对于量化测评的结果，通过大众传媒在社会上大力宣传，在提高企业管理人员社会责任意识的同时，有力提升企业的社会形象。

此外，政府及相关组织应加强对社会责任感严重缺失的企业及管理人员的惩罚，督促其牢牢树立科学的社会责任意识；对那些性质较为恶劣的企业及管理人员应采取舆论谴责等方式加以惩罚。如若出现违法乱纪等行为，政府及相关组织更应该进行严肃处理。

8.1.2　积极培育企业管理者的社会正义感

罗尔斯在《正义论》中有一段关于正义的描写："正义在社会制度中有着重要作用，和真理在思想中的作用可以相提并论。每个人都拥有一种基于正义的不可侵犯性，即使作为整体的社会福利也不能僭越之。"因此，在罗尔斯眼里，社会正义就是群体之间互不侵犯、切实保障公民平等自由，且不能因为部分民众的利益损害他人的自由。企业管理者也是社会的主要成员，他们开展生产经营活动最为主要的目标就是实现个人利益最大化，由此，必然会导致企业个人利益与社会其他民众利益发生冲突的局面出现。在某些情况下，部分企业管理人员为了实现自我的个人利益以及企业的利益，往往采取重利轻义式的行为。这种因正义感缺失而采取不正当竞争行为现象的出现和发展，既扰乱了市场经济体制的正确发展，又是对企业自我约束能力的巨大考验。

社会正义感是社会以及个体道德素养状况的重要衡量指标，因此，构建公平正义的新型社会，从客观上要求社会成员积极提升自我正义品质。企业管理人员属于社会个体的一员，其能否实现自由全面发展依赖于社会的进步与发展，因此，就需要通过贡献社会的形式回馈社会大众，进而保证社会主义市场经济的有序运行与健康发展。

企业管理者在企业生产经营活动中，首先是以社会一员的身份出现，需要满足社会道德观念提出的相应诉求；其次才是作为推动社会经济发展的组成人员。社会正义感的培育与企业的发展是辩证统一、密不可分的，如同罗尔斯强调的"只有具备了善和正义感才是完整意义上的道德人"观念一样，只有做好一个人，才能经营好一个企业。因此，企业管理人员具有较高的社会正义感，是企业与企业之间可以和平共处、有序竞争的重要前提，也是企业能长久维系、持续发展的重要基石。

8.1.2.1 积极培育企业管理者社会正义感的重要性

（1）社会正义感是企业管理人员社会责任建设中最为重要的组成部分。无论是企业，或是企业管理人员，都依赖于社会的发展而发展，而企业在自我发展进程中也离不开企业之间的相互竞争。因此，在竞争过程和发展进程中，企业管理人员必须具备相应的社会正义感，需要切实遵守、践行公民基本道德规范，坚持正义、平等与公平，谨防企业生产经营活动中违背社会正义感事件的发生。

社会对企业管理人员正义感的条件主要涵盖以下范围：①不能因为任何理由损害国家与集体的利益；②企业与企业之间的竞争应当是正当竞争，不能因为自身利益而损害其他从业者的正当利益，需要在企业之间做到良性竞争与公平竞争；③企业需要对广大消费者持有真诚的态度与正义感，积极为社会提供高品质产品与个性化的定制服务。

（2）社会正义感是企业经济建设的核心内容。企业是处于社会环境中的企业，并非是脱离社会而存在的独立个体，因此，企业如若想获取更大的发展空间，仅依靠经济实力远远不够，还需要与社会、广大民众保持紧密联系。当然，建立紧密联系过程中往往也会出现很多问题，比如企业与企业之间、企业与社会之间往往会出现各种各样的经济问题或道德问题，由此坚持社会正义感是规避此类问题出现的绝佳措施。

企业生产经营活动中秉承的道德观念以及人文素养，都与企业管理人员的社会正义感紧密相关。因此，企业管理人员在生产经营实践活动中是否具备正义感将会对企业能否良好发展产生重大影响。企业在实现经济利益的同时，不能做出损人利己、严重败坏企业形象的事情，需要坚守以德服人理念，使得企业在激烈的竞争环境中得以存续发展。

8.1.2.2　积极培育企业管理者社会正义感的具体措施

（1）有效区分企业管理人员的正义职责与相应义务。马克思曾经谈道："没有无义务的权利，也没有无权利的义务。"依照正义的性质进行划分，人们在维护正义的同时，也在享受着社会正义带来的好处。在社会发展进程中，人们往往将正义视为权利与义务的合理运用，因此，企业管理人员在生产经营实践活动中也应当受到正义职责与相应义务的有效约束，这主要体现在维护企业员工与广大消费者合法权利、遵守国家与社会规章制度等方面。当社会民众在生活环境中认识到他人对社会责任与义务的实践时，才能迅速催生社会正义感。依照罗尔斯的研究，正义得以存在的重要前提就是自然人充分认识到大家在职责、义务等方面是平等的。正义职责要求企业管理人员在生产经营活动中必须积极主动地承担与之相对应的社会责任，企业工作人员应该保障相互平等的条件。

综上，在生产经营活动中，企业管理人员应当在社会正义职责与义务履行中获取相应利益，更要在社会中有所付出，社会责任则是企业管理人员正义感最为基本的外在表现。主动履行社会责任与义务是推动社会发展的关键，社会正义感的确立也是和谐社会发展进程中的重要一环。当前，根据构建和谐社会的相应要求，企业管理人员应厘清争议职责与相应义务，并在企业生产经营活动中得以体现，实现企业生产经营的规范化与制度化，保障社会正义的职责与义务的有效履行，进一步树立并强化企业管理人员的社会正义感，有效提升企业管理人员的道德素养。

（2）大力弘扬社会主义正义观。企业高层及相关管理人员首先要对社会正义观有一个明确而全面的认知。真正拥有社会正义感的人，必须是一个能够正确且独立地评判公正与否的人。影响社会正义感的因素主要为以下两项内容，即道德观念是否正确以及未来发展是否具有吸引力。唯有企业管理人员明晰对社会正义的认识与理解，方能使其在生产经营活动中真正判断正义是否存在。在实现中华民族伟大复兴的进程中，社会存在与社会行为要与社会正义观保持较高程度的一致，准确把握社会正义观的基本要求与相应概念。由此，公平正义的社会制度、正义观念在全体社会范围的覆盖，拥有较高社会认同，正义观念与正义原则的确立，对于企业管理人员社会正义观的形塑等具有重要价值。

（3）强化企业管理人员的社会正义观意识。依照企业管理人员社会价值理念的生成逻辑，价值理念是企业管理人员对事物本质认识与认同的有机统一，进而形成的整体性认识观。但是，由于企业管理人员所处环境不同而给其带来的引导与影响不同，不同企业管理人员之间对社会价值观的理解也不相同，甚至存在一定差距。欲实现企业管理人员社会正义感与社会共识的高度契合，就需要以统一的、科学的社会正义观加强教育，积极倡导企业管理人员树立并强化对社会正义观的意识和认知。在社会正义观教育过程中，需要向企业管理人员不断传授较为完善的正义理论体系以及审视问题的方法，向广大创业人员提供公认的共识性思想，引导其有效区分正义与非正义的边界。

（4）营造契合社会正义的良好环境。社会主义制度是道德建设的基础，法治社会、社会主义民主是加强道德建设的摇篮。从幼儿政治社会化角度来看，在接受幼儿教育时，如果公平教育、关爱教育能够有效存在，那么企业管理人员在幼儿时期便能在心中确立一颗平等与责任的种子，进而在后续人生中切实遵守相应的准则，这就是营造良好环境的具体表现。从企业管理人员的角度来看，他们在感受社会温暖以及家庭关爱的过程中，会形成对社会的有效依赖，继而滋生社会正义感，并向社会进行回馈。因此，一个处于温暖社会环境的企业管理人员，往往是具有社会正义感的管理人员，这些管理人员会通过企业实践活动一步步提升自身履行社会责任的积极性，并主动为社会贡献自己的力量。

（5）将社会正义感纳入企业管理人员测评体系。道德状况的好坏对社会正义感的形成具有重要意义，也是企业管理人员能否在生产经营活动中坚持正义原则的关键因素。企业管理人员社会正义感的高低直接影响其能否正确处理社会关系，实现企业发展与社会和谐的有机统一。

因此，正义感与道德素养二者联系十分紧密。从社会发展与社会制约等多个角度考量，建立健全企业管理人员社会正义感评定体系，提高正义感在评定企业管理人员社会影响力中的比重，进而提高其社会地位与社会认同，对于激励更多的企业管理人员提高自身社会正义感与道德素养、积极履行社会责任等具有重要价值。

8.1.3 积极培育企业管理者的诚信意识

无论是在管理工作中，还是在社会生活中，企业管理者都需要践行诚信理念，这种理念是通过管理人员自身的行为向公众展现出来的。实际上，对于一个企业来说，是否做到诚信不仅关乎企业管理人员的个人行为，也是企业集体的精神意志行为，更是企业文化的重要组成部分，会对企业整体社会形象的改善产生重要影响。强化诚信意识是全面提高企业管理人员综合素养的重要方式，也是提高企业市场竞争力、加强企业社会责任建设的重要内容。

8.1.3.1　积极培育企业管理者诚信意识的重要性

企业管理人员的道德修养完全可以通过其诚信意识得以展现。在我国五千年文化历史中，诚信理念占据着极其重要的地位，诚信很早便被纳入道德伦理之中，成为其重要一部分，并被广为流传。在古时便有人谈道："所谓诚者信也，信者诚也"，这是通过对诚、信二字的相互解释来论述其内在联系的。从道德规范的角度来说，人们必须秉持一颗诚信、善良之心，做到言出必行，继而在法律法规的制约下积极履行社会责任。

（1）企业管理人员缺乏诚信意识，将会给企业发展带来消极影响。一旦企业管理人员做出损害企业诚信的决策或行为，那企业将会失信于公众，并被社会淘汰。一般来说，消费者对企业产品、服务的信心与信任度，与企业管理人员自身信用状况紧密相关。当企业管理人员失信于公众，背离了社会责任理念，直接会导致公众对企业产品与服务的信心不足，甚至会对社会道德产生重要影响；当企业管理人员失信于员工时，会导致企业员工的工作热情大大减弱、科研人员研发新技术的积极性受挫、员工工作中将会出现更多的问题等，继而对企业管理工作产生重要影响。

（2）诚信是企业发展壮大的重要方式。如果企业能够在发展中恪守诚信理念，必将会在发展进程中获取更大的生存空间。在企业之间的合作中，企业不能只是关注于对方的综合实力，还需要强化对其诚信意识的审视，从这个角度上来说，企业管理人员的诚信意识往往与企业在社会上的生存空间呈正相关关系。对于企业来说，提高自身的市场竞争力，不仅需要注重产品与服务的市场价格，还需要加强企业软实力建设，即当前的市场竞争中，价格优势以及技术先进已经不再是企业赢得市场份额的主要因素，以企业诚信意识为重要内容的文化软实力则是企业得以生存、发展的重要凭借。企业诚信意识能帮助企业获得全方位的社会资源，在一定程度上减少企业经营活动、货物交易的成本，进而提高劳动生产率，摆脱因诚信意识匮乏而引发的诉讼纠纷，有助于企业更好地实现自身的全面发展。

（3）诚信是企业自身进行建设的重要准则。市场经济的有序运行需要相应规章制度的约束制约，其中，企业在生产经营活动中秉持诚信理念，是企业社会责任建设的重要内容，亦是确保社会稳定的基本决策，更是企业管理人员积极履行社会责任的来源。企业欲在激烈的市场竞争中得以生存，就必须遵守市场经济的基本原则以及相应的规章制度。如果企业管理人员在企业生产经营行为中做出失信的决策，那一定会丧失消费者、第三方等对该企业的信任，进而导致企业自身的经济行为受到一定程度的制约，企业的生产经营活动以及企业履行自身社会责任的行为也会更加困难。当社会缺乏诚信意识时，即企业管理人员不再恪守诚信理念时，所谓企业社会责任建设也就变成一句戏言。

8.1.3.2 积极培育企业管理者诚信意识的具体措施

我国拥有五千年的悠久历史，诚信意识自古以来便为世人传诵。处于新时代的中国，诚信依然是道德规范的重要内容，助推着社会的稳定与发展。作为企业文化的重要组成部分，诚信意识也是企业文化现代化发展的关键一环。因此，必须将践行诚信理念这一优良传统延续下去，即企业管理人员在生产经营活动中必须秉持诚信理念，这也是决定企业能否长期存续发展的重要因素。

（1）切实提高自身综合素养，使得诚信意识深入人心。诚信意识作为中华优秀传统文化的组成部分之一，在很大程度上反映着一个人道德素养的高低。一个综合素质高的人，必定是诚信理念的切实践行者。处在现代社会的企业管理人员，他们是企业发展的引路者，必须不断提升自我综合素养，在强化社会责任建设过程中将诚信放在首位，并在企业中发挥表率作用，以诚信感化周围员工，使得大家在共同遵守诚信意识的环境中愉快工作。因此，企业管理人员在生产经营活动中，需要坚持实事求是原则，依照客观情况办事，而不是凭借个人主观意志随心所欲地工作，更不能有欺瞒公众的事情发生。唯有企业管理人员强化自身的诚信意识建设，方能带动他人共同恪守诚信理念，真正在踏踏实实做人的基础上，为营造企业良好形象添砖加瓦，使企业成为契合社会发展理念的良心企业。

（2）坚守公平公正原则，塑造平等心。一个优秀的企业管理人员，如果想要真正坚守诚信意识，必须确立正确的世界观、人生观以及价值观，在生产经营活动中坚持公平公正、诚信待人，才能将企业发展得更好，才能为企业创造一个美好的前景。总之，企业管理人员必须做到秉持诚信理念，严格要求自己，积极履行企业社会责任。

（3）以提高企业管理人员个人诚信度为切入点，将培育企业管理人员诚信意识纳入正轨，使企业管理人员拥有完整的诚信意识。诚信是个人道德素养的外在表现，因此，培育企业管理人员诚信意识需要与道德素养提高相结合，即通过培育企业管理人员的诚信意识，来促进其道德素养的全面提升。当下，积极培育企业管理人员的诚信意识，正在逐步成为社会进步的决定性因素。实际上，道德诚信对个人的约束并不能满足社会发展的需要，由此就必须实现道德素养提升工作的规模化开展、常规化进行。对此，需要依照企业管理人员的实际状况，建立健全企业管理人员诚信信用档案体系。一旦某个企业管理人员出现背离诚信理念的行为，就将相应记录保存在档案之中，且该档案应当是终身跟随，那么，该管理人员在今后的生产经营活动、个人日常生活等方面都会付出相应代价，由此，诚信意识也将受到企业管理人员的高度重视，而不会因为一些眼前利益置企业长远发展于不顾。

企业的发展历程启示我们，健全的企业管理人员信用体系对企业管理人员个人行为起到明显的约束作用。将企业在生产经营活动中的相应行为以及履行社会责任的实际情况作为主要内容，纳入其信用记录之中，并进行定期考核；对于那些不良记录明显、性质恶劣的企业管理者，则建议纳入不诚信名单并进行公布。

8.2　建立企业社会责任的内部管理推进机制

建立健全企业社会责任的内部管理推进机制可以分为三个方面：企业社会责任理念建设、企业社会责任管理体制、企业社会责任报告机制。

当下，企业管理人员对企业社会责任的正确认知是我国企业建立企业社会责任内部管理推进机制的前提。正确的认知是企业实施企业社会责任的第一步，主要是为了不断加深企业自身和企业利益相关者关于社会责任的认知层次，以便为强化企业责任建设奠定基础。此外，强化企业社会责任内部管理推进机制还需要物质基础。也就是说，当企业自身具备一定经济能力后，才能真正有财力、有物力去履行企业承担的社会责任。因此，我国企业履行社会责任需要优先发展经济，在发展稳健的前提下完善企业内部管理推进机制。

从企业自身发展的角度，企业也需要重视并强化自身的社会责任建设，向企业大小股东、员工、消费者、政府等利益相关者承担相应责任。同时，在利益相关者理论和社会责任利益驱动机制的引导下，企业应该从以下几个角度，不断完善企业的社会责任建设机制。

8.2.1　强化企业社会责任理念建设

8.2.1.1　强化企业社会责任理念建设的重要性

积极推动企业社会责任理念建设工作是我国经济体制改革对现代化企业发展的客观要求。随着我国经济体制改革的不断深化，企业与企业之间的竞争日益加剧。企业要想获得长足发展，不仅需要科技的持续研发、信誉体系的不断完善，更需要强化企业的社会责任理念建设。中国特色社会主义市场经济有其自身的活力和动力，改革开放的不断深化也在很大程度上不断激发我国企业的发展活力，进而推动我国经济不断飞速发展。然而一些企业存在食品安全问题、环境污染问题等，这在一定程度上反映出部分企业管理人员社会责任意识淡薄。此类事件的发生，不仅危及我国企业的未来发展，更严重的是将会扰乱现有的经济发展。

强化企业自身社会责任理念建设是企业生存和发展的重要因素。随着经济体制改革的不断深化，各大企业的革新已进入全新阶段，企业必须从内部出发，强化社会责任理念建设，立足发展，以提高综合实力为发展要求，以增强企业竞争能力、企业文化建设为最终目标，由此推动企业未来发展。

企业自身社会责任理念建设是实现中华民族伟大复兴中国梦的重要支撑。企业作为中国经济的贡献单位，是中国经济得以飞速发展的重要推动者，社会和谐发展能给予企业更广阔的发展空间，企业社会责任理念建设工作也能在很大程度上对构建和谐社会、推动社会进步起到正面作用。社会上存在部分社会责任缺失的企业及企业管理人员，损害了部分消费者的正当权益。所以，企业自觉承担社会责任对实现中华民族伟大复兴中国梦具有重要意义。作为决定企业兴衰的规划者，企业管理人员应该坚持以自身社会责任为发展目标，深刻理解强化企业社会责任理念建设的重要性，知晓企业社会责任理念对我国社会建设的重要影响。

8.2.1.2　深化对企业社会责任的认知

现在，企业社会责任建设工作正在逐步成为企业日常工作中的一部分，积极履行企业应该承担的社会责任可以使得企业拥有良好的社会形象，获取广大客户的信任与支持。然而，我国仍然有部分企业不能全面理解、主动践行企业社会责任，它们往往将企业社会责任与慈善捐赠等行为相等同。

生态文明建设是我国"五位一体"发展理念的总体布局，是四个全面战略布局的重要内容，国家正在积极促进资源节约型、环境友好型社会的建设。为尽快形成人与自然和谐发展的现代化建设新格局，企业应积极推进企业的绿色发展，为推进中国生态安全和可持续发展做出新贡献。因此，在"五位一体"发展理念不断推行的情况下，企业应当立足于社会对企业社会责任理念进行认知。企业作为环境污染、资源消耗的主体，应在政府、环保组织督促的同时，积极主动地从自身找原因，从生态文明建设、资源节约型和环境友好型社会建设等角度来了解自身的企业社会责任，并通过实践扩充企业社会责任的理念和内容，进一步规划并改进相关工作。

具体可以通过积极组织企业管理人员、员工进行社会责任理念的教育、学习活动以及互联网等形式向社会宣传企业的社会责任理念。企业内部必须把企业社会责任理念建设纳入企业的战略决策和常规化工作之中。在开展相关教育学习活动时，应以企业道德驱动机制和中华传统优秀文化为核心，以具备或者践行企业社会责任的企业为真实案例，从情感上对企业成员进行潜移默化地影响。

此外，最为关键的一步是，企业需要尽快实现先进企业责任理念与经营管理工作的有机统一，在企业生产经营活动中确立保证产品质量、环境保护以及生产安全等意识，并通过不断实践进一步让企业员工了解内部的责任构成情况，更加合理地明确彼此的责任承担内容和方式，推动企业的进步发展。

8.2.1.3　实现企业文化与社会责任理念的有机统一

企业文化是企业发展过程中不可或缺的一部分，也是决定企业社会责任发展好坏的影响因素，企业社会责任是现代化企业立足社会不可或缺的象征标识。成功的企业文化能在一定程度上形成优秀的企业形象，提高企业成员的道德素养，进而营造良好的企业环境，形成企业凝聚力和约束力。企业的文化建设在很大程度上取决于企业自身的社会责任理念建设，因此，企业需要在建立健全社会责任建设机制过程中，实现企业文化与社会责任理念的有机统一，在此基础上转化成企业自身的价值观念和经营理念，并在多方关系影响下推动企业向更高的目标发展。

将企业社会责任的内容通过各种形式融入企业文化是实现企业文化与社会责任理念有机统一的有效办法之一。但要实现企业文化与社会责任理念的有机统一不是一项容易的工作，需要企业重视自身管理文化的塑造，首先应当以企业人员的社会责任意识为先，在入职培训、在岗培训、座谈会等企业专门化培训中，聘请企业文化、企业社会责任等方面的专家对企业人员进行专门化、专业化的教育，在各种教育、讲座、培训中提高企业人员的企业社会责任观念。企业的发展本质来源于人才，我国企业在发展经济的同时应该重视以人为本的企业管理模式，向国际化企业靠拢，在尊重企业人员权利、消费者权利的同时承担起企业履行社会责任的责任和义务，形成接近国际化的企业文化，如此一来，既可以从内部提升企业人员的积极性，又可以在外部提高消费者的信任度和投资方的期待值。

此外，企业的各个利益相关者，积极树立企业社会责任理念，有助于减少原来生产经营活动中存在的不利于社会发展与环境保护的行为。在此基础上，企业仍然需要不断优化自身建设，通过更新企业管理理念等形式，了解企业自身存在的不足和局限，积极借鉴其他优秀企业，进而在其影响下改进企业自身的文化建设、企业实践经营理念以及企业常规化的社会工作，防止企业在生产经营活动中出现与社会责任观相背离的行为以及损害各利益相关者利益的行为，进而主动开展理念型企业文化的形塑工作。

8.2.2　健全企业社会责任管理体制

企业社会责任的履行在很大程度上与企业各相关部门的自我检讨和自我管理有关。企业只有真正从内部着手，才能在自我检讨和管理中认清企业现状，明白社会责任对企业发展的重要性，由此才能从行动上自觉履行企业的社会责任，并将其转化成企业特有的标识，成为领先于行业的标杆。

8.2.2.1 健全企业社会责任体制的必要性

企业专门化、明确化的部门结构是企业社会责任履行并取得效果的基础。只有在专门化、明确化的部门结构处划分出专业化的管理部门，才能使企业人员有实行社会责任行为的可能性；只有明确化的管理部门，才能通过准确的责任分析建立正确的渠道，确保企业各部门的沟通交流及执行没有障碍。企业管理人员通过此类专门化、专业化的管理部门将其他部门的企业社会责任职能目标相统一。在保证其成效的基础上，把此类具有成效性的行为确定为企业制度，并通过一系列合法章程将其固定化，这样可以在很大程度上保证企业人员履行社会责任的行动化及制度化。

8.2.2.2 实现企业社会责任管理部门的专门化

毕马威会计师事务所是企业履行社会责任的研究部门之一，其在关于企业社会责任的调查中提出，企业社会责任理念建设正在成为现代化企业价值和企业未来发展战略的重要组成部分，已经不再是原来应对企业负面信息的一种短暂性手段。结合我国企业实际情况，企业在社会责任意识方面有了长足的发展，企业社会责任意识的不断提高为企业增加了国际化竞争力。但当前我国仍然有很大一部分企业没有单独设立专门负责企业社会责任建设的部门。与西方发达国家相比，我国企业在此类管理体制上缺少专门化的部门指导，大部分企业将履行企业社会责任的相关工作分散于各个部门，由此导致我国一些企业履行企业社会责任的质量没有达到西方发达国家国际化企业的验收标准。

因此，企业为更好地履行社会责任，必须在现有的组织机制上，建立健全专门性的社会责任管理机构，将制订此类承诺、行动计划以及最终评估工作作为年度重点工作，并投入相应的人力和物力。企业甚至可以为此建立指导委员会，通过委员会的强制性作用推动并强化此类专门机构的建设工作。委员会的领导职位可以由企业董事长、总经理等重要领导担任。委员会的工作主要包括企业社会责任建设的可持续发展战略的制定与评估工作。当企业遇到履行社会责任的重大事件时，委员会可以协调其他部门进行共同审议，实现对企业社会责任建设工作的协调推进。只有企业高层和各部门管理人员重视社会责任问题，企业才能从决策上、行动上重视这个问题，据此现状制定企业未来发展及企业社会责任的相关工作及战略方针并加以实施。

在委员会之下，还需要设立相应的职能部门，包括企业社会责任公共事务管理部门、日常管理部门、绩效考核部门、信息披露部门等。这些职能部门的成员协同工作，相互监督，在负责企业社会责任相应工作外，需为委员会提供所在部门关于企业社会责任的具体信息，在委员会指导下实施委员会的各项决策。

公共事务管理部门主要负责收集、分析企业内外部相应信息，负责企业与外部社团组织的协调工作，并积极主动地将履行社会责任的宣传工作作为常规化工作，每隔两周向上级部门转交周期报告。此外，该管理部门作为下属部门中的核心部门，负责上传下达的信息传递工作，需要定期把各职能部门的问题及建议上传给委员会，并将委员会相关意见下达给各个职能部门。其中，该部门的人员构成需要兼顾多个利益相关者，以便于处理企业生产经营活动中常常面临的消费者、劳资纠纷以及环境保护等问题，不断提高委员会的执行能力。

日常管理部门主要负责制定企业社会责任理念相关制度，并将其融入企业日常工作及生产经营活动中，将企业社会责任理念建设工作推广至企业各大职能部门。该部门除日常工作外，需要和公共事务管理部门相互配合，在企业出现突发状况或陷入公共危机时提出紧急应对措施，并及时上报委员会，通过研究讨论等形式将其作为紧急情况下的备用方案。

绩效考核部门的主要工作是统筹企业部门及人员的社会责任工作，并对各部门所做的工作进行量化测评。考核内容可以是各部门、各成员在履行企业社会责任过程中的表现，员工对企业、工作、活动等的满意度，企业各部门、各员工社会责任理念建设中的表现及奖励、表彰、惩罚等。此外，绩效考核部门也负责联系企业下属部门、控股企业，对这些单位的社会责任建设工作进行指导、监督以及评估考核等。需要注意的是，绩效考核部门应该制定标准化、客观性的评价指标，采用自己定制的指标时需要进行说明解释，必须真实、客观地披露企业自身社会责任信息，不能利用模糊信息误导利益相关者。同时，企业应该分设此类社会责任报告的专栏，同时上传至企业官网，以便政府、行业协会等利益相关者阅览。

信息披露部门主要负责在企业社会责任理念建设过程中，通过各种渠道向企业、社会、政府等提供官方的、准确的、必要的相关信息，并受其他组织及机构的监督。

8.2.2.3 实现企业社会责任管理与生产经营管理的统一

在企业生产经营活动中，企业社会责任管理可以涉及多个维度，如生产过程、员工绩效考核、与供应商和承包商的联系等。当然，企业管理工作中的传统领域，类似企业生产安全、企业诚信理念等，也可以与企业社会责任管理建设工作进行统一安排。

从企业内部角度来说，企业可以为员工提供良好的生产环境，对员工的身心健康状况加以关注，提高员工工资以及相应的社会福利，为员工的个人全面发展创造条件，并全力维护其合法权益。从企业外部分析，企业本身需要对企业的利益相关群体负责。在企业社会责任这一领域也是一样的，比如，企业相关部门需要加大对企业产品质量的检测力度，切实维护广大利益相关者的合法权益；通过完善企业相应承包商和供应商的准入条件，强化对承包商、供应商参与环境的监督与管理。在企业自身条件下，尽可能地实现该理念与企业未来发展战略相统一，在制定发展战略规划时，更加重视环境保护以及节能减排等工作，通过环境信息管理系统的不断健全来创设良好的生态环境，推进经济的可持续发展，实现"绿水青山就是金山银山"的发展理念。

8.2.2.4 构建企业社会责任管理行为准则

企业社会责任管理行为准则是企业社会责任理念建设必不可少的组成部分，是企业制定企业未来发展战略的依据之一，对企业全体成员及各职能部门都具有一定的约束力。通过企业社会责任管理行为准则的制定，在一定程度上可以约束企业员工和部门的工作表现，提升社会责任理念和企业的价值观念，进而提升企业各职能部门的工作作风和纪律观念。企业对外可以借助履行的企业社会责任义务，更好地展示企业发展形象，彰显企业精神内涵，提升企业以及产品的品牌价值，推动企业的长远发展。

健全企业社会责任管理体制，需要从以下维度着力推进。

第一，企业必须重视企业社会责任管理行为准则的制定工作，在已有准则的基础上加以完善，并将此作为企业常规性制度以及企业相关部门和人员履行企业社会责任的规范与指南。企业相关职能部门和企业工作人员也应该从自身做起，了解企业履行社会责任的各种情况。

第二，在制定完善准则的过程中，可以适当查阅关于国际化企业社会责任的资料，了解其管理系统与运营机制后，加以学习，并运用到企业实际，以此完善企业自身的管理系统与运营机制。

第三，健全企业履行社会责任绩效考核机制，坚持定量考察与定性分析相统一，实现企业社会责任建设绩效考核机制的科学化运行，并将考核内容纳入企业的约束与激励机制，实现企业社会责任建设的制度化运行。

如五粮液建立了完善的社会责任管理体系，旨在全面落实公司社会责任发展战略规划。它以公司现有管理体系为基础，全面、系统地融入社会责任要素，确保社会责任真正落实到公司运营的各阶段和各环节，并持续改进，以便不断提升公司社会责任管理水平。公司组建了以董事长为组长的企业社会责任领导小组，全面领导和推进公司的社会责任工作。通过制定和实施社会责任战略规划，定期发布社会责任报告，定期邀请社会责任研究与 ESG 等方面的专家进行知识赋能，使公司社会责任管理更为深入、全面、系统、规范、有效。在责任绩效方面着重考核经济绩效、员工绩效、社会绩效以及环境绩效，并将每一个责任绩效加以量化考核，通过具体指标来观测该类责任绩效的履行情况。

8.2.3　健全企业社会责任报告机制

企业社会责任报告是企业向政府、行业协会、利益相关者等披露企业目前的经济情况、企业的信誉和环保情况等信息，也是该企业履行社会责任的外在表现。企业通过健全企业社会责任报告机制向外界展示履行社会责任的相关信息。企业定期公开企业社会责任相关信息正在成为国际化企业履行社会责任的必然。可以说，企业主动公开其社会责任报告，并将其作为企业的一项日常工作，是国际化企业认可的标准化操作。

20 世纪末，一些西方发达国家便已经出现初步的企业社会责任报告机制。进入 21 世纪，该机制被众多国际组织所关注，例如经济合作与发展组织积极开展相关修订工作，在制度基础上强化企业社会责任相关信息的透明度，并将其作为国际跨国公司及相关大型企业的标准。逐渐地，西方发达国家的企业社会责任报告机制模式成为一种固定模式。我国与其他发展中国家相比，企业社会责任报告机制虽然起步较晚，但发展较为迅速。我国政府及社会也开始重视企业社会责任报告机制。企业应该有全球意识，在全球经济发展的大环境中，不断充实和壮大自身的发展规模，实现多重利益的统一。政府各级领导也多次重申企业与社会的关系，明确企业应该有社会责任意识，并在政府或行业协会的引导下，健全其社会责任报告机制，使其逐渐成为一项必须披露的义务。随着国务院国有资产监督管理委员会、上海证券交易所、深圳证券交易所等响应国家号召发布一系列关于企业公开披露社会责任报告或可持续发展报告的要求，推动了我国企业社会责任报告定期披露的快速发展，但由于目前仍处于自愿性信息披露阶段，企业主动披露自身负面信息的水平、力度、完整程度等方面仍然有所欠缺。

我国企业通过健全企业社会责任报告机制，能在很大程度上提升生产经营过程中有关环境保护、社会信誉等方面的意识，可以了解到自身经营过程中存在的问题，从企业自身的角度调动起履行企业社会责任的主动性，有助于企业走向国际化。

企业高速发展在提升国家经济水平的同时，也带来了诸多不良影响，常见的便是环保、企业的社会责任等问题。健全企业社会责任报告机制，及时披露企业相关信息，有助于更好地完成企业生产经营活动，塑造优秀的企业形象和企业文化，促进国家和社会进一步了解企业的发展动态，激发消费者的消费意识，同时对国家整体而言，也可以使国家资源更加合理配置。

从目前的情况来讲，国际化企业一般通过两种形式公开企业社会责任相关信息，即公司年报中记载的企业社会责任相关信息和独立报告中记载的相关信息。就目前形势而言，独立的报告形式将是未来企业履行企业社会责任的主流形式。

8.2.3.1　公开披露企业负面信息

公开披露企业信息就是通过公开报告等形式，将企业近期的财务、规划、文化等相关信息公布于政府和社会，提供给相关投资者、债权人、供应商以及消费者。可以说，企业治理的前提和基础是信息的披露，真实可靠、及时准确、公开透明地信息披露有助于缓解企业与投资者等利益相关者信息不对称的现状，提高企业公信力。

一般来说，企业为了自身形象，往往在社会责任报告中对相关负面信息采取回避态度。但是，在自媒体时代，人人都是记者，人人都可以爆料。如果这些负面信息已经在社会上造成极其恶劣的影响，但是企业的社会责任报告却未对此加以披露，未对这些事件产生的原因、过程以及企业的应对措施、最终结果等进行详细解释，那广大社会民众很难对企业产生认同感，相反会认为企业可能在逃避责任。

企业在面对这些负面消息时，应当积极主动地加以干预，采用边缘化、抽象化、事实化、理性化、权威化、补救化等相关专业化策略，公开透明地向社会反馈信息，让社会民众能及时准确地获得相应信息，以得到社会舆论的理解与支持。

8.2.3.2　提高企业利益相关者的参与度

企业在撰写其社会责任报告的过程中一般会考虑到利益相关者的不同诉求，并在一定程度上结合其角度，强调对利益相关者相应权益的维护，强调及时有效反馈信息的必要性等。但是，在社会责任建设中，很少有企业能够做到利益相关者参与度的全面提高，尤其是涉及企业发展的实质问题时。从企业的现状考虑，企业与利益相关者在沟通交流方面进行改变，可以对企业社会责任建设产生巨大影响。

因此，企业必须着力完成信息沟通机制建立健全的相关工作，在企业社会责任项目建设过程中必须结合各利益相关者的需求，提高利益相关者在企业经营管理工作中的参与度，同时在企业内部建立健全相应监督机制，通过相互监督的方式保证利益相关者对企业决策、行为等方面的监督。

8.2.3.3　引入第三方专业机构加以审计

从我国现有企业对社会责任的现状来看，企业已经在社会责任建设过程中采取过很多办法来提高与社会舆论的联系，包括开放企业的社会责任信箱、组织企业社会责任讲座以及优化企业官网建设等，并在某种程度上实现了对企业社会责任报告的优化，使得报告的效度与信度明显提高。但从法律角度，此类报告并不具备较高的社会公信力，因为报告并未引入第三方专业机构加以鉴证。当前国际上比较认可的方式是引入第三方专业机构对企业社会责任报告进行鉴证审计。

对社会而言，引入第三方专业机构参与责任报告鉴证能在很大程度上规避社会各界对企业的猜疑，有助于提高企业的社会责任报告公信力。同时，社会也能够通过此类社会责任报告了解企业对社会责任理念建设的重视程度，正确引导利益相关者等对企业的看法。

对企业内部而言，引入第三方专业机构参与责任报告鉴证，能降低企业相关职能部门的工作强度，提高责任管理部门工作效率，促进企业相关部门的综合化发展。

因此，企业应该充分借鉴国外的经验，积极探索第三方专业机构参与鉴证的方式，从各方面强化企业社会责任报告的客观性与真实度。

8.3　建立企业社会责任的外部压力推进机制

从企业现实情况中可以发现，企业往往是因为外部带来的压力才开始履行社会责任，并非由于企业内部原因。外部带来的压力通常来源于政府、社会公众、行业协会、消费者等，对企业履行社会责任的理念以及企业发展决策、战略具有较强的影响力。

当下，我国非政府组织及团体的监督力度不足，因此，企业履行社会责任、强化企业社会责任理念建设主要在政府主导下进行。所以，以政府规制为核心的外部压力驱动机制是企业增强自身企业社会责任理念建设的重要环节。

8.3.1　建立以政府规制为核心的外部压力推进机制

8.3.1.1　推进政府规制管理工作的专门化

政府在企业履行社会责任、强化企业社会责任理念建设过程中应充当积极的引导者、鞭策者和监管者。政府以法律法规、政策等方面的宏观调控手段对企业履行社会责任进行引导和监管，重塑企业对企业社会责任的认知和态度。也就是说，监督我国企业积极履行企业社会责任的主要是政府职能部门。

从西方社会责任发展历程可以看出，企业主动履行企业社会责任能减轻政府公共职责压力，政府也能通过此类方式缓解政府在工作、财经等方面的压力。因此，政府必须加大企业对社会责任的重视力度，并通过各类方式对企业履行社会责任进行引导及规范。

第一，政府作为监管者在规制企业履行社会责任过程中的任务是监督管理。目前，我国的监管体系存在一定的漏洞，机构重叠、职能交叉等问题一定程度上影响了政府对企业的监督管理。同时，企业在履行社会责任中常常涉及各个方面的工作，比如劳资关系、市场经济秩序、消费者合法权益维护、生态文明建设、企业安全生产等。因此，为规避政府在社会责任规制管理工作中出现的机构重叠、职能交叉等问题，避免政府相应职能的弱化，政府应结合我国企业的实际情况重点成立专门性的企业履行社会责任规制机构，该机构的名字可以使用"综合管理委员会""领导小组"等。该领导小组的主要工作是开展综合统筹、决策部署、落实推进等相关工作，协调相关单位的关系，监督违反法律规定以及行业规章制度等行为。此类机构的负责人一般由地方政府对应的分管领导担任，成员则是由相应分管部门负责人组成。管理委员会的工作包括负责该区域企业社会责任发展的相关规划，对企业履行社会责任的公共政策进行统一，并就影响较大、涉及多个领域、需要部门协作的重大事项进行综合性、互动性联合统筹。

第二，企业社会管理工作责任的认定存在碎片化的现象。对此，政府部门需要依照社会责任规划纲要或准则，制定目标、政策口径以及奖惩措施一致的企业履行社会责任规则。在这一过程中，政府是企业履行社会责任规则以及公共政策的制定者，这些规则包括相应的法律法规、行业规则以及行动指南等。

第三，推动企业履行社会责任的部门是政府。政府应该结合企业现状制定符合企业发展的企业社会责任评价标准，并充分考虑国家、社会、利益相关者以及企业自身发展现状等因素。在社会责任相关标准出台后，政府要树立鲜明的导向，通过一系列考评相关元素的设置，引导企业更加合理地履行社会责任。在对标企业完成的既定工作任务的情况下，对企业履行社会责任状况进行等级认定，对先进模范加以表彰，对后进者加以公开批评等。此外，监督企业违反社会责任理念行为的部门仍然是政府，需要依靠法律法规、规章制度、行业准则、社会公序良俗等一系列手段，对企业的社会责任承担情况进行有效的监督。

推进政府规制管理工作的专门化，建立健全以政府规制为核心的外部压力驱动机制，除了发挥政府部门作用外，外部压力驱动还需要重视大众传媒与社会大众的心理期待，要进一步宣扬良好的履行社会责任的企业事迹，以优秀的事例进行引导性教育，并对违背社会责任建设理念的行为进行揭露与抨击。

8.3.1.2 健全企业社会责任规制工作评价体系

社会评价是衡量一个企业社会担当的重要缩影，是企业形成良好文化氛围的外部条件。建立相关评价体系，可以对政府的相应工作进行科学的定位与追踪，推动政府更好地履行自身的职能，规范行使自身的权力。当前，学术界大多是强调健全企业履行社会责任评价指标体系，而很少涉及对政府规制工作的评价指标体系。

各级政府应该结合自己所在区域的实际情况，建立健全企业社会责任政府规制工作绩效评价体系。该体系在一级指标方面可以划分为规制方面的体系建设、规制方面的过程监督、规制最终结果的评价，从而进行二级指标与三级指标的设置。规制工作体系建设着重强调对政府规制部门工作开展状况、政府规制工作人员素养以及经费保障等的评价，旨在帮助政府相应部门更好地协调工作，降低支出成本，提高生产效率。政府层面关于规制过程的监督，主要是对政府文件的程序正义和实体正义进行监督，对相关各环节的工作推进情况进行客观评价，不断提高政府规制工作的合法性与高效度。政府规制工作结果的评析着力评价政府推进企业社会责任工作的实际成效，包括企业参与市场的相关责任、劳动关系所形成的责任、环保产生的责任、公益付出责任等的实效性，以此实现相关政府规制工作与企业社会责任的有机统一。

8.3.1.3 强化政府规制工作的成本效益分析

我国政府在开展企业社会责任工作的过程中存在一定不足之处，对此可以结合成本效益分析，对企业履行社会责任开展工作。

萨缪尔森认为，成本效益分析主要是决定政府计划的成本与效益，承认货币具有一定的时间价值，通过对比各个候选计划的预期效益和预计成本的贴现值来评价各个候选计划的合理性，也就是评估某个投资项目的预期收益，并与其预期需要支出的成本进行比对，得出此项计划预计产生的收益和成本的比率，通过对各个项目的比率进行分析对比，以此决定取舍并做出较为正确的决策。

政府决策从实质上来讲就是成本和效益的分析和对比，决策失误可能会导致资源配置不合理。成本效益分析应当成为我国政府监督管理企业社会责任的基本手段和重要工具。成本效益分析主要是彰显政府是企业履行社会责任规则的积极发动者、社会责任履行的推动者和监督者，能在一定程度上帮助政府早日完成企业履行社会责任工作，以此避免企业在履行社会责任过程中出现规则空白或者规则过度现象。

8.3.2 以政府规制为核心的外部压力推进机制的具体方式

8.3.2.1 强化企业履行社会责任的法律法规建设

企业履行一定社会责任的相关法律法规建设细分为立法、执法以及法律服务。法律是维系社会稳定、保证企业正常生产经营的重要手段，遵守法律是每一个自然人以及企业的基本责任。法律约束的方式可以很好地为企业履行社会责任提供一个较为坚实的保障。美国决策机构把企业法律责任描述为企业必须承担的最为基础的社会责任，是每一个参与社会经营的企业无法回避的义务。

改革开放后，我国建立健全法律法规进程加快，在企业社会责任方面也相应制定了较多种类的法律，其中比较有代表性的如《环境保护法》《消费者权益保护法》。虽然我国不断完善企业履行社会责任的法律法规，但是，相比国际成熟的跨国公司和大型企业，我国目前关于企业社会责任的法律法规仍然比较薄弱，处于初级阶段。从长远发展角度，建立健全企业履行社会责任的法律法规是我国企业走向国际化的重要一步。提高企业自身的社会责任意识，首要任务就是企业必须正视自身的法制化建设，必须严格按照法律法规确定的范围进行商业活动并取得合法的经营收益，政府会切实保证企业及其利益相关者享有权利和义务。现行《公司法》明确规定："企业从事经营活动，必须遵守法律……承担社会责任。"这使企业履行社会责任这一行为变成一项规范化、法制化、强制化的法律要求。

2014年10月发布的《中共中央关于全面推进依法治国若干重大问题的决定》明确要求进一步加强企业社会责任相关层面的立法，从这一项决定中可以感受到，国家已经开始重视企业社会责任的立法工作。从目前法律体系中，我们了解到关于企业社会责任的立法基本被分散于其他法律之中。刘树华（2015）在其论文中提到，目前针对企业履行社会责任层面的法律法规较为分散独立，并没有形成一个系统的范式。所以，我国十分有必要构建与企业社会责任相关的专项法律法规，对企业履行社会责任进行宏观层面一般性的规定，制定各类企业均应承担社会责任的基础性条款，切实保障法律法规建设在制度制定上的严密性，增强通识性条款之间的联系，实现与国际社会的良性对接。纵观我国法律体系，现有的法律法规还没有对企业自身履行社会责任的一般性条款作任何概念上的或者是行动上的界定，大部分相关的立法规定散落在《公司法》《环境保护法》《消费者权益保护法》等法律法规之中，并且一些规范存在原则性过强、操作性不足等问题。因此，政府规制工作需要在坚持一般性条款的基础上，分类规定企业和部分利益相关者，结合企业所属行业及其经营状况的不同情况，进行维度层面的设定，一般可设定为责任管理维度、市场维度、劳动维度、环保维度与公益维度。

为保证企业社会责任相关工作的有法可依性，必须进一步强化立法环节的责任度，还涉及执法必严的问题。作为负责企业社会责任规制的相关职能部门，必须明确自身的责任，加强监督管理工作的力度，真正做到执法必严。同时，执法监督工作需要坚持高站位，主动积极地开展多层级执法活动，对违法违规行为坚决查处，绝不能纵容包庇；在执行时必须坚持秉公执法，以法律法规为标准履行相关责任，并在一定程度上实现执法工作的公正性；当然，关于企业社会责任的法律服务工作仍需要重视起来，在重视的过程中着力提高企业管理人员的相关法律意识，多方位地执行法律服务工作，尽可能在有效范围内保障企业各方人员的合法权益。

正所谓"有权必有责，有责要担当，失责必追究"，在完成立法后，相关执法部门及执法人员应该提高执法力度，重点打击不履行社会责任的企业及个人，在出现相关问题时，除追究相关企业管理人员的责任外，还需要追究行政权力行使者的责任，在规范企业市场活动过程中，重视行政主体自身责任。此外，在执法过程中，需要重视处罚企业及管理者个人的行为。通过加大企业及个人不履行社会责任的处置力度等强制手段，促使企业重视社会责任问题，并将其作为企业未来战略的一部分，使法律成为企业履行社会责任的最有效屏障。

8.3.2.2　建立健全企业社会责任政策激励机制

（1）企业履行社会责任与税收优惠政策相结合。税收优惠政策，可以定义为国家依据相关税收政策，对部分纳税人减轻或者免除税收的决定。对于企业来说，依法纳税是它们需要承担的基本责任，当然，国家也可以采取税收优惠政策对那些积极承担社会责任的主体进行税收奖励，进而激励各企业积极主动地履行社会责任。具体包括税收的调节杠杆作用的发挥、特殊人员就业的安置性保障、企业的节能环保层面的激励、积极参与社会公益活动的回馈以及全面统筹企业社会责任其他方面的工作。大众传媒也要积极地加入这一过程中，大力宣传报道，为企业履行社会责任营造良好的舆论环境。

（2）企业履行社会责任与信贷政策相结合。第一，需要根据企业履行社会责任的绩效评估状况，将相关企业纳入银行优先信贷计划之中，提高企业的贷款占比。第二，实现市场监管、技术监督等多部门信息共享，建立健全综合性的企业信用评级制度，为银行等金融机构及时了解企业生产经营状况、信用等级评定结果等提供信息支持。比如，环保部门和银行可以相互联合，采取"绿色信贷"等形式督促企业积极履行社会责任，即相关职能部门对企业环境保护等信息进行审核，并在此结果上进行评估，在金融信贷领域实行环境准入门槛制度，对限制类、淘汰类项目的开发与建设，银行不得向其提供信贷支持；对淘汰类项目，银行需停止对其各种形式的信贷支持政策，并以最快速度将已经发放的贷款收回，并进行相应登记。同时，环保部门也需要与金融部门共享信息，推动企业积极参与节能减排工作，规避金融风险等。

此外，建立健全以政府规制为核心的外部压力驱动机制，还需要广大非政府组织、高校科研单位、政策研究机构等多方参与，充分发挥大众传媒的监督作用等，以网格化管理方式提高政府规制行为的科学性，积极推进企业履行社会责任外部压力驱动机制的不断健全。

8.3.3　强化行业协会引导与监督的外部推进机制

市场正常运转所必需的规范体系，只能由外部提供并加以保障。这个"保障"指的是一种非制度系统的社会自治组织，特别是自律、自治的社会自治组织（曹沛霖，1988）。与其他组织相比，行业协会对企业自觉履行社会责任能产生巨大的影响。行业协会具有非营利性、公益性、自治性等特征，不以追求利润为目的，更重要的是在一定程度上为行业协会成员保障一部分的公共性服务，或者促进行业一定范围内整体利益的增加，促进同行业企业在竞争过程中寻求合作共赢（陈素玲，2008）。行业协会可以通过制定行业自律规则对协会成员进行约束和管理，有助于相关矛盾纠纷问题的减少，有助于企业与政府的沟通与协作，最终实现行业管理的自治。行业协会的主要职能就是对行业成员的服务和利益进行协调，参与有关行业发展的政策法规、标准的制定和监督执行。

此外，行业协会应积极牵头参与企业社会责任年会，制定企业公开披露负面信息的相关报告。陈佳贵等发布的《中国企业社会责任研究报告（2012）》提出，虽然企业对负面信息的积极性和披露程度有提高，但数据显示，企业披露负面信息的程度及质量并不理想。行业协会此时的作用就是进一步了解企业现状，从中找出企业社会责任存在的局限及缺点，从企业与企业之间的竞争中寻找突破点，在确定存在的问题后，可以将其制定成文件并通过年会、工作会议等方式，让相关企业厘清企业履行社会责任的相关情况。行业协会也可以采取奖惩等方式来激发企业成员的工作积极性，进而使其在工作中体会到整体荣誉感，由此来强化企业对自身负面信息的披露水平和自觉性。

虽然行业自律不具有法律的强制执行力，但对本行业中的企业行为具有一定的约束性。从公平竞争的角度而言，行业协会也能促使企业间进行公平竞争，所以，行业协会是帮助企业能自觉履行企业社会责任的重要社会力量。行业协会通过企业之间自愿达成的协议，对协会成员进行约束和管理，在利益共同体内逐步形成一套行之有效的赏罚规则。企业能在此赏罚规则的制约和激励下，克服企业无意识和集体行动的障碍，更好地实现有效的集体联动。

8.4　本章小结

本章从管理者道德驱动为根本、企业内部管理为保障、企业外部政府规制为核心以及行业协会为监督引导等方面全方位构建企业社会责任的推进机制。从道德驱动机制来看，有效推进我国企业社会责任的践行，需要从培育企业管理人员的良心、社会责任感、正义感以及诚信意识等方面着手努力；从企业内部管理推进机制分析，可以通过社会责任理念建设、企业社会责任管理体制、企业社会责任报告机制等推进企业更为积极有效地履行社会责任；外部带来的压力主要源于政府、社会、协会、消费者等，对企业履行社会责任的理念以及企业发展决策、战略具有较强的影响力，因此应充分发挥政府、行业协会的监督作用，推进企业社会责任的自我实现。

参　考　文　献

爱德华·弗里曼，2006. 战略管理：利益相关者方法 [M]. 王彦华，梁豪，译. 上海：上海译文出版社.

白睿洁，2013. 基于三重底线的林业企业绩效评价研究 [D]. 北京：北京林业大学.

蔡宁，沈奇泰松，潘松挺，2009. 外部压力对企业社会绩效影响的机理与实证研究：新制度主义的视角 [J]. 经济社会体制比较（4）：163 - 170.

曹沛霖，1988. 政府与市场 [M]. 杭州：浙江人民出版社.

曹希，2013. 供电企业社会责任评价体系研究 [D]. 北京：华北电力大学.

陈炳富，周祖城，2000. 企业伦理学概论 [M]. 天津：南开大学出版社.

陈宏辉，贾生华，2013. 企业社会责任观的演进与发展：基于综合性社会契约的理解 [J]. 中国工业经济（12）：85 - 92.

陈清泰，2005. 构建和谐社会中的企业社会责任 [N]. 中国经济时报，08 - 04（1）.

陈素玲，2008. 行业协会在企业社会责任履行中的作用 [J]. 企业经济（6）：97 - 99.

陈维政，吴继红，任佩瑜，2002. 企业社会绩效评价的利益相关者模式 [J]. 中国工业经济（7）：57 - 63.

陈秀娣，2011. 构建利益相关者视角的企业社会责任评价体系 [J]. 科技和产业（11）：48 - 51.

陈煦江，高露，2013. 食品企业社会责任的影响因素及食品安全治理政策：基于扎根理论的探索 [J]. 经济与管理（5）：43 - 49.

陈玉清，马丽丽，2005. 我国上市公司社会责任会计信息市场反应实证分析 [J]. 会计研究（11）：76 - 81.

陈志坚，2004. SA8000：企业牵手社会责任 [J]. 企业改革与管理（10）：46 - 47.

陈智，徐广成，2011. 中国企业社会责任影响因素研究：基于公司治理视角的实证分析 [J]. 软科学，25（4）：106 - 111，116.

崔清泉，丁燕，2022. 数智化企业运营范式重构与社会责任演化研究 [J]. 商业经济研究（16）：124 - 127.

崔秀梅，2013. 企业绿色投资的驱动机制及其实现路径：基于价值创造的分析 [J]. 江海学刊（3）：85 - 91.

代家琦，2016. 中国企业社会责任驱动机制研究 [J]. 时代金融（8）：114，120.

单凌云，2014. 基于利益相关者视角的奢侈品企业社会责任促进机制研究 [M]. 北京：对外经济贸易大学出版社.

丁薇，2014. 企业社会责任评价指标体系研究：基于利益相关者理论 [J]. 经济师（7）：273 - 274，276.

窦鑫丰，2014. 企业社会责任的内涵、驱动力与推进策略研究 ［J］. 商业会计 (6)：15 - 17.

杜剑，2011. 利益相关者视角下企业社会责任评价体系构建研究 ［J］. 贵州财经学院学报 (4)：47 - 52.

樊治平，2009. 多属性决策的一种新方法 ［J］. 系统工程 (1)：25 - 28.

冯臻，2015. 影响企业社会责任行为的路径：基于高层管理者的研究 ［M］. 沈阳：东北大学出版社.

傅骏杰，2015. 基于公用企业属性的供电企业社会责任评价研究 ［D］. 北京：华北电力大学.

郭亚军，2002. 综合评价理论与方法 ［M］. 北京：科学出版社.

哈耶克，2000. 致命的自负 ［M］. 冯克利，胡晋华，译. 北京：中国社会科学出版社：132 - 133.

韩沈超，潘家栋，2018. 企业社会责任表现存在同群效应吗 ［J］. 财会月刊 (19)：25 - 33.

何艳桃，王礼力，2008. 我国农业经营组织社会绩效评估体系研究 ［J］. 北京理工大学学报：社会科学版 (5)：63 - 68.

何玉润，王茂林，陈倩，等，2011. 企业社会责任评价体系的构建：基于层次性内涵的视角 ［C］//中国会计学会财务成本分会 2011 年年会暨第二十四次理论研讨会论文集：204 - 215.

洪旭，杨锡怀，2011. 中国企业社会责任评价体系的构建：以沪深两市上市公司为例 ［J］. 东北大学学报：自然科学版，32 (11)：1668 - 1672.

胡刚，2006. 企业社会责任还是企业家社会责任：对当前我国企业社会责任问题的思考 ［J］. 中国经济问题 (6)：20 - 26.

黄群慧等，2017. 企业社会责任蓝皮书：中国企业社会责任研究报告：2017 ［M］. 北京：社会科学文献出版社.

黄祥志，佘成学，2006. 基于可拓理论的围岩稳定分类方法的研究 ［J］. 岩土力学 (10)：1800 - 1804，1814.

黄益方，孙永波，2015. 零售企业社会责任评价指标体系研究：以苏宁电器为例 ［J］. 中国流通经济 29 (1)：68 - 76.

霍华德 R 鲍恩，2015. 商人的社会责任 ［M］. 肖红军，王晓光，周国银，译. 北京：经济管理出版社.

吉利，张正勇，毛洪涛，2013. 企业社会责任信息质量特征体系构建：基于对信息使用者的问卷调查 ［J］. 会计研究 (1)：50 - 56，96.

季小娜，2014. 企业社会责任驱动力研究 ［D］. 天津：河北工业大学.

贾生华，陈宏辉，田传浩，2003. 基于利益相关者理论的企业绩效评价：一个分析框架和应用研究 ［J］. 科研管理 (4)：94 - 101.

贾兴平，刘益，廖勇海，2016. 利益相关者压力、企业社会责任与企业价值 ［J］. 管理学报 13 (2)：267 - 274.

姜启军，2007. 企业履行社会责任的动因分析 ［J］. 改革与战略 (9)：141 - 144.

姜万军，杨东宁，周长辉，2006. 中国民营企业社会责任评价体系初探 ［J］. 统计研究 (7)：32 - 36.

姜志华，2014. 企业社会责任实现机制研究［M］. 杭州：浙江大学出版社.

金碚，李钢，2006. 企业社会责任公众调查的初步报告［J］. 经济管理（3）：13 - 16.

金立印，2006. 企业社会责任运动测评指标体系实证研究：消费者视角［J］. 中国工业经济（6）：114 - 120.

金文莉，2012. 基于利益相关者理论的企业社会责任层次模型［J］. 财会通讯（6）：103 - 107，161.

鞠芳辉，谢子远，宝贡敏，2005. 企业社会责任的实现：基于消费者选择的分析［J］. 中国工业经济（9）：91 - 98.

亢樱青，2017. 可口可乐：在乎，是企业社会责任最好的驱动力［J］. 商学院（8）：114 - 116.

黎友焕，2010. 企业社会责任［M］. 广州：华南理工大学出版社.

李峰，崔康乐，2022. 企业社会责任行为对东道国消费者的影响因素研究：基于中国品牌国际化视角［J］. 华东经济管理，36（6）：89 - 104.

李富平，宋爱东，1997. 矿业企业社会责任评价方法研究［J］. 有色金属（3）：4 - 8.

李海婴，翟运开，董芹芹，2006. 企业社会责任：层次模型与动因分析［J］. 当代经济管理（6）：18 - 21，130.

李立清，2006. 企业社会责任评价理论与实证研究：以湖南省为例［J］. 南方经济（1）：105 - 118.

李绍刚，张娜，曲娜，2014. 黑龙江省乡村旅游可持续发展路径研究：基于三重底线理论［J］. 边疆经济与文化（10）：1 - 3.

李双龙，2005. 浅析企业社会责任的影响因素［J］. 经济体制改革（4）：67 - 70.

李四海，宋献中，2018. 新政治经济学视域下的企业社会责任：一个分析框架［J］. 社会学评论（2）：33 - 46.

李因果，李新春，2006. 基于可变权系数的我国地区信息化测度模型及应用［J］. 情报杂志（2）：107 - 109.

李玉静，2006. 技术和职业教育与培训与可持续发展的"三重底线"［J］. 职业技术教育，27（18）：61 - 64.

李正，2006a. 企业社会责任信息披露影响因素实证研究［J］. 特区经济（8）：324 - 325.

李正，2006b. 企业社会责任与企业价值的相关性研究：来自沪市上市公司的经验证据［J］. 中国工业经济（2）：77 - 83.

李正，2008. 企业社会责任信息披露研究［M］. 北京：经济科学出版社.

理查德 A 波斯纳，1997. 法律的经济分析［M］. 蒋兆康，译. 北京：中国大百科全书出版社：544 - 547.

刘彩华，朱丽珍，2013. 农业企业社会责任评价指标体系［J］. 商业会计（9）：55 - 57.

刘昌晔，2006. 试析中国移动企业战略与企业文化的结合［J］. 中国质量（1）：28 - 30.

刘大洪，2006. 公司社会责任语境下的可持续发展［J］. 中南大学学报（社会科学版），12（4）：413 - 415.

刘俊海，1997. 强化公司的社会责任：建立我国现代企业制度的一项重要内容［M］//王保树. 商事法论集：第二卷. 北京：法律出版社：115 - 116.

刘俊海，1999. 公司的社会责任［M］. 北京：法律出版社.

刘平，郭红玲，2009. 企业社会责任评价研究综述［J］. 生产力研究（13）：186-188.

刘淑华，2015. 企业社会责任绩效评价及推进机制［M］. 北京：中国经济出版社.

刘淑华，高强，刘嘉玮，2011. 关于国有企业社会责任评价指标设计的思考［J］. 会计之友（6）：29-32.

刘长翠，孔晓婷，2006. 社会责任会计信息披露的实证研究：来自沪市 2002—2004 年度的经验数据［J］. 会计研究（10）：36-43，95.

刘长喜，2009. 企业社会责任与可持续发展研究：基于利益相关者和社会契约的视角［M］. 上海：上海财经大学出版社.

卢代富，2001. 国外企业社会责任界说述评［J］. 现代法学（3）：137-144.

卢代富，2002. 企业社会责任的经济学和法学分析［M］. 北京：法律出版社.

鲁娜，2016. 中华人民共和国社会保险法实用问题版［M］. 北京：法律出版社.

罗党，王伟，吕健，2015. 一类不确定性决策问题的变权分析方法［J］. 郑州大学学报：理学版（1）：99-103.

马苓，范玉晶，严小强，2022. 企业社会责任对员工非伦理行为的影响：道德效能感与责任型领导的作用［J］. 中国人力资源开发，39（8）：58-70.

马学斌，徐岩，1995. 企业社会责任评价技术应用研究［J］. 系统理论与实践（2）：55-62.

马印，2007. 企业文化建设的比较研究与建议［D］. 北京：对外经济贸易大学.

马英华，2008. 企业社会责任及其评价指标［J］. 财会通讯（8）：40-42.

毛清华，葛平平，马洪梅，等，2011. 系统动力学视角下企业社会责任驱动力作用机制研究［J］. 理论月刊（3）：157-159.

帕特里夏·沃海恩，爱德华·弗里曼，布莱尔韦尔，2005. 商业伦理学百科词典［M］. 刘宝成，译. 北京：对外经济贸易大学出版社.

潘煜双，姚瑞红，2008. 论企业社会责任与企业财务业绩的关系［J］. 会计之友：下旬刊（3）：61-62.

彭海珍，任荣明，2003. 可持续发展的三重底线［J］. 企业管理（12）：91-92.

齐二石，朱永明，焦馨锐，2011. 基于灰色理论的煤炭企业社会责任绩效评价研究［J］. 商业研究（10）：12-16.

齐文浩，刘禹君，2012. 食品类企业社会责任评价指标体系构建及其实证检验：以沪深股市中食品类上市公司为分析对象［J］. 科学与管理，32（6）：34-43.

乔治·斯蒂纳，约翰·斯蒂纳，2002. 企业、政府与社会［M］. 张志强，王春香，译. 北京：华夏出版社.

沙彦飞，2010. 企业家社会责任与企业家精神关系研究［J］. 中国商贸（20）：236-237.

邵文华，2006. 企业社会责任对企业可持续发展的影响机制分析［J］. 湖北社会科学（12）：119-122.

沈洪涛，2007a. 现代公司社会责任概念的发端：读 Bowen《商人的社会责任》［J］. 财务与会计（9）：70-71.

沈洪涛，2007b. 国外公司社会责任报告主要模式述评［J］. 证券市场导报（8）：7-13.

沈洪涛，2007c. 公司特征与公司社会责任信息披露：来自我国上市公司的经验证据［J］. 会计研究（3）：9 - 16，93.

沈洪涛，杨熠，2008. 公司社会责任信息披露的价值相关性研究：来自我国上市公司的经验证据［J］. 当代财经（3）：103 - 107.

石广生，2006. 在华外资企业的发展机遇和社会责任［J］. 企业文化（3）：14 - 16.

石军伟，胡立君，付海艳，2009. 企业社会责任、社会资本与组织竞争优势：一个战略互动视角［J］. 中国工业经济（11）：87 - 98.

石友蓉，2002. 企业承担社会责任成本与可持续发展战略［J］. 武汉大学学报：社会科学版（10）：549 - 554.

世界环境与发展委员会，1997. 我们共同的未来［M］. 王之佳，柯金良，译. 长春：吉林人民出版社.

帅萍，周祖城，2008. 欧美企业社会责任评价标准比较［J］. 统计与决策（23）：170 - 172.

宋建波，盛春艳，2009. 基于利益相关者的企业社会责任评价研究：以制造业上市公司为例［J］. 中国软科学（10）：153 - 163.

宋献中，龚明晓，2006. 公司会计年报中社会责任信息的价值研究：基于内容的专家问卷分析［J］. 管理世界（12）：104 - 110，167，172.

苏蕊芯，仲伟周，2010. 履责动机与民营企业社会责任观：由"富士康连跳"现象引发的思考［J］. 理论与改革（5）：56 - 58.

谭杰，杨立社，2010. 基于利益相关者理论的企业社会责任评价量表的构建与检验［J］. 现代物业：中旬刊（10）：16 - 19.

唐志，李文川，2008. 浙江民营企业社会责任影响因素的实证研究［J］. 浙江工商大学学报（3）：75 - 79.

田虹，2009. 企业社会责任与企业绩效的相关性：基于中国通信行业的经验数据［J］. 经济管理（1）：72 - 79.

田金玉，2012. 电力企业社会责任评价指标体系研究［J］. 商业会计（4）：101 - 102.

万寿义，刘威，李笑雪，2013. 企业社会责任会计信息披露的影响因素研究：基于我国沪市A股的实证检验［J］. 会计之友（21）：23 - 31.

王昶，周登，Shawn P Daly，2012. 国外企业社会责任研究进展及启示［J］. 华东经济管理，26（3）：150 - 154.

王大超，张丽莉，2005. 中国企业社会责任现状与提升措施［J］. 北方论丛（2）：142 - 144.

王风华，2011. 基于利益相关者理论的企业社会责任评价指标体系设计［C］//中国会计学会. 中国会计学会2011年学术年会论文集. 北京：中国会计学会教育分会：608 - 613.

王锦国，周志芳，袁永生，2002. 可拓评价方法在环境质量综合评价中的应用［J］. 河海大学学报：自然科学版（1）：15 - 18.

王静，万鹏，2009. 企业社会责任要素的消费者认知分析：基于卡罗尔CSR金字塔结构的对比［J］. 中国集体经济（30）：23 - 24.

王林萍，施婵娟，林奇英，2007. 农药企业社会责任指标体系与评价方法［J］. 技术经济（9）：98 - 102，122.

王梦雅，吴马英，2016. 基于消费者响应视角的企业社会责任营销策略选择对购买意向的
影响［J］. 统计与管理（2）：52-54.

王敏，2014. 中小企业社会责任驱动力及其治理机制研究［D］. 成都：西南交通大学.

王瑞华，吕明柱，2013. 企业社会责任评价指标体系构建［J］. 辽宁工程技术大学学报：
社会科学版，15（3）：261-265.

王雪梅，卜华，2012. 公司治理与企业社会责任关系研究［J］. 会计之友（14）：83-86.

王雪梅，卜华，2012. 公司治理与企业社会责任关系研究［J］. 会计之友（5）：82-84.

王应明，2008. 运用离差最大化方法进行多指标决策与排序［J］. 系统工程与电子技术
（7）：26-28，33.

王应明，傅国伟，1993. 主成分分析在有限方案多目标决策中的应用［J］. 系统工程理论
方法应用（2）：42-48，79.

温素彬，方苑，2008. 企业社会责任与财务绩效关系的实证研究：利益相关者视角的面板
数据分析［J］. 中国工业经济（10）：150-160.

温素彬，黄浩岚，2009. 利益相关者价值取向的企业绩效评价：绩效三棱镜的应用案例
［J］. 会计研究（4）：62-68，97.

温素彬，薛恒新，2005. 基于科学发展观的企业三重绩效评价模型［J］. 会计研究（4）：
60-64，95.

吴照云，刘灵，2008. 我国国有企业社会责任的层级模型和制度共生［J］. 经济管理
（19）：8.

武克钢，2006. 中国呼唤工商文明：兼论企业家的社会责任［J］. 品牌（5）：74-77.

肖红军，2018. 国有企业社会责任的发展与演进：40年回顾和深度透视［J］. 经济管理
（10）：5-26.

肖红军，李伟阳，徐英杰，2014. 企业社会责任评价研究：反思、重构与实证［M］. 北
京：经济管理出版社.

肖红军，阳镇，刘美玉，2021. 企业数字化的社会责任促进效应：内外双重路径的检验
［J］. 经济管理（11）：52-69.

谢良安，2009. 基于社会责任报告的"三重底线"指标研究［J］. 财政监督（20）：20-21.

谢佩洪，周祖城，2008. 企业履行社会责任的动因及对策建议［J］. 中国人力资源开发
（7）：26-30.

辛杰，卞江，2022. 共生视阈下平台企业社会责任评价构建［J］. 经济管理（06）：97-114

辛晴，綦建红，2008. 企业承担社会责任的动因及实现条件［J］. 华东经济管理（11）：16-19.

熊勇清，周理，2008. 企业社会责任的分析与评价：以深交所制造业上市公司为例［J］.
管理科学文摘（Z1）：36-39.

徐凤银，朱兴珊，颜其彬，等，1994. 储层含油气性定量评价中指标权重的确定方法［J］.
西南石油学院学报（4）：11-17.

徐光华，陈良华，王兰芳，2007. 战略绩效评价模式：企业社会责任嵌入性研究［J］. 管
理世界（11）：166-167.

徐光华，张瑞，2007. 企业社会责任与财务绩效相关性研究［J］. 财会通讯：学术版

（12）：70 - 73.

徐泓，朱秀霞，2012. 低碳经济视角下企业社会责任评价指标分析 ［J］. 中国软科学（1）：153 - 159.

徐换歌，陈波，2022. 城市声誉促进了企业社会责任履行吗：来自文明城市评选的自然实验 ［J］. 南京财经大学学报（4）：66 - 76.

徐尚昆，杨汝岱，2007. 企业社会责任概念范畴的归纳性分析 ［J］. 中国工业经济（5）：71 - 79.

许英杰，石颖，2014. 中国上市公司战略性社会责任影响因素研究：以沪深 300 指数企业为例 ［J］. 经济体制改革（4）：120 - 124.

宣家骥，2016. 多目标决策 ［M］. 长沙：湖南科技出版社.

闫高杰，2009. 基于三重底线的可持续供应链管理研究 ［J］. 物流技术，28（3）：114 - 116.

闫俊伍，2011. 国有企业社会责任评价体系研究 ［D］. 长春：吉林大学.

闫文周，王道鹏，2007. 模糊 AHP 法在建筑企业社会责任评价中的应用 ［J］. 建筑经济（S2）：351 - 353.

阳秋林，代金云，2012.“两型社会”背景下的企业社会责任评价指标体系及其运用研究：以湖南企业为例 ［J］. 湖南社会科学（3）：114 - 117.

杨春方，2009. 中国企业社会责任影响因素实证研究 ［J］. 经济学家（1）：66 - 76.

杨春方，2015. 企业社会责任驱动机制研究：理论、实证与对策 ［M］. 广州：中山大学出版社.

杨帆，石金涛，吴治国，2009. 中国管理者企业社会责任导向研究：基于长三角都市圈的实证分析 ［J］. 管理评论，21（4）：121 - 128.

杨艳，张华，赵叶灵，2013. 企业社会责任与财务绩效关系的研究：以江苏省民营企业为例 ［J］. 中国集体经济（34）：33 - 35.

杨熠，沈洪涛，2008. 我国公司社会责任与财务业绩关系的实证研究 ［J］. 暨南学报：哲学社会科学版，30（6）：61 - 68，151 - 152.

杨韵，2017. 企业社会责任动因分析及保障机制建议 ［J］. 中国商论（21）：161 - 163.

叶陈刚，曹波，2008. 企业社会责任评价体系的构建 ［J］. 财会月刊（18）：41 - 44.

尹倩，2012. 基于约翰·埃尔金顿“三重底线理论”浅谈 CSR 对企业永续发展的影响 ［J］. 东方企业文化（7）：193 - 194.

约瑟夫 W 韦斯，2005. 商业伦理：利益相关者分析与问题管理方法 ［M］. 符彩霞，译. 北京：中国人民大学出版社.

张辉，高德利，2008. 基于模糊数学和灰色理论的多层次综合评价方法及其应用 ［J］. 数学的实践与认识（3）：1 - 6.

张会芹，2010. 政治动因与上市公司社会责任行为：基于汶川地震捐款的证据 ［D］. 成都：西南财经大学.

张建明，吴安妮，等，2022. 企业社会责任行为动机：“合规”还是“伦理”意识：基于企业技术创新的视角 ［J］. 财会通讯（15）：79 - 84.

张兰霞，2013. 我国劳动关系层面的社会责任 ［M］. 北京：经济科学出版社.

张利研，吴胜勇，季泽军，2009. 企业社会责任动力机制探析［J］. 科技信息（19）：391，149.

张玲丽，2008. 基于利益相关者理论的企业社会责任评价指标构建［J］. 现代经济：现代物业下半月刊（5）：64-66.

张敏杰，2007. "第三次分配"与慈善资本主义的兴起［J］. 观察与思考（2）：56.

张强忠，何新月，张攀，等，2022. 国有企业社会责任履行的动力机制研究［J］. 管理案例研究与评论，15（2）：172-183.

张胜荣，2014. 农业企业社会责任影响因素的实证研究［J］. 科技管理研究，34（21）：180-186.

张霞，蔺玉，2007. 我国社会责任评价指标体系的构建［J］. 商场现代化（34）：133-134.

张欣，2018. 经济法视野下企业社会责任探究［J］. 法制博览（28）：164-165.

张旭，宋超，孙亚玲，2010. 企业社会责任与竞争力关系的实证分析［J］. 科研管理（3）：149-157.

张绪娥，2011. 基于驱动机制的企业社会绩效评价相关问题分析［J］. 商业时代（16）：77-78.

张兆国，2014. 利益相关者视角下企业社会责任问题研究［M］. 北京：中国财政经济出版社.

赵红，孙键，胡锋，等，2012. 基于行业内部的企业社会责任评价指标体系构建［J］. 同济大学学报：自然科学版，40（4）：650-656.

赵清文，2013. 公共危机管理视域下的企业社会责任［J］. 桂海论丛，29（5）：83-87.

赵涛，刘保民，朱永明，2008. 基于员工权益的企业社会责任评价体系探讨［J］. 郑州大学学报：哲学社会科学版（2）：80-82.

赵天燕，张雪，2012. 我国企业社会责任评价指标体系的构建及其应用研究［J］. 财贸研究，23（6）：139-145.

赵颖，马连福，2007. 海外企业社会责任信息披露研究综述及启示［J］. 证券市场导报（8）：14-22.

郑盼盼，2015. 驱动企业社会责任实践的对策和建议［J］. 会计师（23）：20-22.

中国企业联合会，2004. 共享和谐：解读 SA8000 企业社会责任体系［M］. 北京：企业管理出版社.

周兰，肖琼宇，2012. 基于信息披露视角的企业社会责任评价体系设计［J］. 北京工商大学学报：社会科学版，27（3）：10-16.

周勇，2004. 市场经济条件下企业社会责任的概念及价值［J］. 湖北大学学报，31（5）：523-526.

朱松，2011. 企业社会责任、市场评价与盈余信息含量［J］. 会计研究（11）：27-34，92.

朱惟肖，2015. 基于利益相关者理论的企业社会责任评价研究［D］. 上海：上海工程技术大学.

朱雅琴，党惠文，2018. 基于社会责任差异的企业财务竞争力评价研究：以辽宁上市公司为例［J］. 会计之友（20）：81-85.

朱永明，杨宇凤，2011. 自主创新视角下企业社会责任评价模型构建［J］. 财会月刊

（23）：17－19.

邹国庆，李倩，2017. 企业社会责任评价的最近进展：项目反应理论在企业社会责任测量中的应用［J］. 经济体制改革（4）：117－122.

Justus von Geibler，Michael Kuhndt，李弗兰，2003. 帮助小的和不那么小的企业提高他们的三重底线成绩［J］. 产业与环境：中文版（Z1）：63－66.

Abdul M Z，Ibrahim S，2002. Executive and management attitudes towards corporate social responsibility in malaysia［J］. *Corporate governance*，2（4）：10－16.

Archel P，2003. Social and environmental information reporting of big size Spanish firms in the period 1994－1998［J］. *Spanish Journal of Finance and Accounting*，32（117）：571－601.

Archie B Carroll，1988. *In the corporation and its stakeholder：Classic and contemporary readings*［M］. Toronto：University of Toronto Press.

Archie B Carroll，1998. Stakeholder thinking in three models of management morality：A perspective with strategic implications［M］//Max B E Clarkson. *Corporation and its stakeholder：Classic and contemporary readings*. Toronto：University of Toronto Press：139－170.

Baden D A，Harwood L A，Woodward D G，2009. The effect of buyer pressure on suppliers in SMEs to demonstrate CSR practices：An added incentiveor counter productive［J］. *European Management Journal*（27）：429－441.

Belkaoui A，Karpik P G，1989. Determinants of the corporate decision to disclose social information［J］. *Accounting，Auditing ＆ Accountability Journal*，2（1）：36－51.

Belkaoui A，1980. The impact of socio－economic accounting statements on the investment decision：An empirical study［J］. *Accounting，Organizations and Society*（5）：263－283.

Bernadette M Ruf，1998. The development of a systematic，aggregate measure of corporate social performance［J］. *Journal of Management*，24（1）：119－133.

Bowman E H，Haired M，1975. A strategic posture toward corporate social responsibility［J］. *California Management Review*，18（2）：58－69.

Bragdon J H，Marlin T，1972. Is pollution profitable［J］. *Risk Management*，19（2）：9－18.

Brammer S，Pavelin S，2004. Building a good reputation［J］. *European Management Journal*（22）：704－713.

Brummer J J，1991. *Corporate responsibility and legitimacy：An interdisciplinary analysis*［M］. New York：Praeger.

Caminiti S，1992. The Payoff from a Good Reputation［J］. *Fortune*，125（3）：49－53.

Campbell J L，2007. Why would corporations behave in socially responsible ways：An institution theory of corporate social responsibility［J］. *Academy of Management Review*，32（3）：946－967.

Carrol A B，1979. Three－dimensional conceptual model of corporate performance［J］. *The Academy of Management Review*（4）：497－505.

Carroll A B, 1991. The pyramid of corporate social responsibility: Toward the moral management of organizational stakeholders [J]. *Business horizons*, 34 (4): 39 – 48.

Carroll A B, Shabana K M, 2010. The business case for corporate social responsibility: A review of concepts, research and practice [J]. *International Journal of Management Reviews*, 12 (1): 85 – 105.

Clarke J, Gibson – Sweet M, 1999. The use of corporate social disclosures in the management of reputation and legitimacy: A cross sectoral analysis of UK Top 100 Companies [J]. *Business Ethics: A European Review*, 8 (1): 5 – 13.

Cochran P L, Wood R A, 1984. Corporate social responsibility and financial performance [J]. *Academy of management Journal*, 27 (1): 42 – 56.

Cornell B, Shapiro A C, 1987. Corporate stakeholders and corporate finance [J]. *Financial Management*, 16 (1): 7 – 114.

Cowen S S, Ferreri L B, Parker L D, 1987. The impact of corporate characteristics on social responsibility disclosure: A typology and frequency – based analysis [J]. *Accounting, Organizations and Society*, 12 (2): 111 – 122.

Davis K, 1960. Can business afford to ignore social responsibilities [J]. *California Management Review*, 2 (3): 70 – 76.

Davis K, 1967. Understanding the social responsibility puzzle [J]. *Business Horizons*, 10 (4): 45 – 50.

Davis K, 1975. Five propositions for social responsibility [J]. *Business Horizons*, 18 (3): 19 – 24.

Davis K, Blomstrom R L, 1966. *Business and its environment* [M]. New York: McGraw – Hill.

Deegan C, Gordon B, 1996. A study of the environmental disclosure practices of Australian corporations [J]. *Accounting and Business Research*, 26 (3): 187 – 199.

Donaldson T, Dunfee T W, 1995. Integrative social contracts theory: A communication conception of economic ethics [J]. *Economics and Philosophy*, 11 (1): 85 – 112.

Donaldson T, Preston L E, 1995. The stakeholder theory of the corporation: Concepts, evidence, and implications [J]. *Academy of management Review*, 20 (1): 65 – 91.

Donaldson T, 2002. The stakeholder revolution and the clarkson principles [J]. *Business Ethnics Quarterly*, 12 (2): 107 – 111.

Donaldson T, Dunfee T W, 1995. Integrative social contracts theory: A communication conception of economic ethics [J]. *Economics and Philosophy*, 11 (1): 85 – 112.

E Merrick Dodd, 1932. For whom are corporate managers trustees [J]. *Harvard Law Review*, 45 (7): 1145 – 1163.

Falck O, Heblich S, 2007. Corporate social responsibility: Doing well by doing good [J]. *Business Horizons* (50): 247 – 254.

Fombrum, Gardberg C N, Barnett M, 2000. Opportunity platformsand safety net: Corporate citizenship and reputation risk [J]. *Business and Society review*，105（1）.

Foo S L，Tan M S，1988. *A comparative study of social responsibility reporting in Malaysia and Singapore* [M]. Singapore：Singapore Accountant.

Freeman R E，2010. *Strategic management：A stakeholder approach* [M]. Cambridge：Cambridge University Press.

Gallo M A，2004. The family business and its social responsibilities [J]. *Family Business Review*，9（2）：135－149.

Gelb D S，Strawser J A，2001. Corporate social responsibility and financial disclosures：An alternative explanation for increased disclosure [J]. *Journal of Business Ethics*，33（1）：1－13.

Gotsi M，Wilson A M，2001. Corporate reputation：Seeking a definition [J]. *Corporate Communications：An International Journa*l，6（1）：27－90.

Grewal D R，Krishnan J B，Bonn N，1998. The effect of store name，brand name and price discounts on consumers evaluations and purchase intentions [J]. *Journal of Retailing* （74）：331－352.

Griffin J，Mahon J，1997. The corporate social performance and corporate financial performance debate：Twenty five years of incomparable research [J]. *Business and Society* （1）：5－31.

Hackston D，Milne M J，1996. Some determinants of social and environmental disclosures in New Zealand companies [J]. *Accounting，Auditing & Accountability Journal* （9）：77－108.

Haniffa R M，Cooke T E，2005. The impact of culture and governance on corporate social reporting [J]. *Journal of Accounting and Public Policy*，24（5）：391－430.

Harrison J S，Freeman R E，1999. Stakeholders，social responsibility，and performance：Empirical evidence and theoretical perspectives [J]. *Academy of Management Journal*，42（5）：479－485.

Harry J Van Buren，2005. An Employee－Centered model of corporate social performance [J]. *Business Ethics Quarterly*，15（4）：689－709.

Hayek F A，1967. The corporation in a democratic society：In whose interest ought it and will it be run [M] //Hayek F A. *Studies in philosophy，politics and economics*. London：Routledge & Kegan Paul，300－312.

Heald G I，1967. Econometric techniques and problems [J]. *Journal of the Operational Research Society*，18（2）：199－200.

Heald M，1970. *The social responsibilities of business：Company and community* 1900－1960 [M]. Piscataway：Transaction Publishers.

Hemingwa C A，Maclagan P W，2004. Managers' personal values as drivers of corporate social responsibility [J]. *Journal of Business Ethics*，50（1）：33.

Hillman A，Keim G，2001a. Shareholder value，stakeholder management，and social issues：

What's the bottom line [J]. *Strategic Management Journal* (22): 125 – 139.

Hillman A, Keim G, 2001b. The stakeholder theory of the corporation [J]. *Academy of Management Review*, 20 (6) : 117 – 118.

Ingram R W, Frazier K B, 1980. Environmental performance and corporate disclosure [J]. *Journal of Accounting Research* (2): 614 – 622.

Isabelle Maignan, David A Ralstion, 2002. Corporate social responsibility in Europe and the U S [J]. *Journal of International Business Studies* (9): 497 – 514.

Jamali D, 2007. The case for strategic corporate social responsibility in developing countries [J]. *Business and Society Review*, 112 (1): 1 – 27.

James S B, 1978. Book reviews: Social responsibility and the business predicament [J]. *Political Research Quarterly*, 31 (2): 361.

Jawahar I M, Mc Laughlin, Gary L, 2001. Toward a descriptive stakeholder theory: An organizational life cycle approach [J]. *The Academy of Management Review*, 26 (3): 397 – 414.

Jeffery Sonnefeld, 1982. Measuring corporate performance [J]. *Academy of Management Proceedings*, (6): 7 – 11.

Jevgenijs Kurovs, Tadeusz Waściński, 2016. The concept of social responsibility in the business model of a company [J]. *Foundations of Management*, 8 (1): 189 – 202.

John Elkington, 1997. *Cannibals with forks: The triple bottom line of 21st century business* [M]. Oxford: Capstone.

John Kultgen, 1986. Donaldson's social contract for business [J]. *Business & Professional Ethics Journal*, 5 (1): 28 – 39.

Johnson, 2003. Does it pay to be good: Social responsibility and financial performance [J]. *Business Horizons*, 46 (6): 11 – 12.

Luo X, Bhattacharya C B, 2006. Corporate social responsibility: Customer satisfaction, and market value [J]. *Journal of Marketing*, 70 (4): 1 – 18.

Mahoney L, Roberts R W, 2007. Corporate social performance, financial performance and institutional ownership in Canadian firms [J]. *Accounting Forum* (31): 233 – 253.

Matten D, Moon J, 2008. "Implicit" and "explicit" CSR: A conceptual framework for a comparative understanding of corporate social responsibility [J]. *Academy of management Review*, 33 (2): 404 – 424.

Max E Clarkson, 1995. A stakeholder framework for analyzing and evaluating corporate social performance [J]. *The Academy of Management Review*, 20 (1) .

Mc Guire J B, Sundgren A, Schneeweis T, 1988. Corporate social responsibility and firm financial performance [J]. *Accounting of Management Journal* (31): 854 – 872.

McWilliams A, Siegel D, 1997. Event studies in management research: Theoretical and empirical issues [J]. *Academy of Management Journal*, 40 (3) : 626 – 657.

McWilliams A, Siegel D, 2000. Corporate social responsibility and financial performance:

Correlation or misspecification [J]. *Strategic Management Journal* (5): 607－609.

Meek，Gary K，Clare B R，et al，1995. Factors influencing voluntary annual report disclosures by U. S. U. K. and Continental European Multinational Corporations [J]. *Journal of International business Studies* (3): 555－572.

Milton Friedman，1962. *Capitalism and freedom* [M]. Chicago: Chicago University Press.

Milton Friedman，1970. The social responsibility of business is to increase its profits [J]. *The New York Times Magazine* (9): 173－178.

Mirela Danubianu，Cristian Teodorescu，2007. Impact of corporate social responsibility on sustainable enterprise development [J]. *Present Environment and Sustainable Development*，11 (1).

Moon J，2001. Business social responsibility: A source of social capital [J]. *Reason in Practice* (3): 35－45.

Oliver Shelton，1924. *The philosophy of management* [M]. London: Sir Isaac Pitman and Sons Ltd.

Owen D Young，1927. Dedication address [J]. *Hardvard Business Review* (6): 385－394.

Palmer E，2001. Multinational corporation and social contract [J]. *Journal of Business Ethics*，31 (3): 245－258.

Patten D M，1991. Exposure，legitimacy，and social disclosure [J]. *Journal of Accounting and Public Policy* (10): 297－308.

Patten D M，2002. The relation between environmental performance and environmental disclosure: A research note [J]. *Accounting，Organizations and Society*，27 (8): 763－773.

Paul J DiMaggio，Walter W Powell，1983. The iron cage revisited: Institutional isomorphism and collective rationality in organizational fields [J]. *American Sociological Review* (2): 147－160.

Pava L，Krausz J，1996. The association between corporate social responsibility and financial performance [J]. *Journal of Business Ethics* (15): 321－357.

Porter M E，Kramer M R，2006. Strategy and society: The link between competitive advantage and corporate social responsibility [J]. *Harvard Business Review*，84 (12): 78－92.

Preston L E，O'Bannon D P，1997. The corporate social－financial performance relationship: A typology and analysis [J]. *Business and Society* (36): 419－429.

Research and Policy Committee of the Committee for Economic Development USA，1971. *Social responsibility of business corporations* [M]. New York: Research and Policy Committee of the Committee for Economic Development: 36－40.

Roberts R W，1992. Determinants of corporate social responsibility disclosure: An application of stakeholder theory [J]. *Accounting，Organizations and Society*，17 (6): 595－612.

Ruf B M，Muralidhar K，Brown R M，et al，2001. An empirical investigation of the relationship between change in corporate social performance and financial performance: A stakeholder theory perspective [J]. *Journal of Business Ethics*，32 (2): 143－156.

Sardinha I D, Reijnders L, 2011. Using corporate social responsibility benchmarking framework to identify and assess corporate social responsibility trends of real estate companies owning and developing shopping centers [J]. *Journal of Cleaner Production*, 19 (13): 1486 - 1493.

Schepers D H, 2006. The impact of the NGO network conflict corporate social responsibility strategies of multinational corporations [J]. *Business and Society*, 45 (3): 282 - 299.

Sethi S P, 1975. Dimension of corporate social responsibility and corporate performance [J]. *California Management Review*, 17 (3).

Steiner G A, 1971. Changing managerial philosophies [J]. *Business Horizons* (1): 5 - 10.

Tammie S Pinkston Archie B Carroll, 1993. An investigation of the relationship between organizational size and corporate social performance [J]. *Proceedings of the International Association for Business and Society* (4): 213 - 224.

Tuzzolino F, Armandi B R, 1981. A need - hierarchyframework for assessing corporate social responsibility [J]. *Academy of Management Review* (1): 21 - 28.

Vance S C, 1975. Are socially responsible corporation's good investment risks [J]. *Management Review*, 64 (8): 19 - 24.

Visser W, 2005. Revisiting Carroll's CSR pyramid: An african perspective. corporate citizenship in a development perspective [J]. *Journal of Business Ethics*, 56 (2): 163 - 183.

Walley, Whitehead, 1994. It's not easy being green [J]. *Harvard Business Review*, 72 (3): 46 - 52.

Walton C, 1997. *The ethics of corporate conduct* [M]. New Jersey: Prentice - Hall.

Wartick S L, Cochran P L, 1985. The evolution of the corporate social performance model [J]. *Academy of Management Review* (4).

Wilmshurst T D, Frost G R, 2003. Corporate environmental reporting: A test of legitimacy theory [J]. *Accounting, Auditing & Accountability Journal*, 13 (1): 10 - 26.

Wood D J, Jones R E, 1995. Stakeholder mismatching: A theoretical problem in empirical research on corporate social performance [J]. *The International Journal of Organizational Analysis*, 3 (3): 229 - 267.

附录 关于企业社会责任的调查问卷

尊敬的先生/女士：

我们为了解企业社会责任履行情况，特设计以下调查问卷，希望能得到您的大力支持！我们保证您填写的任何信息都会严格保密，仅用于课题研究。谢谢！

一、背景信息

1. 您的性别：　　　A. 男　　　B. 女
2. 您的职位：
   - A. 董事会成员
   - B. 高级管理人员
   - C. 中层管理人员
   - D. 一般工作人员
3. 贵公司所处行业：
   - A. 农林牧渔业
   - B. 采掘业
   - C. 制造业
   - D. 电力、煤气及水的生产和供应业
   - E. 建筑业
   - F. 交通运输、仓储业
   - G. 信息技术业
   - H. 批发和零售贸易业
   - I. 金融、保险业
   - J. 房地产业
   - K. 社会服务业
   - L. 传播与文化产业
   - M. 其他
4. 贵公司性质：
   - A. 国有企业　　　B. 民营企业　　C. 外商独资企业　　　D. 中外合资企业
   - E. 台港澳资企业　　F. 其他
5. 贵公司是否为上市公司：　　　A. 是　　　B. 否
6. 您所在企业成立的年限：
   - A. 1 年以下　　　B. 1～5 年　　　C. 6～10 年　　　D. 11 年以上

二、对企业社会责任及其评价认知的调查

7. 您对企业社会责任的了解情况（　　　）
   - A. 较为关注，理解透彻
   - B. 一般关注，基本了解
   - C. 知道，但不太了解
   - D. 基本不了解

8. 您认为企业长期履行社会责任会给企业带来什么（可多选）

    A. 财务负担　　　　　　　　　　B. 提高效益

    C. 长期利益　　　　　　　　　　D. 树立企业良好形象

    E. 不清楚　　　　　　　　　　　F. 若有其他，请补充：＿＿＿＿＿＿

9. 您认为履行企业社会责任应涉及以下哪几个方面（可多选）

    A. 股东利益　　　　　　　　　　B. 员工福利

    C. 消费者权益　　　　　　　　　D. 供应商

    E. 环保节能　　　　　　　　　　F. 社区公益

    G. 诚实纳税　　　　　　　　　　H. 遵守国家法律法规

10. 您认为我国企业开始履行企业社会责任的原因是哪些（多选）

    A. 更好地参与国际竞争　　　　　B. 法律法规的要求

    C. 利益相关者的压力　　　　　　D. 可以给企业带来更好的社会声誉

    E. 社会舆论的压力　　　　　　　F. 若有其他，请补充：＿＿＿＿＿＿

11. 您认为制约企业履行社会责任的主要因素是（多选）

    A. 企业自身对社会责任的认识度　B. 增加企业的运营成本

    C. 领导层观念　　　　　　　　　D. 企业规模

    E. 社会诚信环境不够良好　　　　F. 企业文化建立不够全面

    G. 若有其他，请补充：＿＿＿＿＿＿＿＿＿＿

12. 您认为是否有必要制定统一的企业社会责任评价体系（　　　）

    A. 有必要　　　　　B. 没有必要　　　　　C. 无所谓

三、所在企业社会责任情况的调查

（一）所在企业社会责任总体情况的调查

13. 您认为您所在的公司在企业社会责任方面的状况是（　　　）

    A. 非常好　　　　B. 比较好　　　　C. 一般　　　　D. 比较差

14. 对企业来说，各个利益相关方的重视程度由大到小排序：

    A. 投资者　　　　B. 员工　　　　C. 消费者　　　　D. 供应商

    E. 所在社区　　　F. 政府　　　　G. 自然环境　　　H. 媒体

15. 您认为贵公司在下列哪些方面还需要改进（多选）

    A. 确保企业利润　　　　　　　　B. 保护环境，节约资源

    C. 依法纳税　　　　　　　　　　D. 维护员工利益

    E. 保护产品质量安全　　　　　　F. 积极参加公益活动

    G. 诚信经营　　　　　　　　　　H. 遵守行业道德

    I. 若有其他请补充

16. 您所在的企业是否编写了企业社会责任报告或可持续发展报告（　　　）

    A. 已经编写　　　　B. 没有编写　　　　C. 不清楚

17. 您所在企业没有编写社会责任报告的原因有（多选）

    A. 没有社会责任意识   B. 容易暴露问题

    C. 泄露企业秘密   D. 认为没有必要

    E. 如有其他原因，请补充：_____

18. 您所在的企业，是否已经制定了社会责任的目标和管理方案（   ）

    A. 已经制定，且落实良好   B. 已经制定，但没有落实

    C. 没有制定   D. 不清楚

19. 您所在的企业，是否设置了专门负责企业社会责任的办公室（如：企业社会责任部、可持续发展部、环境管理部、公共关系部）（   ）

    A. 已经设立，且能较好地履行本职工作

    B. 已经设立，但是不能良好运转

    C. 没有设立

    D. 不清楚

（二）企业的法律责任情况

20. 您所在的企业，是否依法按时足额纳税（   ）

    A. 是   B. 否

21. 您所在的企业，合法合规经营的情况（   ）

    A. 优秀   B. 良好   C. 一般   D. 较差

（三）企业对员工的社会责任情况

22. 您所在的企业，是否建立了工会或职工代表大会及相关制度：（   ）

    A. 已经建立   B. 没有建立，但计划建立

    C. 没有建立，且没有计划建立   D. 不清楚

23. 您所在的企业在制定各项规章制度时，是否与工会、职工代表大会或全体员工进行充分协商？（   ）

    A. 充分协商，且能够听取合理建议   B. 协商不充分

    C. 完全不协商   D. 不清楚

24. 您所在的企业，是否按照相关法律法规与员工签订劳动合同并购买保险（   ）

项目	A. 全部	B. 部分	C. 没有	D. 不清楚
签订劳动合同				
办理社会保险				

25. 您所在的企业，是否按时并足额发放员工工资（   ）

    A. 严格按制度、按时、足额发放   B. 按时，但是不能足额发放

    C. 偶尔拖欠工资   D. 经常拖欠工资

26. 您所在的企业，对员工提供教育和培训情况（　　　）

　　A. 有相应的规章，且执行良好　　　　B. 有相应的规章，但是执行较差

　　C. 没有　　　　　　　　　　　　　　D. 不清楚

27. 您所在的企业，是否有加班行为（　　　）

　　A. 有，且属于强制加班

　　B. 有，但属于自愿加班

　　C. 只要求在分内的工作没有完成的情况下加班

　　D. 没有加班行为

28. 您所在的企业，是否按规定支付相关的加班费用（　　　）

　　A. 按规定足额支付加班费用

　　B. 支付加班费用，但没有达到相关标准

　　C. 支付加班费用，但自己也不知道是否达到标准

　　D. 完全没有加班费

（四）企业对消费者、供应商的社会责任情况

29. 您所在的企业，与消费者的沟通情况如何（　　　）

项目	已建立				未建立	不清楚
	优秀	良好	一般	较差		
投诉与售后机制						
告知和召回机制						
满意度回访机制						

30. 您认为企业履行社会责任，对企业的销售额有无正面效果（　　　）

　　A. 正面效果显著　　　　　　　　　　B. 正面效果一般

　　C. 无正面效果　　　　　　　　　　　D. 不清楚

31. 您所在的企业，是否要求供应商具备下列条件：

项目	A. 所有供应商均要求	B. 重要供应商要求	C. 所有供应商均不要求	D. 不清楚
合法资质				
履行社会责任				

（五）在生产安全、环保方面的社会责任情况

32. 您所在企业在节约能源、生产安全保障方面的执行情况是：

项目	A. 优秀	B. 良好	C. 一般	D. 较差
节约能源				
环保意识				
生产安全机制				

33. 您所在的企业，对于具有危险或有危害的工作是否提供相关的防护设备或相关的津贴（　　）

A. 提供　　　　　　　　　　　　B. 提供，但数量不足

C. 完全不提供　　　　　　　　　D. 不清楚

34. 您所在的企业，在发生安全、环保等事故时，所采取的措施为（　　）

A. 及时处理，并向公众及时公布处理结果，并在以后做好预防

B. 处理及时，并且隐瞒处理结果

C. 处理不及时，并且公布结果时有粉饰的嫌疑

D. 不清楚

（六）对公益活动和社区社会责任情况

35. 您所在的企业，对公益活动和社区活动的情况是：

项目	A. 经常参加	B. 偶尔参加	C. 只是关注	D. 不清楚
公益活动态度				
公益捐款活动				
社会参与活动				

36. 您所在企业的公益捐款主要用于哪些方面（多选）

A. 环保事业　　　　　　　　　　B. 救灾

C. 扶贫　　　　　　　　　　　　D. 社区公益

E. 社会基础建设　　　　　　　　F. 其他，请补充：_____

37. 您所在的企业在促进社区的发展中应该做些什么（多选）

A. 提高员工的社区服务意识，鼓励员工走进社区

B. 企业和社区联合，开展有益于社区发展的活动

C. 多举办与社区有关的文化活动

D. 为合适的社区人员提供工作岗位

E. 对社区的贫困家庭提供价格优惠服务

F. 若有其他，请补充：_____

图书在版编目（CIP）数据

基于灰色关联分析法的企业社会责任评价及推进机制研究／袁蕴著. —北京：中国农业出版社，2022.11
ISBN 978-7-109-30196-2

Ⅰ.①基… Ⅱ.①袁… Ⅲ.①企业责任－社会责任－研究 Ⅳ.①F272-05

中国版本图书馆 CIP 数据核字（2022）第 209014 号

基于灰色关联分析法的企业社会责任评价及推进机制研究
JIYU HUISE GUANLIAN FENXIFA DE QIYE SHEHUI ZEREN PINGJIA JI TUIJIN JIZHI YANJIU

中国农业出版社出版
地址：北京市朝阳区麦子店街 18 号楼
邮编：100125
责任编辑：孙鸣凤　　文字编辑：张潇逸
责任校对：刘丽香
印刷：北京中兴印刷有限公司
版次：2022 年 11 月第 1 版
印次：2022 年 11 月北京第 1 次印刷
发行：新华书店北京发行所
开本：700mm×1000mm　1/16
印张：13.25
字数：260 千字
定价：80.00 元